高职高专经管类专业系列教材
GAOZHI GAOZHUAN JINGGUAN LEI ZHUANYE XILIE JIAOCAI

GUANLIXUE JICHU

管理学基础

主　编　程　继　吴　兰　陈晓娟
副主编　丁　玥　张　坤

重庆大学出版社

图书在版编目(CIP)数据

管理学基础 / 程继，吴兰，陈晓娟主编. -- 重庆：重庆大学出版社，2023.8
高职高专经管类专业系列教材
ISBN 978-7-5689-4018-4

Ⅰ.①管… Ⅱ.①程… ②吴… ③陈… Ⅲ.①管理学—高等职业教育—教材 Ⅳ.①C93

中国国家版本馆 CIP 数据核字(2023)第 120485 号

管理学基础

主　编　程　继　吴　兰　陈晓娟
副主编　丁　玥　张　坤
策划编辑:顾丽萍
责任编辑:杨　扬　　版式设计:顾丽萍
责任校对:刘志刚　　责任印制:张　策
*
重庆大学出版社出版发行
出版人:陈晓阳
社址:重庆市沙坪坝区大学城西路 21 号
邮编:401331
电话:(023)88617190　88617185(中小学)
传真:(023)88617186　88617166
网址:http://www.cqup.com.cn
邮箱:fxk@cqup.com.cn(营销中心)
全国新华书店经销
重庆升光电力印务有限公司印刷
*
开本:787mm×1092mm　1/16　印张:13.75　字数:329 千
2023 年 8 月第 1 版　2023 年 8 月第 1 次印刷
印数:1—3 000
ISBN 978-7-5689-4018-4　定价:41.00 元

前　言

“管理学基础”课程是高职院校财经商贸大类专业的专业基础课程，管理学是一门实践性和理论性、科学性和艺术性兼而有之的应用性学科。本书以培养适应社会需要的高素质、高技能人才为出发点，注重高职高专学生的适用性、实践性特点，以培养学生树立管理理念、掌握管理方法、能进行管理实践的分析决策为目标。

本书以项目教学为主，突出实践能力、强化实践教学这一思路。根据管理学的基本理论和管理工作的主要内容，本书教学内容分为六个项目——管理概述、计划职能、组织职能、领导职能、控制职能、管理创新，让初学者能全面地了解管理工作。每个项目按需解决的问题和掌握的知识点分为不同的任务。每个任务以任务情境为导入，以理论学习作为基本内容，以案例导入和任务实施作为基础能力，以课外拓展提升个人能力，实现“教、学、做、思”一体化。

本书教学采用翻转课堂方式，以学生为主。课前安排学生了解任务要求、阅读案例素材、自学理论知识内容，编制任务方案。课中以学生共同讨论和方案展示为主，教师通过设问、点评等形式与学生共同探讨，引导学生掌握正确的管理理念和方法。课后安排学生通过网络、实地考察等形式，了解现代先进管理思想和技术的实际应用，分析不同企业的管理模式和成败经验，形成分析报告。

我们希望通过教材改革，探索理论与实践结合的教学模式，实现高职学生不但会动手，还会思考、能管理的培养目标，使学生从技能型向技术型转变。每个项目附有习题和案例，便于学生理解和练习，使学生能够举一反三，融会贯通。

本书由武汉商贸职业学院管理学院的一线教师和企业专家结合多年的教学和管理实践经验编写而成。本书由程继、吴兰和陈晓娟担任主编，丁玥、张坤担任副主编，李静、张琼参编。由于编写人员水平有限，书中不足之处请各位同仁和学者批评指正。

编　者

2022 年 12 月

目 录

项目一　管理概述 …… 001

任务一　管理认知 …… 002

任务二　管理者认知 …… 009

任务三　管理思想与理论的发展 …… 015

项目二　计划职能 …… 037

任务一　计划管理应用工具 …… 038

任务二　目标管理 …… 043

任务三　计划职能 …… 050

任务四　科学决策 …… 058

项目三　组织职能 …… 079

任务一　组织设计与运作 …… 080

任务二　组织发展与变革 …… 091

任务三　人力资源管理 …… 097

项目四　领导职能 …… 111

任务一　领导管理应用工具 …… 112

任务二　领导行为基础 …… 113

任务三　沟通 …… 128

任务四　激励 …… 141

项目五　控制职能 …… 165
任务一　控制概述 …… 166
任务二　控制的类型及过程 …… 171
任务三　控制的方法 …… 184

项目六　管理创新 …… 199
任务一　创新认知 …… 200
任务二　组织管理创新 …… 205

参考文献 …… 211

项目一　管理概述

自从有了人类社会，就有了管理。人具有社会属性，人们所从事的生产活动都是集体进行的，其需要组织和协调。人从出生那一刻开始，无论是被管理还是管理别人，管理都时刻伴随着我们，我们在生活、学习和工作中都需要做好管理工作，比如自我管理、时间管理、计划管理等。

本项目主要通过组成管理学习团队，采用情景模拟方式，分析实际企业管理案例，了解管理的基本思维、角色、技能，探索管理发展历程和管理思想的演进，从而树立基本的管理理念和意识。

学习目标

知识目标：

1.了解管理和管理者的概念；

2.了解管理者的角色和技能；

3.了解管理学发展演变的历史；

4.了解管理学的主流思想与理论。

技能目标：

1.有意识地提高个人的管理素质和技能；

2.能分析判断企业管理岗位的构成和管理层级；

3.具有初步应用现代理念和理论分析与处理实际管理问题的能力。

任务一　管理认知

【任务情境】

7人分粥

有7个人住在一起,每天共喝一桶粥,显然粥每天都不够。一开始,他们抓阄决定谁来分粥,每天轮一个,于是每周下来,他们只有一天是饱的,就是自己分粥的那一天。后来他们选出一个道德高尚的人出来分粥。强权就会产生腐败,大家开始挖空心思去讨好他、贿赂他,搞得乌烟瘴气。然后大家开始组成3人的分粥委员会及4人的评选委员会,互相扯皮,粥吃到嘴里全是凉的。最后想出来一个办法:轮流分粥,但分粥的人要等其他人都挑完后拿剩下的最后一碗。为了不让自己拿到最少的,每人都尽量分得平均。大家快快乐乐,和和气气,日子越过越好。

管理的真谛在理不在管。管理者的主要职责就是建立一个像"轮流分粥,分者后取"那样合理的游戏规则,让每个员工按照游戏规则进行自我管理。游戏规则要兼顾公司利益和个人利益,并且要让个人利益与公司整体利益统一起来。责任、权力和利益是管理平台的三根支柱,缺一不可。缺乏责任,公司就会滋生腐败,进而衰退;缺乏权力,管理者就无法进行有效管理;缺少利益,员工积极性就会下降,消极怠工。只有管理者把"责、权、利"的平台搭建好,员工才能"八仙过海,各显神通"。

正如人们自己所感受的那样,在人类的活动中,无时不存在管理,无处不需要管理。一位美国学者讲过,一个人不会需要管理,但当两个人抬木头时,就必须有一个人叫"一二三,扛上肩,一二三,齐步走",这就是管理了。由此可见,凡是在由2人以上组成的、需要通过协调、达到一定目的的组织就存在管理工作。

思考:人类活动中无时无刻不存在管理,你是如何理解管理活动和管理者的?

【理论学习】

一、管理学思维导图

管理学是一门综合性学科,既是科学又是艺术。作为一种知识体系,管理是一门科学。管理的科学性表现为:经过长期的探索和总结,已经形成一套比较完整的知识体系,反映了管理过程的客观规律性。人们利用这些理论和方法指导自己的管理实践,并在管理实践中修正和完善管理理论、丰富和发展管理科学。作为一种实践活动,管理又是一门艺术。把任何一种活动归于艺术一类的重点,是因为其适用艺术的技巧和知识,并通过一定的方式来实现艺术的某一目的。管理理论作为普遍适用的原理,必须结合实际应用才能奏效。

在具有科学性和艺术性的体系下,管理本身包含了变革与创新的意义,因此我们所认为的管理并不十分精确(这种精确是相对于数学、物理学等精确科学而言的),我们可以从六个维度来了解管理学,包含管理的概念、管理的性质、管理者、管理思想的演化、管理职能和管理创新(图1-1)。

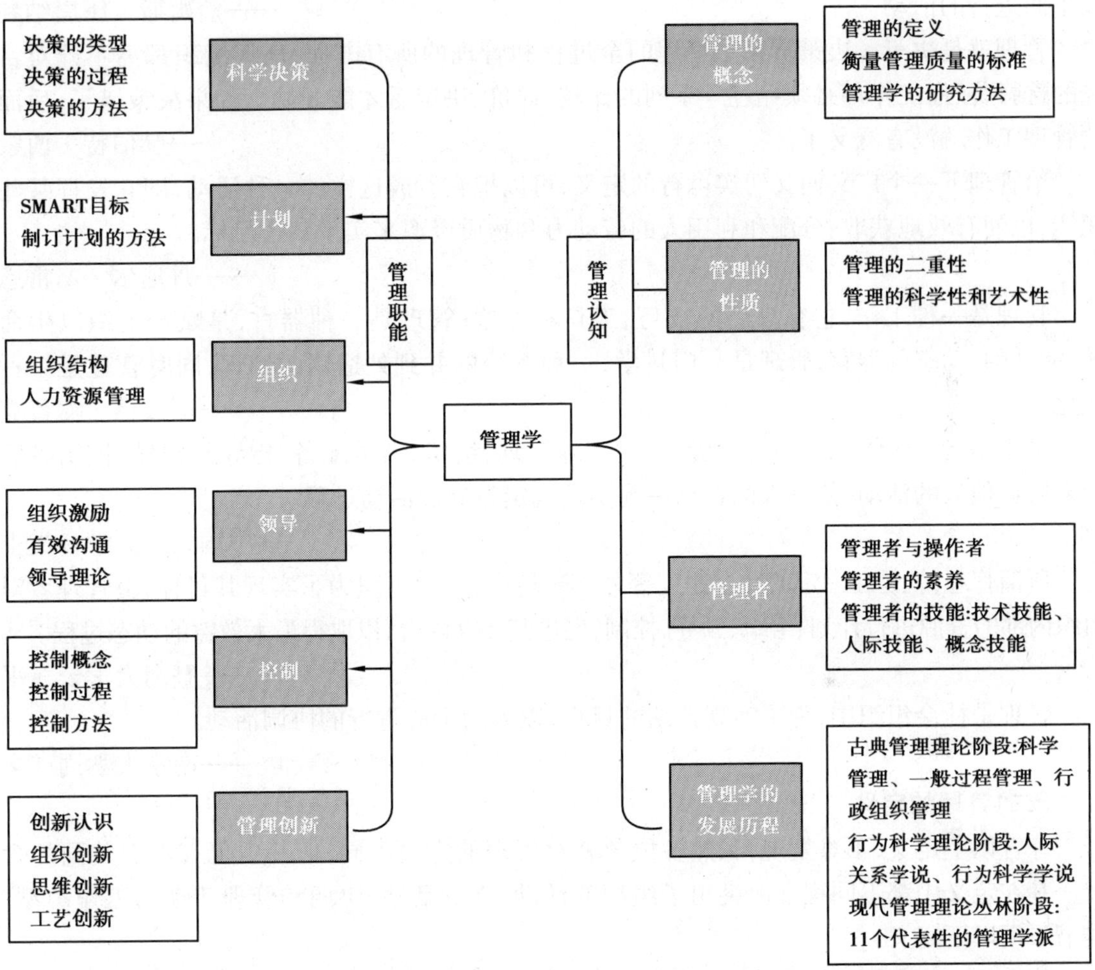

图1-1　管理学思维导图

二、管理的概念

在现代社会中,管理可以说无时不在、无处不在。不管人们从事何种职业,人人都在参与管理。例如,警察维持社会秩序、教学督导组检查教师上课质量、家庭的收支管理、父母对子女的管理等,都是日常工作生活中的管理现象。社会环境是否稳定、教学质量的高低、企业的兴衰、家庭的贫富、子女是否幸福,无不与管理是否得当有关。

那么,什么是管理呢?许多学者根据自己研究问题的立场、方法和角度对管理进行了不同的定义,可以说是众说纷纭。

（一）国内外学者对管理的定义

管理就是确切地知道你要别人做些什么，并用最好、最经济的方法去做。

——弗雷德里克·温斯洛·泰勒

管理就是实施计划、组织、指挥、协调和控制。 ——亨利·法约尔

管理就是由一个或者多个人来协调他人的活动，以便收到个人单独活动所不能收到的效果而进行的活动。 ——詹姆斯·H.唐纳利

管理就是决策。决策贯穿于管理的全过程和管理的所有方面，任何组织都离不开对目标的选择，任何工作都必须经过一系列的比较、评价、决定后才能开始。如果决策错了，后面的管理工作就没有意义了。 ——赫伯特·西蒙

给管理下一个广义而又切实可行的定义，可以把它看成这样的一种活动，即它发挥某些职能，以便有效地获取、分配和利用人的劳动力和物质资源来实现某个目标。

——丹尼尔·A.雷恩

管理是一种工作，它有自己的技巧、工具和方法；管理是一种器官，是赋予组织以生命的、能动的、动态的器官；管理是一门科学，一种系统的并到处适用的知识，同时管理是一种文化。 ——彼得·德鲁克

管理是指一定组织中的管理者，通过实施计划、组织、人员配备、指导与领导、控制等职能来协调他人的活动，使别人同自己一起实现既定目标的活动过程。

——中国人民大学杨文士

所谓管理，就是在一定的社会制度等外部环境中，一个组织为了实现其目标，由管理者对组织内部的资源进行计划、组织、领导、控制，促进其相互配合，以取得最大效益的动态过程。

——暨南大学云冠平

管理是社会组织中，为了实现预期的目标，以人为中心进行的协调活动。

——南京大学周三多

（二）管理的定义

综合以上定义，不难发现，虽然各位学者对管理的定义不同，但其中也有不少共同的含义。其在定义中都不同程度地突出了组织的活动、人的活动、协调和管理活动的工作类型。本书采用以下定义：

管理是在特定的环境下，管理者通过计划、组织、领导和控制等活动对组织资源进行协调，并与他人共同协作完成组织任务、实现组织目标的活动过程。

由以上对管理概念的界定，我们可以分析：

①管理的主体是人，回答由谁来管理的问题。

②管理的对象是各种组织资源，即人、财、物、信息、时间、场所等，回答的是管理什么的问题。

③管理的目的是有效地实现组织目标。所有的管理行为都是为实现目标服务的。没有共同的目标就没有共同劳动，也就不需要管理。目标不明确，管理就会无的放矢。

④管理的手段是计划、组织、领导和控制，即管理的基本职能。任何管理者，要实现管理目标就必须实施计划、组织、领导、控制等管理行为与过程，这些是管理者在任何管理实践中

都要履行的管理职能。

⑤管理的本质是协调。要实现目标,就必须使资源与职能活动协调,所有的管理行为在本质上都是协调行为。

【课外拓展】

管理释义

1.“管”的本义是细长的圆筒形物,用得比较多的物件有管状乐器、钥匙等,如“郑人使我掌其北门之管”,此处即为钥匙义,从钥匙义引申出的是枢要、保管、看管、管束等。与此紧密相关的词语是“管辖”:“管以开门闭户,辖以解脱车轮。”进一步得出:“总理其事曰‘管’(《康熙字典》,中华书局,1958 年 1 月版)”,如管家、总管等。

2.“理”的本义是玉石的纹路。由此引申为物体的纹理或事情的脉络,还可以引申为“道理”一词,表示“规律”和“原则”。“理”做动词时本义是“治玉”,即把玉石雕琢加工,制成玉器,所以引申出“治理”“整理”的意思,如修理、理财等。

3.“管”强调监督、控制和指挥,要求约束个人行为,形成企业规范,突出权利和制度的刚性。“理”强调计划、组织和协调,要求理顺各种关系(纹理),并形成合力,力求实现团队效率和效益最大化。

4.“管理”=“管+理”。“管+理”是一种活动,既然是活动就一定有主体和客体(活动者和对象),假设自己就是那个活动者,面对一个对象(人或物)在进行“管+理”的活动。首先是“管”:将对象限制在一个狭小的范围进行看管,必须在我们的控制之下。接下来就是“理”,“理”有三个层次:第一个层次是理出条理,弄清来龙去脉,第二个层次是理出道理,搞懂前因后果;第三个层次是理出规律,掌握事物发展的方向和途径。因为要理的对象有自己的纹理、条理、道理和规律,所以必须充分了解对象自身的规律,并根据这些规律对对象进行整理或治理,最终达到一个使我们满意的理想状态或结果。

5.对工作,一定要先“理”后“管”,“管”中带“理”,做到“以情动人,以理服人,以钱留人,以法治人”。

三、管理的属性

管理的属性指的是管理的二重性,即自然属性和社会属性,以及在管理活动过程中所表现出来的科学性和艺术性。从最基本的定义来看,管理有两层含义:一是组织劳动;二是指挥、监督劳动。劳动具有同生产力、社会化生产相联系的自然属性和同生产关系、社会制度相联系的社会属性,这就是通常所说的管理二重性。从管理活动过程的要求来看,既要遵循管理过程中客观规律的科学性要求,又要体现灵活协调的艺术性要求,这就是管理所具有的科学性和艺术性。

(一)管理的二重性

管理的二重性指的是管理的自然属性和社会属性,最早是由马克思提出的,他在《资本论》中指出:“凡是直接生产过程具有社会结合过程的形态,而不是表现为独立生产者的孤立劳动的地方，都必然会产生监督劳动和指挥劳动，不过它具有二重性。”马克思所说的“监督劳动和指挥劳动”实际上就是二重性理论的基本含义，也是管理科学的精髓。

①自然属性。自然属性是管理的第一属性，管理是保证社会化大生产顺利进行的必要条件，是合理组织生产过程的一般要求。只要是社会化的大生产，只要是集体劳动，就需要管理。管理与企业的生产关系性质无关，不因社会制度的改变而改变，具有普遍性和永久性特征。

②社会属性。管理总是在一定的生产关系下进行，不同的社会制度、不同的历史阶段、不同的社会文化下，管理会呈现出一定的差别，这就是管理的社会属性，即在一定生产关系形式下体现的阶级属性。

（二）管理的科学性和艺术性

①管理的科学性。管理是一门科学，有一定规律可循，而这些规律具有客观性，不能违背。人们经过长期的探索和经验总结，形成了关于管理的一般规律的科学知识体系，即管理学。管理学为我们提供了如何做好管理工作的指导性理论、原则和基本方法，管理工作不能仅仅依赖运气与经验，系统掌握管理的科学理论知识有助于对组织中存在的管理问题提出正确可行的解决办法。

②管理的艺术性。管理也是一门艺术，因为管理除了对物的管理，更多的是对人的管理，所以管理的中心是人。对人的管理不同于对机器的管理，要讲究方式方法，这就是艺术性。有些管理者懂得管理理论，但实践能力却很弱，不会做人的工作，管理结果与期望相反，往往使管理变得死板、僵硬；有些管理者可能不是很懂管理理论，但管理实践能力却很强，会做工作，管理结果与期望相一致。这就是管理的艺术性所在。在管理实践中，解决具体管理问题时还需要管理者具有对管理理论和方法加以灵活运用的经验和技巧。

在管理中，科学性与艺术性是相互补充的，如果说管理的科学理论是“知”，那么管理的艺术就是“行”，“知”是“行”的基础，对管理的科学性“知”得越多，在管理实践中的“行”就越有艺术性。

【案例】

发放年终奖金的技巧

一个本来业绩不错的公司当年的年终利润较上一年竟大幅下滑。眼看就要过年了，往年的年终奖金最少是两个月的工资，有的时候甚至发得更多，但这次肯定是没法实现了。会计算来算去，确定最多只能多发一个月的工资作为奖金。若按常规做法，实话告诉大家，很可能打击员工积极性。在这两难的时刻，董事长灵机一动：与其因最高的期望造成最大的失望，不如用最坏的打算带来意外的欣喜。

没过两天，公司传来小道消息——公司由于今年业绩不佳，年底要裁员。顿时人心惶惶，每个人都在猜测会不会落到自己头上。但是，这时董事长却宣布：“再怎么艰苦，公司也决不愿牺牲同甘共苦的同事，只是年终奖金可能无力发了。”董事长的一席话使员工们放下心来：只要不裁员，没有奖金就没有吧。人人都做好了过个穷年的打算。

除夕将至，董事长突然宣布："今年每人都有年终奖金，整整一个月的工资，马上发下去，让大家过个好年！"顿时整个公司大楼一片欢呼。

同样是发一个月的奖金，常规做法可能打击士气，换一种做法竟激励了士气，这就是管理的艺术。

思考：如果你是公司的总经理，你会怎么做？

四、管理的基本职能

管理的职能涉及管理工作的职权和范围，即管理者究竟在一个组织中负责哪些方面的工作。关于这个问题，目前较为流行的看法是4个职能，即计划、组织、领导和控制(图1-2)。

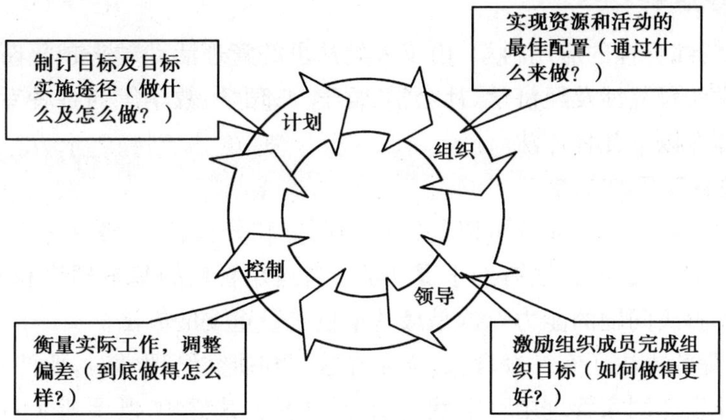

图1-2 管理的基本职

(一)计划(Planning)

计划就是探索未来，制订行动方案。它包含确定组织的目标，以及达成这些目标所需要的行动。计划职能在管理职能中处于主导地位，其他职能都需要它提出目的、要求和标准。计划职能有利于正确把握未来，使企业的活动与社会的需要协调一致，让企业能在变化的市场环境中健康稳定地发展；有利于统一全体员工的行动，使大家共同努力实现企业的经营目标；有利于合理分配、使用资源，使企业的资源发挥最大效用。

(二)组织(Organizing)

为了有效地实施计划，管理者必须根据工作的要求和人员的特点，设计岗位，配备人员，明确职责和权限关系，形成一个有机的组织结构，使信息、资源和任务在组织内顺畅流动，整个组织才能协调地运转。它包含明确组织所承担和需完成的任务，由谁去完成任务，组织机构的设置，信息指令的传递渠道的建立，以及权力的划分和组织的协调。

(三)领导(Leading)

为了实现组织的目标，必须对组织成员施加影响，包括对他们进行指导、引导和激励，加强沟通，创造一种良好的文化氛围，排除前进道路上的障碍和困难，率领大家完成各项任务，实现组织的目标。

领导工作的重点在于调动相关人员的积极性，协调相关人员之间的关系。它包含如何去激励下属，引导他们实现组织的目标，选择有效的沟通渠道，增强人们的相互理解，以及解决组织成员之间的冲突。

(四)控制

为了保证组织目标的实现,必须使组织的活动与目标、计划保持一致,一旦出现偏差,立即采取措施进行纠正。控制是实现目标必不可少的工作。由于外界环境的不确定性、组织活动的复杂性和不可避免的管理失误,为了保证有效地实现目标,我们就必须对环境、组织成员或组织活动加以控制。

上述四项管理职能相辅相成,不可分割。所有管理职能都是为了使组织活动协调,因此协调是管理的本质。

五、管理学的研究方法

管理学是一门综合性的应用科学,由于人类从事的管理活动越来越复杂,要求也越来越精确,因此管理学的研究涉及经济学、社会学、哲学、心理学、数学等与各种专业技术,研究方法多种多样,具体有以下几种方法。

(一)理论联系实际的方法

理论联系实际的方法,具体说可以是案例的调查和分析,一边学习一边实践,以及带着问题学习等多种形式。这些方法有助于提高学习者运用管理的基本理论和方法去提升发现问题、分析问题和解决问题的能力。这是最基本也是最重要的方法。

理论联系实际的方法还有一个含义,就是在学习和研究管理学时,要注意管理学的二重性,既要吸收工业发达国家管理中科学性的东西,又要去其糟粕;既要避免盲目照搬,又要克服全盘否定;要从我国国情出发加以取舍和改造,有分析、有选择地学习和吸收内容。在学习和研究外国的管理经验时,至少要考虑 4 个不同:社会制度不同,生产力发展水平不同,自然条件的不同,民族习惯和传统的不同。我们要从我国的实际出发吸取外国的科学成果,通过实践,在不断地总结自己的实践经验的基础上形成和发展具有中国特色的社会主义管理学。

(二)系统的观点与方法

将管理活动与管理过程看成一个系统,用系统的观点来分析、研究和管理问题。所谓系统是指由相互作用和相互依赖的若干组成部分结合成的具有特定功能的有机整体。

在分析和研究管理过程的这个系统时,要把握其作为一种实体所具有的特征:

①整体性。管理过程是由各个管理职能之间相互联系、相互作用而构成的有机整体,并不是各个要素的简单叠加。

②目的性。管理系统的目的就是要使组织中的各个要素得到合理配置,以创造价值和提供服务,从而取得最优的经济效益和社会效益。

③开放性。管理过程本身是一个系统,但它又是社会系统中的组成部分,因此它在不断地与外部社会环境进行物质交换、能量交换和信息的交换,所以,它具有开放的特点。

④交换性。管理过程中各种因素都不是固定不变的,因此管理系统可以转换被管理的各种因素,使管理取得更大的功效。

⑤相互依存性。不仅管理的各要素之间相互依存,管理活动与社会其他活动也是相互

依存的。

⑥控制性。管理过程具有信息反馈的机制，以使各项工作能够及时、准确地被控制，从而得到有效的管理。

（三）案例分析的方法

案例分析在管理学研究中占据着比较重要的位置，目前此方法更多地应用于管理培训与教学。在这种方法中对案例有明确的要求，即案例是真实的，包含着一定的管理问题，并为明确的教学目的服务。20 世纪 20 年代哈佛大学商学院首先将案例分析法应用于管理教学并卓有成效。研究者在研究案例过程中，探索解决问题的思路，总结出一套适合自身特点的思考与分析问题的逻辑与方法，从而提高独立解决问题的能力与决策能力。

（四）归纳法

通过对存在的一系列典型事物进行观察，从掌握典型事物的典型特点、典型关系、典型规律入手，进而分析事物之间的因果关系，从中找出一般规律的方法。这种从典型到一般的研究方法也称为实证研究，在管理学及所有科学研究中，应用都十分广泛。

（五）实验法

实验法是指通过人为地创造一定条件，观察其实际实验结果，再与没有给予这些条件的对比实验结果进行分析，寻找外在人为创造条件与实验结果之间的因果关系，得出具有普遍适用性的结论。著名的"霍桑试验"就是用以研究管理工作中人际关系影响的最典型的成功实验。

任务二　管理者认知

【任务情境】

三个石匠的故事

话说有一个牧师，经过一片工地。工地上到处都是汗流浃背、忙着干活的匠人。旁边有三个石匠，正在坐着休息，于是牧师走过去。

他问第一个石匠："你在做什么？"石匠抽着烟，抬头看了他一眼，满脸疲惫、声音嘶哑地说："你没看见吗？我在打石头。没法子，为了生计，每天累死累活的！"显然，雕刻石头的工作非常辛苦。牧师投去同情的眼神。

他接着问旁边另一个石匠同样的问题。石匠抬起头双眼炯炯有神，骄傲地对他说："我在雕刻这些伟大的艺术品，总有一天，我会成为最好的石匠，远近闻名。"牧师不禁点点头，表示欣赏。

他继续问第三个石匠同样的问题。第三个石匠没有马上回答他，而是抬头望着不远处的城市,然后缓缓地说:"我现在干的是石匠的活,可是我这是在建造一座伟大的教堂,当教堂建成之后,这里的人们就能在里面做祷告!"牧师没说什么,也抬起头望向远方。

思考:这三个石匠谁更适合被培养为管理者?如果你是一家公司的管理者,你的下属是这三种类型。你该怎么做呢?

分析:三个石匠各有各的工作追求:

第一个是为了生存;第二个是为了地位;第三个是为了自我实现。第三个石匠更适合成为管理者。

对于第一种类型的下属,你要和他一起,讨论如何提高效率、如何提高收益,从而改善家庭的生活境遇。他的心态能否改变我们无从决定,但可以引导他,从平台的角度帮助他,通过努力改善生活。

对于第二种类型的下属,你要和他一起确定工作的标准,以便其和其他人员的衔接,不要让他跑偏而影响了整体。当然,适当的时候,向其提供获得荣誉的机会,让他能有成就感,从而保持内心的动力。

对于第三种类型的下属,你要和他一起,讨论目标、执行的细节,以确保在项目的推进中,脚踏实地地实现目标。如果他既有全局观念,又热衷于团队组织,那么他就是一个非常不错的培养对象。

【理论学习】

一、管理者的概念

管理者是指在组织中直接监督和指导他人工作的人,管理者通过其职位和知识,对组织负有贡献的责任,因而其是能够实质性地影响该组织经营及达成成果的能力者。现代观点强调管理者必须对组织负责,而不仅仅是权力。与管理者相对应的是非管理者。

二、管理者的分类

从组织管理的层次来划分,管理者可分为:

①基层管理者。基层管理者是指那些在组织中直接负责非管理类员工日常活动的人。基层管理者的主要职责是直接指挥和监督现场作业人员,保证完成上级下达的各项计划和指令。基层管理者的称谓主要有督导、团队主管、教练、轮值班长、系主任、部门协调人、部门组长等。

②中层管理者。中层管理者是指位于组织中的基层管理者和高层管理者之间的人。主要职责是正确领会高层的指示精神,创造性地结合本部门的工作实际,有效指挥各基层管理者开展工作,注重的是日常管理事务。中层管理者的称谓主要有部门主管、机构主管、项目经理、业务主管、地区经理、部门经理、门店经理等。

③高层管理者。高层管理者是指组织中居于顶层或接近于顶层的人。主要职责是对组织负全责,但更侧重于沟通组织与外部的联系和决定组织的大政方针,注重良好环境的创造和重大决策的正确性。高层管理者的称谓主要有总裁、副总裁、行政长官、总经理、首席运营官、首席执行官、董事会主席等。

三、管理者的角色

亨利·明茨伯格研究发现管理者扮演着十种角色,这十种角色可被归为三大类:人际角色、信息角色和决策角色。

(一)人际角色

明茨伯格所确定的第一类角色是人际角色。人际角色直接产生自管理者的正式权力基础,管理者在处理与组织成员和其他利益相关者的关系时,他们就在扮演人际角色。管理者所扮演的3种人际角色:挂名首脑(代表人)、领导者、联络者。

作为所在单位的管理者,其必须行使一些具有礼仪性质的职责。例如,管理者有时必须出现在社区的集会上,参加社会活动或宴请重要客户等。在这样做的时候,管理者行使着代表人的角色。

由于管理者对所在单位的成败负主要责任,他们必须在工作小组内扮演领导者的角色。对于这种角色,管理者和员工一起工作并通过员工的努力来确保组织目标的实现。

最后,管理者必须扮演组织联络者的角色。管理者无论是与组织内的个人和工作小组一起工作,还是与外部利益相关者建立良好关系,都起着联络的作用。管理者只有对重要的组织问题有敏锐的洞察力,才能够在组织内外建立起关系和网络。

(二)信息角色

明茨伯格所确定的第二类管理者角色是信息角色。在信息角色中,管理者负责确保和其一起工作的人具有足够的信息,从而能够顺利完成工作。信息角色中包括:监听者(监督者)、传播者、发言人。

信息角色由管理者的性质决定,管理者既是所在单位的信息传递中心,又是组织内其他工作小组的信息传递渠道。整个组织的人依赖于管理结构和管理者以获取或传递必要的信息,更好地完成工作。

作为监督者(监督者),要持续关注组织内外环境的变化以获取对组织有用的信息。管理者通过接触下属来搜集信息,并从个人关系网中获取对方主动提供的信息。根据这种信息,管理者可以识别工作小组或组织中存在的机会和潜在的威胁。

在作为传播者的角色时,管理者把他们作为信息监督者时所获取的大量信息分配出去。把重要信息传递给工作小组成员,管理者有时也向工作小组隐藏特定的信息,更重要的是,管理者必须保证员工具有必要的信息,以便切实有效地完成工作。

管理者所扮演的最后一种信息角色是发言人角色。管理者必须把信息传递给单位或组织以外的个人。例如,必须向董事和股东说明组织的财务状况和战略方向,必须向消费者保证组织在切实履行社会义务,必须让政府官员对组织的遵守法律感到满意等。

(三)决策角色

管理者也起着决策的作用。管理者负责做出组织的决策,使工作小组按照既定的路线行事,并分配资源以保证小组计划的实施。决策角色包括:企业家、混乱驾驭者(干扰应对者)、资源分配者、谈判者。

管理者所扮演的第一种决策角色是企业家。在前述的监督者角色中,管理者密切关注组织内外环境的变化和事态的发展,以便发现机会。作为企业家,管理者对所发现的机会进行投资以利用,如开发新产品、提供新服务或发明新工艺等。

管理者所扮演的第二种决策角色是混乱驾驭者。一个组织不管被管理得多么好,它在运行的过程中,总会或多或少地遇到冲突或问题。管理者必须善于处理冲突和解决问题,如平息客户的怒气,同不合作的供应商进行谈判,或者对员工之间的争端进行调解等。

作为资源分配者,管理者决定组织资源用于哪些项目。尽管我们一提到资源就会联想到财力资源或设备,但其他类型的重要资源也会被分配给项目。例如,当管理者选择把时间花在这个项目而不是另一个项目上时,实际上是在分配一种资源。除了时间外,信息也是一种重要资源,管理者是否在信息获取上为他人提供便利,通常决定着项目的成败。

管理者所扮演的最后一种决策角色是谈判者。对所有层次管理工作的研究表明,管理者把大量的时间都花费在谈判上。管理者的谈判对象包括员工、供应商、客户和其他工作小组。无论是何种谈判对象,其管理者都要进行必要的谈判工作,以确保小组朝着组织目标迈进。

在相关活动中,管理者扮演的这三类角色是密切联系的。要扮演好人际关系角色,就要具备一定的责任感和人格魅力,要注意形象且善于沟通。想扮演好信息角色,就要思维敏锐,要善于捕捉信息,表达能力要强。想扮演好决策角色,就要善于放权并要有远见,能够自我控制且临危不乱,当然也要善于沟通(表 1-1)。

表 1-1 管理者的角色

角色	描述	特征活动
人际关系方面		
1.挂名“首脑”	象征性的“首脑”,必须履行迎接来访者、签署法律文件等社会性例行义务	
2.领导者	负责激励和动员下属,负责人员配备、培训和交往的职责	实际上从事所有的有下级参与的活动
3.联络者	维护自行发展起来的外部接触和联系网络,向人们提供信息	发感谢信,从事外部委员会工作,从事其他有外部人员参加的活动
信息传递方面		
4.监听者	寻求和获取各种特定的信息(其中许多是即时的)以便透彻地了解组织与环境	阅读期刊和报告,保持私人接触作为组织内部和外部信息的神经中枢
5.传播者	将从外部人员和下级那里获得的信息传递给组织的其他成员——有些是关于事实的信息,有些是解释和综合组织的有影响力的信息	举行信息交流会,用打电话的方式传达信息
6.发言人	向外界发布有关组织的计划、政策、行动结果等信息;组织所在产业方面的专家	举行董事会,向媒体发布信息

续表

角色	描述	特征活动
实施决策方面		
7.企业家	寻求组织和环境中的机会，制订“改进方案”以发起变革，监督这些方案的策划	检查会议决策的执行情况、开发新项目
8.混乱驾驭者	当组织面临重大的、意外的动乱时，负责采取补救行动	预防混乱和危机
9.资源分配者	负责分配组织的各种资源——事实上是批准实施所有重要的组织决策	调度、询问、授权，从事涉及预算的各种活动和安排下级的工作
10.谈判者	在主要的谈判中作为组织的代表	参与工会进行合同谈判

【案例】

李莉扮演的角色

李莉是某市有名的女强人，典型的职业女性，担任某宾馆的总经理已经10年了，在此期间，该宾馆为商务和旅游旅行者提供高质量的旅馆服务，现拥有150名员工，4个部门，每年上缴国家利税2 000多万元。李莉信奉“业精于勤”这4个字。

这一日，她早上5∶00起床，穿衣，洗脸，化妆，吃饭。5∶30上路，16分钟后到达办公室。坐下后开始浏览报纸，当天的日程已经安排好：6∶00准时召开高层领导班子碰头会；上午视察第三分部；下午写一篇10分钟的演讲稿，以便在明天的旅游业会议上致辞。

时间到了5∶58，原定高层领导班子碰头会的时间到了。会议的议题是由运营副总经理汇报全面质量管理计划的进展情况；讨论年度资金预算情况；解决第二分部春节期间由于供热系统出现问题而引起的顾客投诉；讨论今年的“五一假期”如何通过做广告来提高宾馆的收入。李莉对会议的内容和结果基本满意，因为大家发言踊跃，连备选的解决方案准备得都很充分。会议一共用了1小时20分钟。

时间到了7∶30，早操、早歌时间。“一日之计在于晨”，李莉认为这是企业文化的一项重要内容，早操锻炼身体、早歌凝聚人心。10年来，她基本上就是利用这个时间和这种形式激励员工，使每位员工每天都有好心情和奋斗力。她也以身作则，带领大家不断向前进步。

到了7∶50，李莉坐上了前往第三分部的汽车。虽然总部有计算机决策支持系统，可以帮助她根据各分部的入住率、客户投诉次数和其他服务质量指标来评估业绩，并能够在出现问题时作出快速的反应，但她仍然坚持每月一次的实地考察。她说：“走动管理至少有三个好处，一是可以直接获得计算机不能提供的、更可靠的信息，有时这些信息非常重要；二是可以激励员工，振奋人心；三是可以拉近与顾客的距离，能更加准确地知道他们想要什么样的服务。”

8:40 到达目的地。她走访了每位员工及一些顾客，与他们进行了亲切的交谈，对于他们提出的问题，其都记录在笔记本上，以备改进。后来她又去看了分部的各处地方，如餐厅、游艺厅等。

11:30，视察结束，吃完简单的工作午餐后，于 13:00 回到办公室。铺开稿纸，准备写演讲稿。

13:30，秘书进来告诉她说某装饰公司的胡经理来了。李莉想公司是胡经理的老客户，以前胡经理对公司非常优惠，装修质量也不错，但最近装修材料价格上涨，公司若按以前的报价，胡经理肯定不会承揽即将进行的总部翻新工程。翻新工程不大不小，领导班子决定预算在 30 万元，假如胡经理不同意这个价格，公司将在全市公开招标，她知道毕竟他们也不想失去老客户。

15:00，送走胡经理后，李莉的注意力又回到了演讲稿上。

16:00，演讲稿完成。

李莉喜欢像今天这样紧张而有序的日子，她觉得这样才过得充实、有意义。每当总结一天的情况，进而看到公司在不断发展壮大时，李莉浑身的疲惫就会烟消云散，取而代之的是全身的兴奋和喜悦之情。

思考：李莉在这一天中都扮演了什么角色？

案例解析请扫描下方二维码。

李莉扮演的角色案例解析

四、管理者的技能

不管什么类型组织中的管理者，也不管他处于哪一管理层次，所有的管理者都需要有一定的管理技能。罗伯特·李·卡茨列举了管理者所需的三种技能，后来海因茨·韦里克对此进行了补充。综合来说，管理者需要具备的素质或管理技能主要有三种，即技术技能、人际技能和概念技能。

（一）技术技能

技术技能是指管理者掌握与运用某一专业领域内的知识、技术和方法的能力。技术技能包括专业知识、经验、技术、技巧、程序、方法、操作与工具运用熟练程度等，管理者对相应专业领域进行有效管理必备的技能。管理者虽然不能完全做到内行或是成为专家，但必须懂行，必须具备一定的技术技能。特别是一线管理者，更应如此。

（二）人际技能

人际技能是指管理者处理人事关系的技能。人际技能包括：观察、理解和掌握人的心理规律的能力;人际交往中融洽相处、与人沟通的能力;了解并满足下属的需要,进行有效激励的能力;善于团结他人,增强向心力、凝聚力的能力等。

在以人为本的今天,人际技能对于现代管理者来说是一种极其重要的基本功。没有人际技能的管理者是不可能做好管理工作的。

(三)概念技能

概念技能是指管理者观察、理解和处理各种全局性的复杂关系的抽象能力,也称构想技能。概念技能包括:对复杂环境和管理问题的观察、分析能力;对全局性的、战略性的、长远性的重大问题的处理和决断能力;对突发性紧急处境的应变能力等。其核心是一种观察力和思维力。这种能力对于组织的战略决策和发展具有极为重要的意义,是组织高层管理者所必须具备的,也是最为重要的一种技能(图 1-3)。

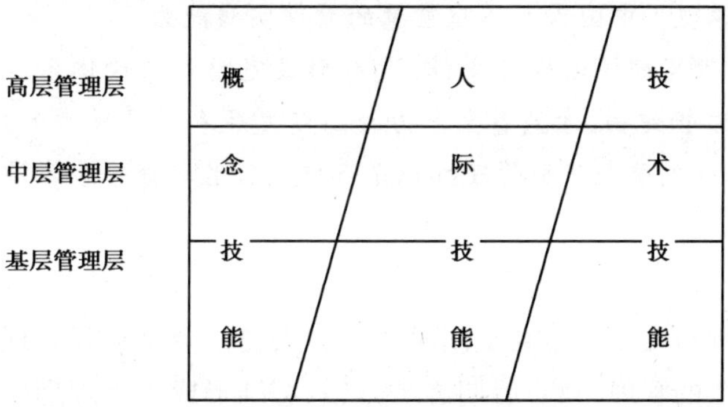

图 1-3 不同层次的管理者需要不同管理技能的比例

不同层次的管理者对管理技能的需要有差异性。上述三种技能,对任何管理者来说,都是应当具备的。但不同层次的管理者,由于所处的位置、作用和职能不同,对三种技能的需要程度则明显不同。高层管理者尤其需要概念技能,而且所处层次越高,对概念技能的要求越高。这种概念技能的高低,成为衡量一个高层管理者素质高低的最重要的尺度。而高层管理者对技术技能的要求就相对低一些。与之相反,基层管理者更重视的却是技术技能。基层管理者的主要职能是现场指挥与监督,如果不掌握熟练的技术技能,就难以胜任管理工作。当然,相比之下基层管理者对概念技能的要求就不是太高。

任务三 管理思想与理论的发展

【任务情境】

宋朝真宗年间,皇宫失火,大片宫殿变成一片废墟。真宗令曾经做过宰相的丁谓负责建造新皇宫。丁谓到现场察看,发现有三大问题最难解决:一是建房的用土量大,若到郊外取土，路途太远；二是运输难，大批建筑材料，从外地只能由水路运到汴水，若再运到皇宫建筑工地，只能靠车马；三是大片废墟垃圾要运到远处倒掉，这样不知要花费多少人力、物力和时间。

丁谓再三思量，最终想出了一个“一举三得”的办法。他先让人在施工现场到汴水之间挖几条大深沟，将挖出来的土堆在两旁，用作烧砖瓦，这样解决了用土的问题。接着，他把汴水引入沟中，使它成为运输的河流。等到工程结束，再将水排掉，把所有垃圾倒在沟内，重新填为平地，又成了良田。丁谓提出的“一举三得”使工程顺利进行。

思考：“一举三得”案例给我们带来什么启示？

分析：丁谓采用一举三得的方法，使工程如期完成。简单归纳起来，就是挖沟（取土烧砖）→引水入沟（水道运输）→填沟（处理垃圾）。工程建设的过程同现代系统管理、统筹策划的思想极其吻合，体现了中国古人高超智慧的管理实践能力。

但这些初始的管理思想缺乏理论支撑，没有形成完整的理论体系。系统化的管理思想一直到19世纪末—20世纪初，才随着生产力的高度发展和科学技术的进步，在西方形成并蓬勃发展起来。下面我们就来了解管理知识是如何从经验之谈一步步演变到科学理论的。

【理论学习】

从历史上看，管理与人类社会几乎同时产生。人类社会离不开管理。人们在长期的劳动实践中，积累了大量的管理经验，后期逐步归纳、总结形成了管理理论。我们把管理的产生和发展分为四个阶段：

第一阶段：19世纪以前，早期管理思想的萌芽；

第二阶段：19世纪末—20世纪初，古典管理理论的诞生（科学管理、一般管理、行政组织管理）；

第三阶段：20世纪20年代—50年代，行为科学理论的发展（人际关系学说、行为科学）；

第四阶段：20世纪50年代后，现代管理理论丛林的形成。第二次世界大战后，诸多学者从不同角度、不同背景，用不同方法去研究现代管理问题，形成众多学派。孔茨把这个现象描述为“管理理论丛林”。

一、早期管理思想

管理是一项历史悠久的人类社会活动，从原始人类的集体狩猎到氏族公社的集体劳作与分配，从早期的战争到国家的出现，从埃及金字塔、巴比伦古城的建造到中国万里长城的修筑……人类历史上的种种集体活动，无一不是人类所进行的管理实践活动，从中也可以看出管理思想的发展轨迹。

（一）中国古代管理思想

中国的文化源远流长，我们的祖先有着丰富的管理实践经验，并积累了十分丰富的管理思想，并因此在人类管理思想和学说的浩瀚烟海中占有极为重要的地位。特别是在春秋战国时期，我国形成了百家争鸣的局面，诸子百家所探讨的问题正是管理问题。

1.以“仁”为核心的儒家管理思想

孔子儒家管理思想的核心内容是仁、礼、中庸。“仁”是居于整个儒家理论体系中的一个核心概念,“仁者,爱人”(《论语·颜渊》),孔子用仁把所有的公共管理规则统率起来,“为政以德,譬如北辰,居其所而众星拱之。”(《论述·为政》) 如何去实践“仁”呢? 孔子强调在内为仁、在外为礼,内心的道德操守和外在的行为规范相统一就达到了仁的境界。而中庸则是一种管理思想、方法,讲究不偏不倚、适量守度,其基本精神是通过折中调和的手段,达到消除管理矛盾,避免管理冲突,稳定管理秩序的目的。这是管理的极高境界,所以孔子说:“中庸之为德也,其至矣乎! 民鲜久矣。”(《论语·雍也》)

2.以“无为”为最高原则的道家管理思想

道家学派创始人老子的思想体系中包含着丰富、精妙的管理智慧。老子学说的精髓和本质,就是倡导一种“无为而治,道法自然”的思想。“道”即是法则、规律,老子把道作为宇宙的本原,认为万事万物都是由道派生出来的,人循道便也要无为。“自然”并非客观世界的大自然,也非具体存在的东西,而是引申为一种自然而然的状态。所谓“道法自然”是指任何事物都有其自然的状态,人的行动必须顺应自然,必须符合自然规律,而不是主观随意的蛮干。“自然”就是道,就是规律,就是法则。

3.以“法治”为基础的法家管理思想

法家思想最主要的代表人物是韩非子,他提出了一套完整的法、术、势的理论。他认为要治理好国家,必须法与术相结合。他说“人主之大物,非法则术也”(《难三》),“君无术则蔽于上,臣无法则乱于下”(《定法》)。“法”即规章制度;“术”指君王驾驭臣子的技巧和计谋;“势”则指权势、权威。

从总体上讲,韩非子的法、术、势实际上就是告诉领导者:要管好一个组织必须制定严明的规章制度、清晰和强有力的奖罚措施。同时,一定要树立自己的权威,牢牢地把核心权力控制在自己手中,并且要善于利用环境去造势,然后因势利导,去管人做事,从而实现自己的宏图大业。

(二)近代西方管理思想的萌芽

在中世纪,统治当局的黑暗及宗教势力的迫害给西方社会的发展施加了极大的压力,管理思想的发展也受到一定的阻碍。18 世纪 60 年代,西方国家开始进行工业革命,这场革命使以手工业为基础的资本主义工场向采用机器的工厂制度过渡。工业革命带来了生产技术和生产关系的重大变革,使生产力有了较大的发展,随之而来的是管理思想的革命。下面简要介绍这一时期的主要代表人物及其管理思想。

亚当·斯密是英国古典政治经济学的杰出代表,在 1776 年发表的《国富论》中,他系统地阐述了“经济人”的观点和劳动分工的思想。

“经济人”的观点:斯密认为每个人的活动都受“利己心”的支配,人人追求个人私利,而这种追求客观上也会促进整个社会共同利益的发展。企业家的目的是获得最大限度的利润,工人的目的是获得最大限度的工资收入,企业家和工人造就的都是金钱,所以经济因素是管理中刺激人积极性的唯一因素。

强调劳动分工对劳动生产力提高的重要性:斯密以“制针”为例详细说明了劳动分工的

作用。根据斯密的描述,如果一名工人没有受过专门的训练,恐怕一天也造不出一枚针来。而如果把制针分为若干工作程序,每一程序都成为一项专门工作,一个人抽铁丝,一个人拉直,一个人切截,一个人磨尖铁针的一端,一个磨另一端以便装上圆头,有了劳动分工,同数量的劳动者就能完成比过去多得多的工作量。斯密认为,劳动分工之所以能大大提高生产效率,主要有三个原因:一是劳动者的技巧因练习而日进;二是免除了由一种工作转换为另一种工作所需要的时间;三是许多简化劳动和缩减劳动的机械的发明,使一个人能够做许多人的工作。

二、古典管理理论

古典管理理论形成于19世纪末—20世纪初。经过产业革命后,先进资本主义国家的生产力发展已达到一定的高度,科学技术也有了较大的发展,但是对企业的管理仍处于传统阶段,经验和主观臆断盛行,缺乏科学依据。随着资本主义由自由向垄断的过渡,传统的经验管理越来越不适应管理实践的需要。为了适应生产力发展的需要,改善管理的粗放化和低水平,许多学者及企业人士努力探索新的管理模式和方法,并逐步形成相应的理论,管理也进入到一个新的时代,即古典管理理论时期。古典管理理论占主导地位的阶段大体上是从19世纪末—20世纪40年代,主要包括泰勒的科学管理理论、法约尔的一般管理理论和韦伯的行政组织体系理论。

(一)泰勒的科学管理理论

弗雷德里克·温斯洛·泰勒(1856—1915年)在1878年进入费城米德维尔钢铁厂当机械工人,一直到1897年,先后担任过车间管理员、小组长、工长、技师、制图主任和总工程师,并利用业余时间学习,获得了斯蒂文斯技术学院的机械工程学位。他在米德维尔钢铁厂工作期间,不断从事关于管理和技术的试验,系统地研究和分析了工人的操作方法和劳动所花费的时间。1898—1901年,他受雇于伯利恒钢铁公司继续从事管理咨询工作。1901年以后,他用大量的时间从事写作、演讲,宣传他的一套管理理论,1911年发表其代表作《科学管理原理》,此书被认为是管理理论发展史上的一个重要里程碑。以下是科学管理的主要内容:

1.科学管理的中心问题是提高劳动生产率

泰勒毕生致力于研究如何提高效率,包括管理人员和工人的工作效率等。泰勒认为,科学管理的根本在于提高劳动生产率,因为科学管理如同节省劳动的机器一样,其目的在于提高每一个单位劳动力的产量。他认为,企业提高劳动生产率的潜力非常大,在当时的条件下,每个工人在工作中只能发挥出自身1/3的能力。

2.工作定额原理

泰勒认为,为了发掘工人们劳动生产率的潜力,就要进行有科学依据的工作量定额。要通过工时和动作研究,设计出有科学依据的工人的工作定额,确定一个工人“合理的日工作量”。

【案例】

搬生铁块实验

搬生铁块实验是1898年在伯利恒钢铁公司货场进行的。实验前这里工人的标准工资是每天1.15美元,每位工人平均一天搬运12.5吨铁块。实验开始时,泰勒首先使用了3~4天时间观察和研究了其中的75位工人,从中挑选了4位,对这4个人的历史、性格、习惯和工作抱负做了系统的调查之后,确定了一名叫施密特的人作为实验对象。泰勒研究了劳动负荷、动作时间和调节方法,把劳动的时间和休息的时间很好地搭配起来。他实际测算了从车上或地上搬起铁块的时间,带着铁块在平地上行走的时间,堆放好铁块的时间,空手返回原地的时间等,都加以精确计算。随后开始训练施密特,告诉他何时搬运,何时休息,用什么样的动作最省力。按照泰勒的方法,施密特一天完成了47.5吨的工作量,而且因为劳动休息调节得当,人也不觉得累,并拿到了一天1.85美元的工资。

3.要为工作挑选"第一流的工人"

所谓"第一流的工人",需要具备两个条件:一是该工人的能力最适合他所从事的工作;二是该工人从内心愿意从事这项工作。管理者要根据人的不同能力和天赋,把他们分配到相适宜的工作岗位上,对于那些不适合工作岗位的人,要尽力培训他们,使之成为第一流的工人。

4.标准化原理

为了提高劳动生产率,还必须让工人掌握标准化的操作方法,使用标准化的工具、机器和材料,并使操作环境标准化。泰勒认为,必须用科学的方法对工人的生产操作、工具的使用、劳动与休息时间的搭配,甚至机器的安排和作业环境的布置进行分析,消除各种不合理因素,形成最好的方法。他认为这才是企业管理人员的首要职责。

5.实行有差别的计件工资制

泰勒认为,过去实行的计时工资和利润分享制都不能从根本上解决工人"磨洋工"的问题,要解决这一问题,就要在标准定额的基础上实行有差别的计件工资制,即按照工人是否完成其定额而采取高低不同的工资率,完成定额的可按工资标准的125%计算工资,完不成定额的只按80%计算工资。

6.计划职能同执行职能相分离

泰勒主张明确划分计划职能与执行职能。其中,计划职能主要包括:由专门的计划部门来从事调查研究,为定额和操作方法提供科学依据;提供科学的定额和标准化的操作方法及工具;拟订计划并发布指示和命令;比较"标准"和"实际情况",进行有效控制。执行职能则由现场的工人执行,即按照计划部门提供的操作方法和指示,使用规定的标准工具,从事实际操作,不得自行改变。同时,泰勒主张实行职能管理,即将管理的工作予以细分,使所有的管理者只承担一种管理职能。

7.在管理控制上实行例外原则

泰勒等认为,规模较大的企业组织的管理,必须应用例外原则,即企业的高级管理人员把一般日常事务授权给下级管理人员去处理，自己只保留对例外事项的决定权和监督权，如企业的发展战略、重要人事任免等。

8.工人和雇主必须进行一场“精神革命”

泰勒认为，只有使劳资双方变对立为互相协作，共同为提高劳动生产率而努力，才是科学管理理论的真谛。为此劳资双方必须开展一场“心理革命”，认识到提高效率对双方都有利，应该相互协作，为提高劳动生产率而共同努力。雇主关心的是成本的降低，而工人则关心的是工资的提高，所以泰勒认为这就是从事协调与合作的基础。

泰勒在管理理论方面做了许多富有开拓性的工作，使管理从经验上升为科学。其科学管理理论对管理学的产生与发展起了巨大的推动作用，为后来西方管理理论的发展奠定了基础。由于泰勒杰出的贡献，他被后人尊为“科学管理之父”。不过，泰勒把人看成单纯追求金钱的“经济人”，仅重视技术因素，而不重视人的社会因素，并且由于泰勒自身的经历使其对管理较高层次的研究相对较少，这使得他的科学管理理论又有很大的局限性。

（二）一般管理理论

亨利·法约尔（1841—1925 年）在 1916 年发表《工业管理与一般管理》，其管理理论不但可用于工商企业，还可用于政府、教会、慈善团体和军队，是第一个概括和阐述一般管理理论的管理学家，被称为“经营管理理论之父”。

1.企业经营的六项基本活动

法约尔在他的一般管理理论中提出企业经营和管理是两个不同的概念。他认为经营是指指导或引导一个组织趋向同一个目标，并进而提出经营活动包括六种活动，管理活动只是其中的一种。不论企业大小、复杂还是简单，企业的经营中都必然存在六种基本活动。

①技术活动：生产制造加工等活动；

②商业活动：购买、销售、交换等活动；

③财务活动：资金的筹措和运用；

④安全活动：设备的维护和职工安全的活动；

⑤会计活动：货物盘存、成本统计、核算等；

⑥管理活动：计划、组织、指挥、协调和控制五项职能活动。

2.管理的五项职能

法约尔指出，管理是一种普遍存在于各种组织的活动，这种活动对应着计划、组织、指挥、协调和控制五种职能，从而形成一个完整的管理过程（图 1-4）。

①计划：对有关事件的预测，并且以预测的结果为根据，制订一项工作方案；

②组织：为组织中各项劳动、材料、人员等资源提供一种结构；

③指挥：有关促使组织为达成目标而行动的领导艺术；

④协调：为达成组织目标而进行的统一性工作；

⑤控制：保证各项工作按既定计划进行。

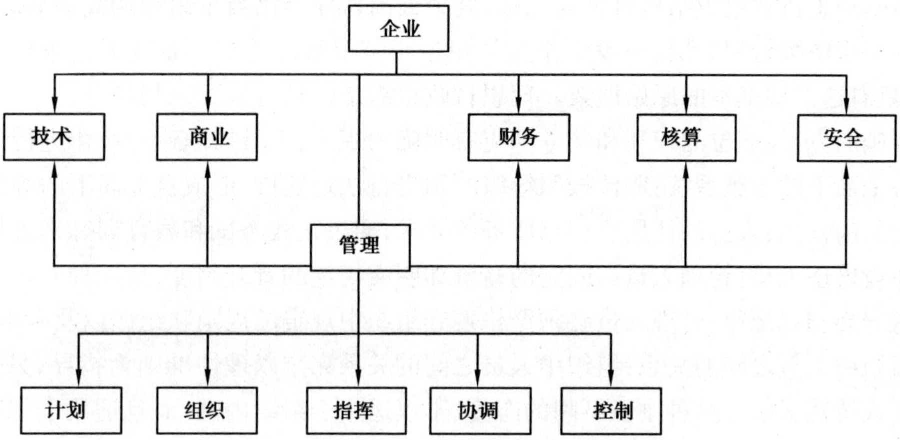

图 1-4　企业的六项基本活动和管理的五项职能图

3.法约尔的 14 条管理原则

法约尔根据自己的工作经验,归纳出简明的 14 条管理原则。

①分工:类似斯密的劳动分工原则,其核心在于专业化可以提高生产率,从而增加产出;

②权力责任:管理者有发布命令并使人服从的力量;而此权力的前提是管理者遵从职权对等的管理思想;

③纪律:全体员工服从和遵守组织运作中的原则;

④统一指挥:任何一位员工只接受一位上级的指挥;

⑤统一领导:为达成同一目标而从事的各种活动,只能在一个领导和一个计划下进行;

⑥利益关系:个人利益服从整体利益;

⑦员工报酬:报酬合理,能够奖励有益的工作成果和激发全体员工的工作热情;

⑧集权化:必须根据组织的客观情况,确定适度的决策权力的根本与集中的结构;

⑨等级链:组织机构由最高层到最基层所形成的层次结构,这一结构实际上是一条权力线,它是自上而下和自下而上确保信息传递的必经途径。在一定条件下,允许跨越权力线而直接进行的横向沟通,可以克服由于统一指挥而产生的信息传递延误(这一原则称为“跳板原则”);

⑩秩序:每位员工都必须各就其位,各得其所;

⑪公平:管理者应该以其忠诚和热心来对待下属;

⑫员工的稳定:人员的高度流动会造成效率损失,因此,管理应该提供合理的人事计划以保证工作的完成;

⑬创造性:在尽力完成工作目标的前提下,鼓励员工的首创精神;

⑭集体精神:鼓励团队精神,以实现组织内部成员之间的协调和合作。

(三)行政组织理论

马克斯·韦伯(1864—1920 年)着重于组织理论的研究,提出了“理想的行政组织体系”理论,先后写了《新教徒伦理》《经济史》《社会组织与经济组织理论》等书,被誉为是“组织理论之父”。

韦伯的理想行政组织结构可分为三层,其中最高领导层相当于组织的高级管理阶层,行政官员相当于中级管理阶层,一般工作人员相当于基层管理阶层。企业无论采用何种组织结构,都具有这三层基本的原始框架。理想行政组织结构具有如下一些特点:

①明确的分工:职位的权利和义务都应有明确的规定,人员按职业专业化进行分工;

②自上而下的等级系统:职位按照等级原则进行法定安排,形成自上而下的等级系统;

③人员的任用:人员的任用要根据职务的要求,通过正式考试和教育训练来进行;

④职业管理人员:管理人员有固定的薪资和明文规定的晋升制度,是一种职业;

⑤遵守规则和纪律:管理人员必须严格遵守组织中规定的规则和纪律以及办事程序;

⑥组织中人员之间的关系:组织中人员之间的关系完全以理性准则为指导,只是职位关系不受个人情感影响。这种刚正不阿的态度,不仅适用于组织内部,而且适用于组织与外界的关系。

韦伯认为,这种高度结构的、正式的、非人格化的理想行政组织体系是人们进行强制控制的合理手段,是达到目标、提高效率的最有效形式。

【案例】

泰勒科学管理的试验

一、金属切削试验

从 1881 年起,泰勒就在米德维尔钢铁公司(Midvale steel Works)任职。为了解决工人的怠工问题,他进行了金属切削试验。他运用自己所具备的一些金属切削的作业知识,对车床的效率问题进行了研究,研究在运用车床、钻床、刨床等进行金属切削工作时,要决定用什么样的刀具、多大的速度等来获得最佳的加工效率。由于这项试验非常复杂和困难,原来预定为 6 个月的试验,实际却用了 26 年,花费了巨额资金,耗费了 80 多万吨钢材,总共耗费约 15 万美元。最后在巴斯和怀特等十几名专家的帮助下,试验取得了重大的进展。这项试验还获得了一个重要的副产品——高速钢的发明,并取得了专利。试验结果发现了能大大提高金属切削机工产量的高速工具钢,并取得了各种机床适当的转速和进刀量以及切削用量标准等资料。

二、搬运生铁块试验

1898 年起,泰勒受雇于伯利恒钢铁公司,在此期间,他进行了著名的“搬运生铁块试验”和“铁锹试验”。搬运生铁块试验是在这家公司的五座高炉的产品搬运组大约 75 名工人中进行的。他们要把 92 磅重的生铁块搬运 30 米,并装到铁路货车上,每人每天平均搬运 12.5 吨,日工资 1.15 美元。泰勒找了一名工人进行了试验,试验搬运的姿势、行走的速度、手的位置对搬运量的影响以及休息多长时间为好。其经过分析确定了装运铁块的最佳方法,并得出 57%的时间用于休息,这样能使每个工人日搬运量达到 47~48 吨(提高了四倍),同时使得工人的日工资提高到 1.85 美元。

三、铁锹试验

当时各公司的铲运工人拿着自家的铁锹上班,这些铁锹各式各样,大小不一。堆料场中有铁矿石、煤粉、焦炭等,每位工人的日工作量为 16 吨。泰勒经过观察发现,由于物料的密度不一样，每铁锹的重量也是不一样的。如果是铁矿石，一铁锹有38磅；如果是煤粉，一铁锹只有3.5磅。那么，一铁锹到底负载多少重量才适合呢？经过反复试验，最后确定了一铁锹21磅对工人是最适合的。根据试验的结果，泰勒针对不同的物料专门设计出不同形状和规格的铁锹。此后，工人上班时都不用自带铁锹，而是根据物料情况从公司领取特制的标准铁锹，工作效率因此大大提高。这一研究的结果是非常杰出的，堆料场的劳动力从400~600人减少为140人，平均每人每天的操作量从16吨提高到59吨，每位工人的日工资也从1.15美元提高到1.88美元。

思考：泰勒的三次试验分别反映了管理科学理论哪些思想，在管理学的发展上具有什么意义？

案例解析请扫描下方二维码。

泰勒科学管理的试验
案例解析

三、行为科学理论

（一）人际关系学说

1924—1932年，以乔治·埃尔顿·梅奥（1880—1949年）为首的美国国家研究委员会与西方电气公司合作，在美国西方电器公司霍桑工厂进行的长达九年的实验研究——霍桑实验。梅奥对霍桑实验进行了总结，1933年完成了《工业文明中人的问题》一书，提出人际关系学说。

霍桑实验的研究结果否定了传统管理理论对人的假设，表明了工人不是被动的、孤立的个体，他们的行为不仅受工资的刺激，影响生产效率的最主要因素是工作中的人际关系。据此，梅奥提出了自己的观点：

1.工人是“社会人”而不是“经济人”

梅奥认为，人们的行为并不单纯出自追求金钱的动机，还有社会方面的、心理方面的需要，即追求人与人之间的友情、安全感、归属感和受人尊敬等，而后者更为重要。因此，不能单纯从技术和物质条件着眼，而必须首先从社会心理方面考虑合理的组织与管理。

2.企业中存在着非正式组织

企业中除了存在着古典管理理论所研究的为了实现企业目标而明确规定各成员相互关系和职责范围的正式组织，还存在着非正式组织。这种非正式组织的作用在于维护其成员的共同利益，使之避免被其内部个别成员的疏忽或外部人员的干涉所造成的损失。为此，非正式组织中要有自己的核心人物和领袖，有大家共同遵循的观念、价值标准、行为准则和道德规范等。梅奥指出，非正式组织与正式组织有重大差别。在正式组织中，以效率逻辑为其行为规范；而在非正式组织中，则以感情逻辑为其行为规范。如果管理人员只是根据效率逻辑来管理，而忽略工人的感情逻辑，必然会引起冲突，影响企业生产率的提高和目标的实现。因此，管理当局必须重视非正式组织的作用，注意在正式组织的效率逻辑与非正式组织的感情逻辑之间保持平衡，以便管理人员与工人之间能够充分协作。

3.新的领导能力在于提高工人的满意度

新型领导在于通过"满足度"的增加来提高职工的士气，从而达到提高生产率的效果。梅奥认为，在决定劳动生产率的诸因素中，处于首位的因素是工人的满意度，而生产条件、工资报酬只是其次的。生产率的高低取决于职工的士气，即工作的积极性、主动性与协作精神等，而士气的高低依赖于职工对社会因素特别是其与周围人关系的满意度高低。

人际关系学说第一次把管理研究的重点从物的因素转到了人的因素上来，开辟了一个新的研究领域，为现代行为科学的发展奠定了基础。

（二）行为科学理论

行为科学是 20 世纪 30 年代开始形成的一门研究人类行为的新学科，一门综合性科学，它研究人的行为产生、发展和相互转化的规律，以便预测人的行为和控制人的行为，以实现提高工作效率，达成组织的目标。1949 年在美国芝加哥讨论会上第一次提出"行为科学"的概念，在 1953 年美国福特基金会召开的各大学科学家参加的会议上，其正式被定名为"行为科学"。

1.行为科学的主要代表理论

①人类需要：其代表人物为马斯洛，他提出了"人类需求层次论"，他认为人的需求分为五个层次，应使不同的人的不同层次需求得到相对满足。

②人性管理：即研究同企业管理有关的所谓"人性"问题。其代表人物有麦格雷戈，他提出了"X 理论—Y 理论"，认为人不是被动的，只要给予一定的外界条件就能激励和诱发人的能动性；阿吉里斯提出了"不成熟—成熟理论"，认为在人的个性发展方面，有一个从不成熟到成熟的连续发展过程，这意味着人的自我表现程度的加强等。

③群体理论：即研究企业中非正式组织以及人与人的关系问题。其代表人物有勒温，他提出"团体力理论"；布雷德福提倡实行敏感性训练，通过受训者在团体学习环境中的相互影响，使其更明确自己在团体组织中的地位和责任等。

④领导行为：即研究企业中领导方式的问题。其代表人物坦南鲍姆和沃伦·施密特提出了"领导方式连续统一体理论"；利克特提出了"支持关系理论"；赫兹伯格提出了"双因素理论"；布莱克和莫顿提出了"管理方格图"。

2.行为科学理论的主要特点

①把人的因素作为管理的首要因素，强调以人为中心的管理，重视职工多种需求的满足；

②综合利用多学科的成果，用定性和定量相结合的方法探讨人的行为之间的因果关系及改进行为的办法；

③重视组织的整体性和整体发展，把正式组织和非正式组织、管理者和被管理者作为一个整体来把握；

④重视组织内部的信息流通和反馈，用沟通代替指挥监督，注重参与式管理和职工的自我管理；

⑤重视内部管理，忽视市场需求、社会状况、科技发展、经济变化、工会组织等外部因素的影响；

⑥强调人的感情和社会因素，忽视正式组织的职能及理性和经济因素在管理中的作用。

【案例】

霍桑实验

乔治·埃尔顿·梅奥，美国管理学家，原籍澳大利亚，早期的行为科学——人际关系学说的创始人。尽管梅奥从事过不同的职业，但使他闻名于世的还是他对霍桑实验所作出的贡献。1927年冬，梅奥应邀参加了开始于1924年但中途遇到困难的霍桑实验，从1927~1936年断断续续进行了为时9年的实验研究。霍桑实验是一项以科学管理的逻辑为基础的实验。整个实验前后经过了四个阶段。

1.车间照明实验——照明实验

照明实验是为了弄明白照明的强度对生产效率所产生的影响。这项实验前后共进行了两年半的时间。然而照明实验进行得并不成功，其结果令人感到不解，因此有许多人都退出了实验。

2.继电器装配实验——福利实验

1927年梅奥接受了邀请，并组织了一批哈佛大学的教授成立了一个新的研究小组，开始了霍桑第二阶段的福利实验。

福利实验是为了能够找到更有效地控制影响员工积极性的因素。梅奥他们对实验结果进行归纳，排除了以下4种假设：

(1)在实验中改进物质条件和工作方法，可导致产量增加；

(2)安排工间休息和缩短工作日，可以解除或减轻疲劳；

(3)工间休息可减少工作的单调性；

(4)个人计件工资能促进产量的增加。

霍桑实验最初的研究是探讨一系列控制条件(薪水、车间照明度、湿度和休息间隔等)对员工工作表现的影响。研究中意外发现，各种试验处理对生产效率都有促进作用，甚至当控制条件回归初始状态时，促进作用仍然存在。这一现象发生在每名受试者身上，对于受试者整体而言，促进作用的结论也为真。最后得出"改变监督与控制的方法能改善人际关系，能改进工人的工作态度，促进产量的提高"的结论。

3.大规模的访谈计划——访谈实验

既然实验表明管理方式与员工的士气和劳动生产率有密切的关系，那么就应该了解职工对现有的管理方式有什么意见，为改进管理方式提供依据。于是，梅奥等人制订了一个征询员工意见的访谈计划，在1928年9月—1930年5月不到两年的时间，研究人员与工厂中的两万名左右的员工进行了访谈。

在访谈计划的执行过程中，研究人员对工人在交谈中的怨言进行分析，发现引起他们不满的事实与他们所埋怨的事实并不是一回事，工人所表述的不满与隐藏在心理深层的不满情绪并不一致。例如，有位工人表现出对计件工资率过低不满意，但深入了解后发现，这位工人是在为支付妻子的医药费而担心。

根据这些数据分析，研究人员认识到，工人由于关心自己个人问题而会影响到工作的效率。所以管理人员应该了解工人的这些问题，为此，需要对管理人员，特别是要对基层的管理人员进行训练，使他们成为能够倾听并理解工人的访谈者，能够重视人的因素，在与工人相处时更为热情、更为关心他们，这样能够促进人际关系的改善和员工士气的提升。

4.继电器绕线组的工作室实验——群体实验

这是一项关于工人群体的实验，其目的是要证实在以上的实验中研究人员感觉到的工人中存在着一种非正式的组织，而且这种非正式的组织对工人的态度有着极其重要的影响。

实验者为了系统地观察在实验群体中工人之间的相互影响，在车间中挑选了14名男员工，其中有9名是绕线工，3名是焊接工，2名是检验工，让他们在一个单独的房间内工作。

实验开始时，研究人员向工人说明，他们可以尽力工作，因为在这里实行的是计件工资制。研究人员原以为，实行了这一套办法会使职工更加努力工作，然而结果却是出乎意料的。事实上，工人实际完成的产量只是保持在中等水平的，而且每位工人的日产量都是差不多的。根据动作和时间分析，每位工人应该完成标准的定额为7 312个焊接点，但是工人每天只完成了6 000~6 600个焊接点就不干了，即使离下班还有较为宽裕的时间，他们也自行停工不干了。这是什么原因呢？研究者通过观察，了解到工人们自动限制产量的理由是：如果他们过分努力工作，就可能造成其他同伴的失业，或者公司会制定出更高的生产定额来。

研究者为了了解他们之间能力的差别，还对实验组的每个人进行了灵敏度和智力测验，发现3名生产最慢的绕线工在灵敏度的测验中得分是最高的。其中，1名最慢的工人在智力测验上是排行第一，灵敏度测验排行第三。测验的结果和实际产量之间的这种关系使研究者联想到群体对这些工人的重要性。1名工人可以因为提高他的产量而得到小组工资总额中较大的份额，而且减少失业的可能性，然而这些物质上的报酬却会带来群体中其他成员的非难，因此每天只要完成群体认可的工作量就可以相安无事了。即使在一些小的事情上也能发现工人之间有着不同的派别。绕线工就一个窗户的开关问题常常发生争论，久而久之，就可以看出他们之间不同的派别了。

思考：霍桑实验说明了什么？

案例解析请扫描下方二维码。

霍桑实验案例解析

四、现代管理理论丛林

第二次世界大战结束后，科学技术和工业生产空前迅速发展，企业的规模进一步扩大，生产过程的连续化和自动化程度大大提高，技术更新的周期越来越短，市场竞争异常激烈，对企业管理提出了更多、更高、更新的要求，而这也促进了管理科学的发展。同时，一些来自心理学、社会学、经济学、数学、统计学、人类学、法学、计算机科学等各学科的学者们也从各自不同的背景、角度，以不同的方法对管理问题进行了研究，从而带来了管理理论的空前繁荣，形成了众多的管理理论学派。对此，1961 年管理学家孔茨发表一篇文章——《管理理论的丛林》，将各管理学派分为 6 个，即管理过程学派、管理科学学派、系统管理学派、经验主义学派、决策理论学派、权变理论学派。1980 年，孔茨发表了《再论管理理论的丛林》一文，指出管理理论学派已经发展到了 11 个。各主要学派的主要代表人物及其观点见表 1-2。

表 1-2 管理理论丛林的十一个学派主要学派

	主要代表人物	代表作	主要观点
1.管理过程学派	哈罗德·孔茨 西尼尔·奥唐奈	《管理学》	①管理是在组织中通过别人或与别人一起完成工作的过程；②管理的职能与程序是有共性的；③管理职能具有普遍性；④通过对管理过程的研究分析，可以总结出一些基本的、有规律性的东西，即管理理论与原理，并用它来指导管理实践。
2.社会系统学派	切斯特·巴纳德	《经理人员的职能》	①任何组织都是一个协作系统，是社会系统的一部分，应用社会学的观点来分析和研究管理问题；②正式组织包含 3 个要素：协作意愿、共同目标和信息沟通；③经理或管理人员基本的职能有：设定并解释组织目标、协调组织成员的行动、建立并维持一个信息联系系统。
3.社会技术系统学派	埃里克·特里斯特	《社会技术系统的特性》	①组织既是一个社会系统，又是一个技术系统，并非常强调技术系统的重要性，认为技术系统是组织同环境进行联系的中介；②个人态度和群体行为都受到人们在其中工作的技术系统的重大影响。

续表

	主要代表人物	代表作	主要观点
4.系统管理学派	弗莱蒙特·卡斯特 詹姆斯·罗森茨韦克 理查德·约翰逊	《系统理论与管理》	①企业是由人、物资、机器和其他资源在一定的目标下组成的一体化系统,它的成长和发展同时受到这些组成要素的影响;②企业是一个由许多子系统组成的、开放的社会技术系统;③运用系统观点来考察管理的基本职能,可以提高组织的整体效率。
5.决策理论学派	赫伯特·西蒙	《管理决策新科学》	①管理就是决策,决策贯穿于管理的全过程;②决策是一个复杂的过程;③决策分为程序化决策和非程序化决策;④决策应遵循满意准则。
6.经验主义学派	彼得·德鲁克	《管理的实践》 《卓有成效的管理者》	①管理应侧重于实际应用,而不是纯粹的理论研究,强调从企业管理的实际经验而不是从一般原理出发来进行研究,强调用比较的方法来研究和概括管理经验;②管理学就是研究管理经验,认为对管理人员在个别情况下成功和失败的经验教训的研究,会使人们懂得在将来相应的情况下如何运用有效的方法来解决管理问题。
7.权变理论学派	琼·伍德沃德 杰伊·W.洛希和保罗·R.劳伦斯	《管理导论:一种权变学说》 《产业组织:理论与实践》 《组织和环境》	①没有什么是一成不变的、普遍适用的、最佳的管理方式;②必须根据组织内外环境自变量、管理思想及管理技术等因变量之间的函数关系,灵活地采取相应的管理措施;③管理方式要适合工作性质、成员素质等。
8.管理科学学派	埃尔伍德·斯潘赛·伯法	《现代生产管理》	①管理就是用数学模型及其符号表示计划、组织、控制、决策等合乎逻辑的程序,并求出最优解,以达到目标;②决策中应尽量减少个人情感成分,尽量以数量方法客观描述。
9.人际关系学派	伯尔赫斯·弗雷德里克·斯金纳	《言语行为》	①管理是通过别人或同别人一起去完成工作,那么对管理学的研究就必须围绕人际关系这个核心来进行;②注重管理中"人"的因素,认为在人们为实现其目标而结成团体一起工作时,他们应该互相了解。

续表

	主要代表人物	代表作	主要观点
10.群体行为学派	克里斯·阿吉里斯	《个性与组织:互相协调的几个问题》	①关心的主要是群体中人的行为,而不是人际关系。它以社会学、人类学和社会心理学为基础,而不以个人心理学为基础;②着重研究各种群体行为方式。从小群体的文化和行为方式,到大群体的行为特点,都在它研究之列。它也常被叫作"组织行为学"。
11.经理角色学派	亨利·明茨伯格	《管理工作的本质》	①管理者扮演着十种角色,这十种角色可被归入三大类:人际角色、信息角色和决策角色;②企业经理并不按照管理职能分工行事。

【案例】

管理理论在战争中的应用

第二次世界大战期间,当德国对法国等几个国家发动攻势时,英国首相丘吉尔应法国的请求,动用了十几个防空中队的飞机和德国作战。这些飞机中队必须由大陆上的机场来维护和操作。空战中英军飞机损失惨重。与此同时,法国总理要求继续增派10个中队的飞机。丘吉尔决定同意这一请求。

内阁知道此事后,找来数学家进行分析预测,并根据出动飞机与战损飞机的统计数据建立了回归预测模型。经过快速研究发现,如果补充率损失率不变,飞机数量的下降是非常快的,用一句话概括就是:"以现在的损失率损失两周,英国在法国的'飓风'式战斗机便一架也不存在了。"数学家的研究成果要求内阁否决这一决定。最后,丘吉尔同意了内阁的这一要求,并命令除留在法国的3个中队外,其余飞机全部返回英国,为下一步的英伦保卫战保留了实力。

思考:这个案例说明了什么?

案例解析请扫描下方二维码。

管理理论在战争中的应用
案例解析

【项目小结】

管理是一种实践，也是一门科学，在漫长而重复的管理活动中，管理思想逐渐形成。随着社会生产力的不断发展，人们将各种管理思想加以归纳总结，形成了管理理论，产生了广泛运用自然科学、社会科学及其他现代科学技术成果的管理学。

本项目主要介绍了管理和管理者的概念，了解管理者的角色和技能。随着资本主义工业的快速发展，管理科学应运而生。一般认为，管理科学至今历经古典管理理论、行为科学理论和现代管理理论三个发展阶段。在古典管理理论阶段，占主导地位的有泰罗的科学管理理论、法约尔的一般管理理论和韦伯的行政组织理论。行为科学理论分为早期的人际关系学说和后期的行为科学阶段，现代管理理论呈现出学派众多、蓬勃发展的势头，被管理学家孔茨喻为"管理理论的丛林"。

【项目实训】

管理理论在企业中的运用情况调查

实训目标：

1.增强对各种管理理论的感性认识。

2.培养对企业的管理思想的分析能力。

内容与要求：

1.选择本地一家中等以上规模、效益较好的企业，通过实地调查并结合网络及报刊搜集其相关资料。

2.分析该企业在经营管理过程中运用了哪些管理理论，其中哪些方面做得比较好。

3.结合调查情况，在班级组织一次关于管理理论与管理思想的讨论。分组进行汇报，并进行点评。

4.每位学生都要参与调查，在讨论过程中积极发言，谈体会，放开思路，自由畅想。

任务评价与反馈：

评价指标		A组	B组	C组	D组	E组
职业素质能力（30分）	仪态仪表（10分）					
	语言表达（10分）					
	精神面貌（10分）					

续表

评价指标		A组	B组	C组	D组	E组
团队协作能力（20分）	成员参与（10分）					
	合作效果（10分）					
职业技能能力（50分）	PPT制作（10分）					
	分析能力（20分）					
	创新能力（20分）					
总分						

【项目练习】

一、单选题

1.关于管理的含义，下列选项中(　　)的表述不确切。

A.激励、约束　　B.协调、沟通

C.放任、自由　　D.理顺、调整

2.梅奥等人通过霍桑实验提出了不同于古典管理理论的新观点和新思想，创立了(　　)。

A.人文关系学说　　B.人际关系学说

C.行为科学学说　　D.社会关系学说

3.霍桑实验的结论中对职工的定性是(　　)。

A.经济人　　B.社会人

C.自我实现人　　D.复杂人

4.古典管理理论阶段的代表性理论是(　　)。

A.科学管理理论　　B.行政组织理论

C.行为科学理论　　D.权变理论

5.古典管理理论对人性的基本假设，认为人是(　　)。

A.复杂人　　B.经济人　　C.社会人　　D.单纯人

6.对于高程管理者来说，掌握良好的(　　)是最为重要的。

A.人际技能　　B.概念技能

C.技术技能　　D.管理技能

7.韦伯认为，企业组织中存在三种纯粹形态的权利。其中，(　　)最符合理性原则、效率最高的权力形式。

A.理性的权利　　B.超凡的权利
C.传统的权利　　D.理性—合法的权利

8.18世纪后期—19世纪末，即从资本主义工厂制出现起，到资本主义自由竞争阶段的结束期间，管理者完全凭自己的经验进行管理，没有管理规范与系统制度，被称为(　　)。

A.经验管理或传统管理　　B.组织管理
C.科学管理　　D.技术管理

9.为了最大限度地刺激与激励工人的劳动积极性，泰罗创立并推行(　　)。

A.有差别的计件工资制　　B.计件工资制
C.计时工资制　　D.奖励工资制

10.管理科学学派中所运用的科学技术方法来源于(　　)。

A.科研部门　　B.学校　　C.军队　　D.企业

二、多选题

1.梅奥的人际关系学说的基本内容包括(　　)。

A.人是“社会人”　　B.企业中存在着非正式组织
C.生产效率主要取决于工人的士气　　D.科学管理方法可以提高效率

2.按照管理的层次划分，管理者可以分为(　　)。

A.综合管理者　　B.高层管理者　　C.职能管理者
D.中层管理者　　E.基层管理者

3.管理者必须具备的技能是(　　)。

A.业务技能　　B.技术技能　　C.设计技能
D.人事技能　　E.思想技能

4.古典管理理论的代表人物及其理论主要有(　　)。

A.泰罗的科学管理　　B.梅奥的人际管理理论
C.法约尔的一般管理理论　　D.弗鲁姆的期望理论
E.韦伯的行政组织论

5.法约尔在对管理活动进行研究的基础上，提出了管理的诸要素，主要包括(　　)。

A.计划　　B.组织　　C.指挥　　D.协调　　E.控制

6.泰罗的科学管理的主要思想与贡献包括(　　)。

A.工时研究与劳动方法标准化　　B.系统总结管理的一般原则
C.实行差别计件工资　　D.管理职能与作业职能分离
E.科学挑选和培训工人

7.梅奥人际关系论的主要观点包括(　　)。

A.企业的人首先是“社会人”
B.人的士气是调动人积极性的关键因素
C.人的自我实现需要是最高需求
D.要重视“非正式组织”的存在与作用
E.生产率提高的原因在于工作条件的变化

8.管理科学的特点表现为(　　)。

A.管理科学化　　B.管理精确化

C.注重定量分析　　D.广泛使用电子计算机

E.管理科学的核心就是寻求决策的科学化

9.根据“十角色理论”,管理者在信息传递方面主要扮演(　　)角色。

A.监听者　　B.联络员　　C.传播者　　D.发言人

10.“战略”一词原意是指指挥军队的(　　)。

A.科学　　B.方法　　C.艺术　　D.战术

三、判断题

1.权变理论是基于自我实现人假设提出来的。(　　)

2.需求层次论是激励理论的基础理论。(　　)

3.“胡萝卜加大棒”是泰勒制的管理信条。(　　)

4.泰勒科学管理的中心就是提高劳动生产率。(　　)

5.管理是一种有意识、有组织的群体活动,是一个动态的协作过程。(　　)

6.法约尔是西方古典管理理论在法国的杰出代表,他提出的一般管理理论对西方管理理论的发展有重大的影响,被誉为“一般管理理论之父”。(　　)

7.在《社会组织与经济组织理论》一书中,他最早提出一套比较完整的行政组织体系理论,因此被称为“组织理论之父”,他就是法国古典管理理论的代表——韦伯。(　　)

8.梅奥认为,在共同的工作过程中,人们相互之间必然发生联系,产生共同的感情,自然形成一种行为准则或惯例,要求个人服从。这就构成了“人的组织”。(　　)

9.从教材给“管理”所下的定义中,可以得出这样的结论,管理的对象就是组织及其各种资源。(　　)

10.泰勒的科学管理既重视技术因素,也重视人的社会因素。(　　)

四、简答题

1.如何理解管理的内涵?

2.谁被称作科学管理之父?科学管理理论的主要内容有哪些?

3.权变理论的研究主要有哪些方面?

4.管理者应具备的技能有哪些?不同层次的管理者应主要具备的技能是什么?

5.理想行政组织结构具有哪些特点?

五、案例分析题

甜美的音乐

马丁吉他公司成立于1833年,位于宾夕法尼亚州拿撒勒市,被公认为世界上最好的乐器制造商之一,就像Steinway的大钢琴、Rolls Royce的轿车,或者Buffet的单簧管一样,马丁吉他每把价格超过10 000美元,是你能买到的最好的东西之一。这家家族式的企业历经艰难岁月,已经延续了六代。目前的首席执行官是克里斯琴·弗雷德里克·马丁四世,他秉承了吉他的制作手艺。他甚至遍访公司在全世界的经销商,为它们举办培训讲座。很少有哪家公司像马丁吉他一样有这么持久的声誉,那么,公司成功的关键是什么?一个重要原因是公司的管理和杰出的领导技能,它使组织成员始终关注像质量这样的重要问题。

马丁吉他公司自创办起做任何事都非常重视质量。即使近年来在产品设计、分销系统以及制造方法方面发生了很大变化,但公司始终坚持对质量的承诺。公司在坚守优质音乐标准和满足特定顾客需求方面的坚定性渗透到公司的每一个角落。不仅如此,公司在质量管理中长期坚持生态保护政策。因为制作吉他需要用到天然木材,公司非常审慎和负责地使用这些传统的天然材料,并鼓励引入可再生的替代木材品种。基于对顾客的研究,马丁公司向市场推出了采用表面有缺陷的天然木材制作的高档吉他,然而,这在其他厂家看来几乎是无法接受的。

马丁公司使新老传统有机地整合在一起。虽然设备和工具逐年更新,雇员始终坚守着高标准的优质音乐原则。所制作的吉他要符合这些严格的标准,要求雇员极为专注和耐心。家庭成员弗兰克·亨利·马丁在1904年出版的公司产品目录的前言里向潜在的顾客解释道:"怎么制作具有如此绝妙声音的吉他并不是一个秘密。它需要细心和耐心。细心是指要仔细选择材料,巧妙安排各种部件。关注每一个使演奏者感到惬意的细节。所谓耐心是指做任何一件事不要怕花时间。优质的吉他是不能用劣质产品的价格造出来的。但是谁会因为买了一把价格不菲的优质吉他而后悔呢?"虽然100年过去了,但这些话仍然是公司理念的表述。虽然公司深深地植根于过去的优良传统,现任首席执行官马丁却毫不迟疑地推动公司朝向新的方向。例如,在20世纪90年代末,他做了一个大胆的决策,开始在低端市场上销售每件价格低于800美元的吉他。低端市场在整个吉他产业的销售额中占65%。公司DXM型吉他是1998年引入市场的,虽然这款产品无论外观、品位和感觉都不及公司的高档产品,但顾客认为它比其他同类价格的绝大多数吉他产品的音色都要好。马丁为他的决策解释道:"如果马丁公司只是崇拜它的过去而不尝试任何新事物的话,那恐怕就不会有值得崇拜的马丁公司了。"

马丁公司现任首席执行官马丁的管理表现出色,销售收入持续增长,达到在2000年接近6亿美元。位于拿撒勒市的制造设施得到扩展,新的吉他品种不断推出。雇员们描述他的管理风格是友好的、事必躬亲的,但又是严格的和直截了当的。虽然马丁吉他公司不断将其触角伸向新的方向,但却从未放松过对尽其所能制作顶尖产品的承诺。在马丁的管理下,这种承诺绝不会动摇。

分析:

1.根据卡茨的三大技能理论,你认为哪种管理技能对马丁四世最重要?说说你的理由。

2.根据明茨伯格的管理者角色理论,说明马丁分别扮演了什么管理角色并进行解释。

(1)当马丁访问马丁公司世界范围的经销商时;

(2)当马丁评估新型吉他的有效性时;

(3)当马丁使员工坚守公司的长期原则时。

3.马丁宣布:"如果马丁公司只是崇拜它的过去而不尝试任何新事物的话,那恐怕就不会有值得崇拜的马丁公司了。"这句话对全公司的管理者履行计划、组织、领导和控制职能意味着什么?

4.马丁的管理风格被员工描述为友好、事必躬亲,但是严格和直截了当。你认为这意味着他是以什么方式计划、组织、领导和控制的?你认为这种管理风格对其他类型的组织也有效吗?说出你的观点。

项目一练习答案请扫描下方二维码。

项目一练习答案

项目二　计划职能

古人云“凡事预则立不预则废”，说的就是凡事都要有一个计划，事前有准备就能成功，如果没有准备就会失败，虽然这个说法过于绝对，但是也充分说明了计划的重要性，事先有计划不一定成功，但没有计划一定会失败。

本项目首先引导大家对常用的计划、决策的工具进行学习，并组成模拟管理团队，采用情境模拟方式，运用工具进行分析实际企业管理案例，了解计划、决策的基本思维和基本技能，树立计划管理、目标管理和战略管理意识，培养决策团队协作和勇于决策、创新决策精神。

学习目标

知识目标：

1.了解计划职能的基本概念和特征；

2.掌握 SWOT、OKR 等计划工具的运用；

3.了解决策的基本概念和几种典型的决策方法；

4.掌握几种典型决策方法的运用技巧。

技能目标：

1.能够制定合理目标从而实现计划的有效性；

2.能运用等 SWOT 分析法、OKR 目标管理法、滚动计划法等方法，以及定性和定量方法进行有效计划和决策；

3.培养计划决策中的团队协作精神；

4.培养勇于决策和创新决策精神。

任务一 计划管理应用工具

【任务情境】

摩登百货登录中泰广场项目中 SWOT 工具运用

中泰广场小资料：

中泰国际广场大型综合项目在广州天河北以北火车东站旁，是广深线、广州向北特快列车、一号地铁线、几十路公交车始发站，总建筑面积为 197 476 平方米，该项目第一期为 84 217 平方米大型购物中心和地下车库，其中负 2 层、负 3 层共 20 800 平方米为地下车库，负 1 层和 1~7 层裙楼共 63 417 平方米为超市和大型百货企业，1 月已交付使用，第二期为 109 075 平方米，高达 50 层，容纳 1 万人超甲级写字楼项目。

摩登百货企业小资料：

摩登百货是广州本土一家民营百货企业，现在广州、南海、衡阳、岳阳各有一家分店。其中，广州店属直营形式，其他三家店全部是采取品牌管理输出形式。摩登百货计划采取直接投资、自己经营的方法把中泰广场打造成一家小型购物中心。

（一）摩登百货内部能力

优势（Strengths）

1.摩登百货在百货连锁经营上有一定成功经验；

2.提供二线名牌商品对白领阶层有一定吸引力；

3.和零售商业巨头有合作经验。

劣势（Weaknesses）

1.属于中等、大众的百货，商品稀缺性不足；

2.商场经营特色不显著，辐射范围在 1 公里以内；

3.营销手段普通，缺乏亮点。

（二）中泰广场外部环境

机会（Opportunities）

1.中泰广场商场层次高；

2.经过几次市场宣传，有一定市场知名度；

3.属于高级商务区，消费者对商品稀缺性和层次性有一定要求；

4.广园路隧道、城际交通枢纽即将开通，方便商务活动开展；

5.周围酒店、办公等商务气氛逐步增强，能够聚集高端用户。

威胁(Threats)

1.火车东站地理位置属于绝地,没有四射功效;

2.人流量很大,但“人留量”很小;

3.周围综合商业设施很少,缺乏复合商业价值;

4.缺乏浓郁商业气氛;

5.天河城的万佳广场很快将开业,有强大的市场吸引力。

	O	T
S	SO 发挥优势 利用外部机会	ST 利用优势回避外部威胁
W	WO 利用外部机会 弥补自身不足	WT 减少外部威胁

SO 战略:

1.天河北周围白领阶层人士较为集中,突出品牌之家购物气氛;

2.经过这群消费者烘托,营造一定商业气氛,形成天河北白领专用市场;

3.综合性设施有利于形成一站式消费,为白领阶层提供中午消遣的场所。

WO 战略:

1.提升摩登百货经营层次,改二线品牌经营为一线品牌经营为主,二线品牌为辅;

2.形成特色经营并有一定不可替换性,发明让人专门前来的动机;

3.商场体量很大,逐次经营,边磨合、边造气氛、边扩散影响范围;

4.经营水平最少要达到友谊商场层次。

ST 战略:

现在经营还属于粗放型经营方式,经营和产品组合还需要深入细化和集中,进而超越地理位置、商业习惯、竞争条件局限,成为天河商圈中不可替代的特色商城。

WT 战略:

1.寻求一种特色经营方法和产品组合,突破地理位局限,使商场经营不依赖于周围商业气氛;

2.新定位和天河城、万佳广场定位泾渭分明,没有替代性。

结论:

1.摩登百货进驻中泰广场进行经营,其定位方法至少有四种;

2.从现在实际定位来看,摩登百货定位既没有竞争力,也没有形成巨大的吸引力;

3.摩登百货连锁经营已经形成品牌优势,这在中泰广场有可能产生负面影响;

4.摩登百货品牌力量与定位模式和区位条件形成巨大反差,而摩登百货能量还不足以改变区位条件带来的矛盾冲击力;

5.除非摩登百货能够坚持打持久战、熬得起,不然实际经营效果和经营者当初设想会产生很严重的偏差；

6.中泰广场是一个适合进行特色经营的地方，其他经营形式会让经营者有力无处使。

思考：在管理中最初使用 SWOT 工具，对企业有哪些帮助？

【理论学习】

一、工具的概念

工具最初的意思是指工作时所需的器具，后引申为达到、完成或促进某一事物的手段。管理工具，是指在管理者通过执行计划、组织、领导、控制等职能，整合组织的各项资源，实现组织既定目标的活动过程中使用的工具。

二、计划职能

计划工作的职能是所有管理职能中最基本的，人们平时所讲的计划，实际上有两种含义。第一种含义是动词意义上的计划工作，即制订未来行动的方案。第二种含义是名词意义上的计划方案，即未来行动的方案，也就是计划工作的结果。第一种含义的计划，是指组织的管理者对过去和现在的资料进行分析，对将来可能发生的情况进行估计，以确定能实现组织预定目标的行动方案的一种活动。第二种含义的计划是指组织计划工作的结果，即形成的计划方案。

计划是管理的最主要职能和管理过程的起点，因为计划是管理者实施其他管理职能的基础，是组织中各项活动的指南，对整个管理活动具有指导性意义。按计划的表现形式不同，计划可以分为使命、目标、策略、政策、规则、程序规划和预算，在不同的表现形式中，就会使用到不同的工具，我们首先要认识它们，了解它们，才能运用它们解决问题。

三、工具介绍

（一）SWOT 分析工具

所谓 SWOT 分析工具，即基于内外部竞争环境和竞争条件下的态势分析，将与研究对象密切相关的各种主要内部优势、劣势和外部的机会和威胁等，通过调查列举出来，并依照矩阵形式排列，然后用系统分析的思想，把各种因素相互匹配加以分析，从中得出一系列相应的结论，而结论通常带有一定的决策性。

运用这种方法，可以对研究对象所处的情境进行全面、系统、准确的研究，从而根据研究结果制订相应的发展战略、计划以及对策等。S(strengths)是优势、W (weaknesses)是劣势、O(opportunities)是机会、T(threats)是威胁。

优势，是组织机构的内部因素，具体包括：有利的竞争态势、充足的财政来源、良好的企业形象、技术力量、规模经济、产品质量、市场份额、成本优势、广告攻势等。

劣势，也是组织机构的内部因素，具体包括：设备老化、管理混乱、缺少关键技术、研究开发落后、资金短缺、经营不善、产品积压、竞争力差等。

机会，是组织机构的外部因素，具体包括：新产品、新市场、新需求、外国市场壁垒解除、竞争对手失误等。

威胁，也是组织机构的外部因素，具体包括：新的竞争对手、替代产品增多、市场紧缩、行业政策变化、经济衰退、客户偏好改变、突发事件等。

SWOT 方法的优点在于考虑问题全面，是一种系统思维，而且可以把对问题的“诊断”和“开处方”紧密结合在一起，条理清楚，便于检验。

整体上看，SWOT 可以分为两部分：第一部分为 SW，主要用来分析内部条件；第二部分为 OT，主要用来分析外部条件。利用这种方法可以找出对自己有利的、值得发扬的因素，以及对自己不利的、要避开的东西，发现存在的问题，找出解决办法，并明确以后的发展方向。根据这个分析，可以将问题按轻重缓急分类，明确哪些是急需解决的问题，哪些是可以稍微延后解决的问题，哪些属于战略目标上的障碍，哪些属于战术上的问题，并将这些研究对象列举出来，依照矩阵形式排列，然后用系统分析的思想，把各种因素相互匹配起来加以分析，从中得出一系列相应的结论（结论通常带有一定的决策性），有利于领导者和管理者做出较正确的决策和规划。

（二）OKR 管理工具

目标的确定是企业管理非常重要的一项，其中确定目标的管理工具以及方法也很多，本书给大家介绍其中的一种目标管理工具——OKR 管理方法。

（1）OKR 管理工具的含义

OKR（Objectives and Key Results）即目标与关键成果法，是一套明确和跟踪目标及其完成情况的管理工具和方法，由英特尔公司创始人安迪·葛洛夫提出，由约翰·道尔引入到谷歌，1999 年 OKR 在谷歌发扬光大，被 Facebook、Linkedin 等企业广泛使用；2014 年，OKR 传入中国；2015 年后，百度、华为、字节跳动等都逐渐使用和推广 OKR。OKR 的主要目标是明确公司和团队的“目标”以及明确每个目标达成的可衡量的“关键结果”。

（2）OKR 工具在实施过程中要注意的问题

在工具的使用过程中，我们需要根据实际的情况来把握工具的具体使用，在使用 OKR 管理工具时，我们需要注意以下几点：

①OKR 首先是沟通工具。团队中的每个人都要写 OKR，这些 OKR 都会放在一个文档里。任何员工都可以看到每个人在这个季度最重要的目标是什么，团队在这个季度的目标是什么。

②OKR 是努力的方向和目标：OKR 代表你到底要去哪里，而不是你要去的地方具体在哪里。

③OKR 必须可量化（时间和数量）。比如健身时设定锻炼目标，如果只是定义成“我们要努力提高身体素质”，肯定不是一个好的 OKR，因为其无法被衡量，好的 OKR 是“比如 2021 年的跑步时间比 2020 年的跑步时间增加一倍”。

④目标必须一致：制订者和执行者目标一致、团队和个人的目标一致。首先，制订公司的 OKR；其次，每个团队制订自己的 OKR；再次，每个工程师或设计师制订各自的 OKR。这三者各自独立完成，然后对照协调三者的 OKR。OKR 跟个人绩效没有关系，因为 OKR 系统的结果和每个人不直接挂钩。

⑤目标要远大,有一些挑战性。一般来说,"最佳"的 OKR 分数在 0.6~0.7 分,如果某人只拿到 1 分,那么他的 OKR 显然是野心不够的。但是低分数的人也不应该受到指责,而是应通过看他工作上的数据,帮助他改进下一季度的 OKR 目标。

⑥通过月度会议讨论随时跟进 OKR:在月度会议上需要确定如何去达到目标,是一个帮助达到目标的过程。

⑦通过季度会议 Review,及时调整 OKR:互联网的变化非常快,每季度有一个 OKR 的讨论,调整的原则是目标(Objectives)不变,只允许调整关键成果(Key Results)。

【课外拓展】

美国科技博客 BusinessInside 揭秘了谷歌的内部员工考核系统 OKR。在该考核系统下,员工们不但明确了自己的任务,同时能了解他人在做什么,这套系统由英特尔公司研发,在谷歌成立不到一年的时间,被投资者约翰·都尔引入谷歌并一直沿用。

谷歌对 OKR 考核按照季度和年度进行,季度 OKR 考核不会变化,但是年度考核目标会随着业务的进行而被调整。OKR 的设定涵盖多个层面,包括公司层面、团队层面、高管层面和普通员工层面,其目的是确保公司平稳运行。通常,员工每个季度接受 4~6 个 OKR 考核。如果考核数量超过该数目,表明这位员工有可能被解雇。每个季度末期将对 OKR 考核进行打分,分值为 0~1 分。一般分值为 0.6~0.7 分,如果获得 1 分,可能是目标制订得太简单;如果低于 0.4 分,员工可能就要反省自己哪里做错了。

包括 CEO 拉里·佩奇在内,所有员工的 OKR 评分都公开,可以在员工资料库查看自己或同事的 OKR 目标和得分。需要指出的是,该得分并不作为谷歌晋升员工的依据。

有业内人士称,OKR 系统似乎会给谷歌员工们带来了压力,但同时有助于员工了解其他人在忙些什么。

滚动计划法是一种具有灵活性的、适应环境变化的长期计划编制方法。由于长期计划的计划期较长,影响它的不可控因素多,很难准确地预测各种影响因素未来的变化,因而很难确保长期计划的成功实施。采用滚动计划方法,意在根据环境条件变化和实际完成情况,定期地对计划进行修订,使组织始终有一个较为切合实际的长期计划作为指导,并使长期计划与短期计划紧密衔接。

(1)滚动计划的含义

滚动计划是一种动态地编制和修订计划的方法。在编制计划时,先用近细远粗的方法制订初始计划,然后每经过一段固定的时期(如一年或一个季度等,这段固定的时期被称为滚动期),便根据变化的环境条件和计划的实际执行情况,对原计划进行必要的调整,并将计划期顺序向前延伸一个滚动期。

(2)滚动计划的编制方法

运用滚动计划法要求在每次制订计划时,以最近执行期的计划执行情况和对环境因素的分析为依据,修订新一周期的计划。它采取远粗近细、逐步逼近的方法,将计划期分为若干执行期(一般分为 35 个执行期)。制订计划时,由于离制订计划时间较远的执行期的环境因素难以准确测定,计划指标和行动措施只能是粗略的;离制订计划近的执行期,影响因素比较容易掌握，计划方案则考虑得比较细致。随着滚动过程的不断进行，远的执行期逐步变近，由于计划的多次修订，计划方案也就逐步接近实际。

(3)滚动计划法的优缺点

滚动计划法的优点是计划制订过程与实际紧密结合，提高了计划的准确性。计划指标近细远粗，近期计划和远期计划相结合，计划与不断变化的环境相结合，提高了计划的适应性。计划指标逐期调整、延伸，增强了计划的弹性，有利于规避风险，提高组织的应变能力。缺点是在计划逐期调整过程中，工作比较烦琐，对于相似的工作内容，计划管理人员容易采用传统经验处理相关问题，对客观条件可能发生的变化预测不准，导致计划编制过程流于形式。

以某公司制订2005年年度工作计划为例，到2005年第一季度结束时，就要根据第一季度计划的完成情况，结合客观条件的变化，对原定的年度工作计划进行必要的调整和修订，在此基础上编制后三个季度的工作计划，以次类推。

通过各项实践证明，使用滚动计划法制订工作计划具有以下明显的优越性：

首先，可以使制订的工作计划更加符合实际，极大地提高工作计划的可靠性，更好地发挥工作计划的指导作用，提高工作计划的质量。

其次，使用滚动计划法可以使长期计划、中期计划与短期计划相互衔接，短期计划内部各阶段相互衔接，这就保证了当环境变化时能及时进行调整，使各短期计划基本保持一致。

最后，滚动计划法增加了工作计划的弹性，这在环境剧烈变化的时代尤为重要，它可以提高组织的应变能力。

【项目任务】

1.全班分成5个小组(每组8~10人)，成立自己的公司管理团队。

2.对团队成员工作任务进行合理分工。

3.利用SWOT分析工具分析公司未来发展方向并形成报告。

4.分组进行汇报，并进行点评。

任务二　目标管理

【任务情境】

马拉松运动员的故事

山田本一是日本著名的马拉松运动员。他曾在1984年和1987年的国际马拉松比赛中两次夺得世界冠军。记者问他为什么能取得如此惊人的成绩，山田本一总是回答："凭智慧战胜对手!”

大家都知道,马拉松比赛主要是运动员体力和耐力的较量,爆发力、速度和技巧都是其次。因此对于山田本一的回答,许多人觉得他在故弄玄虚。

10 年之后,这个谜底被揭开了。山田本一在自传中这样写道:“每次比赛之前,我都要乘车把比赛的路线仔细地看一遍,并把沿途比较醒目的标志记下来,比如第一标志是银行;第二标志是一棵古怪的大树;第三标志是一座高楼……这样一直记到赛程的结束。比赛开始后,我就以百米的速度奋力地向第一个目标冲去,到达第一个目标后,我又以同样的速度向第二个目标冲去;等等。40 多公里的赛程,被我分解成几个小目标,跑起来就轻松多了。开始我把我的目标定在终点线的旗帜上,结果当我跑到十几公里的时候就疲惫不堪了,因为我被前面那段遥远的路吓到了。”

思考:目标是需要分解的,一个人制订目标的时候,要有最终目标,也要有分解的小目标,请同学们谈一谈从这个故事中得到了什么启示?

【理论学习】

一、目标

(一)目标的概念

美国管理学家德鲁克说:“并不是有了工作才有目标,而是相反,有了目标才能确定每个人的工作。所以,管理者应该通过目标对下级进行管理。企业的使命和任务必须转化为目标。”人类组织的产生,正是人类希望实现自身目标的结果。通过有效的管理,人们得以将自身的目标转化为具体的行动。所以,目标是如此重要,它是企业之舟在夜航中的灯塔。

组织目标是指一个组织未来一段时间内要实现的目的,它是管理者和组织中一切成员的行动指南,是组织决策、效率评价、协调和考核的基本依据。任何一个组织都是为一定的目标而组织起来的,目标是组织的最重要条件。无论其成员各自的目标有何不同,但一定有一个为其成员所接受的共同目标。

(二)影响组织目标实现的因素

1.目标冲突

目标冲突即组织内各部门目标之间的不协调,一个部门目标的充分实现可能会影响其他部门目标的有效实现。

2.目标转换

目标冲突,即组织内的部门或个人忽视组织总体目标,将部门目标和个人目标或将实现总体目标的手段视为自身活动的基本目标,更多地关心自身目标的实现;目标转换的另一种形式,是组织成员将组织为实现目标而建立起来的程序和规则看作工作的目的,使组织的活动变换成仅仅是遵守规则的活动,而不是实现目标的活动。组织要有效地实现其目标,必须对目标实行协调和管理,控制目标冲突,避免目标转换。

二、目标管理

（一）目标管理的概念

目标管理是由企业最高层领导制订一定时期内整个企业期望达到的总目标，然后由各部门和全体职工根据总目标的要求，制订各自的分目标，并积极主动地设法实现这些目标的管理方法。

目标管理是由美国管理大师彼得·德鲁克于1954年在其著作《管理实践》中最先提出的，其后他又提出“目标管理和自我控制”的主张。

（二）目标管理的步骤

1.目标设定

建立一套完整的目标体系，实行目标管理，首先要建立一套完整的目标体系，这项工作总是从企业的最高主管部门开始的，然后由上而下地逐级确定目标，上下级的目标之间通常是一种“目的—手段”的关系；某一级的目标，需要用一定的手段来实现，这些手段就成为下一级的次目标，按级顺推下去，直到作业层的作业目标，从而构成一种锁链式的目标体系。

2.明确责任

目标体系应与组织结构相吻合，从而使每个部门都有明确的目标，每个目标都有人明确负责。然而，组织结构往往不是按组织在一定时期的目标而建立的，因此，在按逻辑展开目标和按组织结构展开目标之间，时常存在差异，其表现为有时从逻辑上看，一个重要的分目标却找不到对此负全面责任的管理部门，而组织中的有些部门却很难为其确定重要的目标，这种情况的反复出现，可能最终导致组织结构的调整，从这个意义上说，目标管理还有助于搞清组织机构的作用。

3.组织实施

目标既定，主管人员就应放手把权力交给下级成员，而自己去抓重点的综合性管理工作，完成目标主要靠执行者的自我控制，如果在明确了目标之后，作为上级主管人员还像从前那样事必躬亲，便违背了目标管理的主旨，不能获得目标管理的效果，当然，这并不是说，上级在确定目标后就可以撒手不管了，上级的管理应主要表现在指导、协助、提出问题、提供情报以及创造良好的工作环境等。

4.过程监控

有效追踪和监控是提高执行力的重要保障，只有有效进行追踪和监控，才能及时发现执行中的问题和差错，及时采取补救和调整措施，解决问题，回到原定的目标轨道，追踪是查看任务的完成情况以及执行是否到位、流程是否得到遵守等，监控是监督和控制任务的完成质量和完成进度。

5.检查和评价

对各级目标的完成情况，要事先规定期限，定期进行检查，检查的方法可灵活地采用自检、互检和组成专门的部门进行检查，检查的依据就是事先确定的目标，对于最终结果，应当根据目标进行评价，并根据评价结果进行奖罚，进而使目标管理进入下一轮循环过程。

6.结果反馈及改进

将目标的完成情况反馈给员工,上级主管人员可以根据员工目标完成情况进行面谈,不断改进目标,让目标能真正指导员工的工作。结果的反馈往往是目标管理中容易忽视的环节,其实只有及时反馈结果,管理才能形成闭循环,不断优化管理目标。

(三)目标的制订原则

目标的制订应该遵循以下几个方面的原则,即符合 SMART 原则。

S(Specific 明确性)是指目标要具体明确,尽可能量化为具体数据,如年销售额 5 000 万元、费用率 25%、存货周转一年 5 次等;不能量化要尽可能细化,如对员工工作态度的考核可以分为工作纪律、服从安排、服务态度、电话礼仪、员工投诉等。

M(Measurable 可衡量性)是指目标要可测量,要把目标转化为指标,指标可以按照一定标准进行评价,如主要原料采购成本下降 10%,即在原料采购价格波动幅度不大的情况下,同比采购单价下降 10%;完善人力资源制度可以描述成"1 月 30 日前完成初稿并组织讨论,2 月 15 日前讨论通过并颁布施行,无故推迟一星期扣 5 分"等。

A(Attainable 可达成性)是指目标要可达成,要根据企业的资源、人员技能和管理流程配备程度来设计目标,保证目标是可以实现的。

R(Relevant 相关性)是指目标要合理,各项目标之间有关联,相互支持,符合实际。

T(Time-based 时限性)是指目标要有完成期限,各项目标要明确完成时间或日期,便于监控评价。

【案例】

医院的目标管理

一家制药公司,决定在整个公司内实施目标管理,根据目标实施和完成情况,一年进行一次绩效评估。事实上他们之前在为销售部门制定奖金系统时已经用了这种方法。公司通过对比实际销售额与目标销售额,支付给销售人员相应的奖金。这样销售人员的实际薪资就包括基本工资和一定比例的个人销售奖金两部分。

虽然销售额大幅度提升,但却苦了生产部门,他们很难完成交货计划。销售部抱怨生产部不能按时交货。总经理和高级管理层决定为所有部门和个人经理以及重要员工建立一个目标设定流程。为了实施这个新的方法他们需要用到绩效评估系统。生产部门的目标包括按时交货和库存成本两个部分。

他们请了一家公司咨询指导管理人员设计新的绩效评估系统,并就现有的薪资结构提出改变的建议。他们付给咨询顾问高昂的费用修改基本薪资结构,包括岗位分析和工作描述。还请咨询顾问参与制定奖金系统,该系统与年度目标的实现程度密切相关。他们指导经理们如何组织目标设定的讨论和绩效回顾流程。总经理期待着很快能够提高业绩。

然而不幸的是业绩不但没有上升,反而下滑了。部门间的矛盾加剧,尤其是销售部和生产部。生产部埋怨销售部销售预测准确性太差,而销售部埋怨生产部无法按时交货。每个部门都指责其他部门的问题。客户满意度下降,利润也在下滑。

思考：该公司在进行目标管理的过程中出现了哪些问题，可以从目标制订和开展阶段以及目标实施阶段来进行具体的思考。

分析：

首先从目标制订与展开阶段的问题进行分析，目标的制订与展开是目标管理的第一阶段，这一阶段的中心任务是上下级协调，制订好各组的目标，具体工作包括调查研究、协商分解、定则授权。而该公司基本上没有做好目标的制订和展开阶段的工作，导致实施目标管理时的失败。

(1)调查研究。该公司基本上没有进行调查研究。调查研究是在制订目标过程中对组织内外部影响因素进行研究。在此基础上，以组织的使命为指导确定组织的整体目标。

(2)协商分解。目标的展开，即把组织的总目标逐级分解落实到每一个部门、岗位、个人。而该公司在目标的展开过程中却是强行下达计划任务、指标，上级与下级缺乏协商，不能共同确定目标。

(3)定责授权。依据目标的大小、难易程度确定相应权限并授权执行，才能保证目标的完成。此外，应根据目标的主要特征预先确定奖惩标准，明确职责和奖罚条件。但该公司不合理的奖惩标准，导致员工盲目追求目标的完成甚至超额完成目标。从目标实施阶段的问题进行分析，目标确定之后，组织的各部门都会进入一个新阶段：围绕各自的目标因地制宜、因时制宜采取措施，以保证目标的顺利完成。在这一阶段应做好如下工作：咨询指导、反馈控制、协调平衡。

(4)咨询指导。由于上级对如何实现目标不进行硬性规定，管理者不需要对照所谓的规则来监督下属的工作。但是这并不等于管理者可以撒手不管。管理者应当积极帮助下属，在人力、物力、财力、技术、信息等方面给予其支持，尽可能指导下属提高工作效率，尤其是对缺乏工作经验的下属。虽然该公司邀请咨询师来指导教授目标管理的实施工作，但是没有发挥很好的作用。这是由于该公司领导者没有在实施目标的初始阶段就为员工提供咨询指导，帮助其更好地完成实现目标所应执行的任务，而是在实施目标管理工作已经出现问题时才邀请咨询师，这就造成员工不能按时完成分目标的任务。

(5)反馈控制。管理者在目标实施的过程中，还应当及时了解工作进度、困难问题等信息，及时掌握整个组织的运行状况，这样既有利于对下属进行指导，也可以依靠组织的力量解决普遍存在的问题。而该公司在制订目标后却未能考虑实施目标管理中存在的问题，如绩效评估手段的合理性、销售与生产部门之间工作方面的平衡等，因而管理者对组织目标实现程度存在偏差。

(6)协调平衡。部门之间与岗位已经存在多种协作关系。而在目标的实施过程中有可能出现为了完成自己的目标而忽视其他部门、岗位目标的“各自为政”现象。这就需要管理者在人、财、物、工作进度等方面进行必要的协调工作，以平衡各部门、岗位的发展，从而保证组织整体目标的实现。该公司销售部门为了超额完成任务而忽视了生产部门的工作进度和工作量，导致这两个部门之间失去了平衡，组织目标的实施也未能达到预期要求。部门各行其是，相互指责而不是总结经验教训，不利于企业整体实现组织目标的良好环境的形成。

综上所述，目标管理是通过目标网络，层层分解下达目标，使任务到人、责任到岗的一种管理方法。在实际应用中,企业目标管理中的具体目标需要上级协助员工、下属部门自行制定并开展实施,规定权限、明确职责;上级通过与员工一起协商制订的目标完成标准来检查、控制目标的完成情况,但此过程中需要为下属员工提供咨询指导,关注目标进度信息的反馈情况,并保持各部门在组织整体目标运行中的协调平衡。

【项目任务】

乔森家具公司五年目标

乔森家具公司是林大森先生在20世纪80年代创建的,开始时主要经营卧室和会客室的家具,取得了相当大的成功,随着规模的扩大,自20世纪90年代开始,公司又进一步经营餐桌和儿童家具。1995年,林大森退休,他的儿子林小森继承父业,不断拓展卧室家具业务,扩大市场占有率,使得公司产品深受顾客欢迎。到2003年,公司卧室家具方面的销售量比1995年增长了近两倍。但公司在餐桌和儿童家具的经营方面一直不得利,面临着严重的困难。

一、董事长提出的五年发展目标

乔森家具公司自创建之日起便规定,每年12月份召开一次公司中、高层管理人员会议,研究讨论战略和有关的政策。2003年12月14日,公司又召开了每年一次的例会,会议由董事长兼总经理林小森先生主持。林小森先生在会上首先指出公司存在的员工思想懒散、生产效率不高的问题,并对此进行了严厉批评,要求其迅速扭转这种局面。与此同时,他还为公司制订了今后五年的发展目标。具体包括:

1.卧室和会客室家具销售量增加20%;

2.餐桌和儿童家具销售量增长100%;

3.总生产费用降低10%;

4.减少补缺职工人数3%;

5.建立一条庭院金属桌椅生产线,争取五年内达到年销售额5 000万。

这些目标主要是想增加公司收入,降低成本,获取更大的利润。但公司副总经理马一鸣跟随林大森先生工作多年,了解林小森董事长制订这些目标的真实意图。尽管林小森在承接父业之初,对家具经营还颇感兴趣。但后来,他的兴趣开始转移,试图经营房地产业。为此,他努力寻找机会想以一个好价钱将公司卖掉。

为了能提高公司的声望和价值,他准备在近几年狠抓一下经营,改善公司的绩效。马一鸣副总经理意识到自己历来与林小森董事长的意见不一致,因此在会议上没有发表什么意见。会议很快就结束了,大部分与会者都带着冷淡的表情离开了会场。马一鸣有些垂头丧气,但他仍想会后找董事长就公司发展目标问题谈谈自己的看法。

二、副总经理对公司发展目标的质疑

公司副总经理马一鸣觉得,董事长根本就不了解公司的具体情况,不知道他所制订的目标意味着什么。这些目标听起来很好,但马一鸣认为并不适合本公司的情况。

他心里这样分析道:第一项目标太容易了——这是本公司最强的业务,用不着花什么力气就可以使销售量增加 20%；第二项目标很不现实——在这领域的市场上，本公司就不如竞争对手，实现 100%的增长不合实际；第三项目标亦难以实现——由于要扩大生产，又要降低成本，这无疑会给工人施加更大的压力，从而也就迫使更多的工人离开公司，空缺的岗位就越来越多；第四项目标倒有些意义，可改变本公司现有产品线都是以木材为主的经营格局，但未经市场调查和预测，怎么能确定五年内我们的年销售额达到 5 000 万呢？

经过这样的分析后，马一鸣认为他有足够的理由对董事长所制订的目标提出质疑。

思考：

1.以小组为单位讨论分析该案例中林小森董事长为公司制订的发展目标合理吗？为什么？

2.制订组织长期发展目标应该注意哪些？

3.制作 PPT 分小组进行汇报，陈述讨论过程。

【课外拓展】

1873 年，高尔基的父亲因霍乱突然去世。当时高尔基只有 5 岁，他跟随母亲寄居到开染坊的外祖父家里，不久，母亲又离开了人世。那时，外祖父的家业濒临破产，实在无力供他继续上学。外祖父不得不对他说："好吧，宝贝，你不是一枚勋章，我的脖子上没有你的地位，你到人间去吧。"从此，10 岁的高尔基走向了社会，自谋生计、历尽艰辛。

1884 年，16 岁的高尔基抱着上大学的愿望来到了喀山。但是现实很快使他明白，上大学不过是一个梦想罢了，对他敞开的只有贫民窟和码头的大门。于是，他又奔波于伏尔加河两岸，备受沙皇统治下人间地狱的煎熬。他彷徨又苦闷。

1887 年，他多么想以自杀了结这苦难的一生，然而一种顽强生存的信念终于把他从死亡边缘拉了回来。从那时起，高尔基觉得，要生活下去，总要有个奋斗目标。他怀着"想了解俄国"的愿望，开始了长时期的艰苦生活。在这期间，他看到了穷苦人民过着怎样的生活以及他们身上所蕴藏着的反抗力量。其所获得的广博知识不断地充实着他的心灵，使他愈来愈坚强。高尔基开始强烈地意识到，自己看不起自己，自甘堕落，这比什么都可怕。高尔基对这一段经历曾这样说："对生活的庸俗和残酷的恐惧，我是深深体验过的：我曾经弄到想自杀的地步。后来，在许多年当中，只要一回忆起这种愚蠢行为，我就感到一种耻辱并藐视自己。"

若干年后的一天，高尔基幸遇了革命者卡留日乃，他讲起自己的流离生活，卡留日乃被他的故事深深地打动了。"你为什么不把它写下来呢？这些故事不就是很好的文学作品吗？"卡留日乃建议他说："我没有把握。"高尔基脸上露出踌躇的神色。

告别卡留日乃后，高尔基就下定决心写诗了，他读过一些意大利和英国诗人的诗。当他动笔时，就抄了其中一些诗句。他瞒着别人暗暗地写了一本，诚惶诚恐地将它送给作家柯洛连科过目。柯洛连科读了，皱起眉头对他说："你的诗太难懂了。用你自己的话写点你自己看到的东西再给我看看吧。"高尔基接受了他的意见，忍痛把诗稿投进了火炉里，开始创作小说。1892 年 9 月 12 日，他在地方报纸《高加索日报》上发表了他的第一个短篇小说《马卡尔楚德拉》，虽然这只是个小小的成功，但高尔基从此树立起了信心。这年秋天，他白天替人抄写，晚上自己写作和学习。在后来回忆这段生活时，高尔基说："我不断地、拼命地学习，读书，在我的生活中，开始真正地迷上了文学……我已经开始考虑，在我的生活中，除了文学外，再也没有别的事情可干了。"从此高尔基追求着越来越高的目标，逐渐成为举世闻名的作家。

没有目标，就做不成任何事情，目光短浅，就做不成任何大事。在某种程度上，一个人追求的目标越高。他的能力就发展得越快，可以预期的成就就越高。

任务三　计划职能

【任务情境】

年度销售计划是"管理"出来的

柴磊是一家商贸公司的营销总经理，每到年末，柴磊就成了公司里最忙、最头疼的人——如何实现年度考核和激励方案？如何计算和制订下一年度的销售计划？费用账、人头账林林总总，而其中最重要的就是年度销售计划的制订。

面对 2016 年度的营销计划，柴磊首先想到的问题是：制订年度销售计划的根本目的是什么？

面对这个问题，大多数人都会简单回答：制订年度销售计划就是为了确定年度销售量指标。柴磊也曾经这样认为，当他成为营销总经理之后却发现：销售量指标仅仅是企业各项工作和活动的自然结果，并不能反映出企业的营销状况。因此，年度销售计划是根据企业年度经营与发展的目标，对企业各项管理与销售资源进行全面分配的一个过程。

柴磊快速地在脑海中进行了企业战略层面的扫描和规划：利用制订年度销售计划的时机，加强与老板等经营层级的沟通，对企业的发展战略和目标再次进行确认并达成共识。在这个基础上，他将整个销售目标逐步分解为部门（区域）目标和个人目标。最终，形成个人目标确保部门目标，部门目标确保企业目标的层层体系，通过这种体系把企业的战略目标与长期目标、具体目标和年度预算进行衔接。

另外，业务员出身的柴磊也明白，营销过程其实更是企业比拼资源的过程。对于资源配置计划的制订，柴磊总结了一套方法，那就是在制订各个区域或细分市场的销售指标时，要求营销人员根据自己对市场的判断，在提交销售计划指标的同时，也提交一份市场运作计划。在市场运作计划中，营销人员要将促销活动的设想、对渠道政策的基本要求等内容尽可能地加以明确，并依据销售量提升的不同要求进行相应的资源投放估算。最后，柴磊再将各个区域的资源需求和销售量预估进行汇总，并进行最终的预算和平衡。

当然，为了确保销售计划的可行性和准确性，柴磊使用了平衡计分卡，根据平衡计分卡的原理，柴磊对企业销售计划的相关指标进行了逐层分解，确定了年度销售计划的关键要素和考核要素。另外，为了防止区域经理和销售人员在计划制订上低报销售额，柴磊又使用了销售指标的互动激励系统，希望通过适当的激励手段确保销售计划制订的准确性。

思考：

1.柴磊制订的年度销售计划是(　　)。

A.长期计划　　B.战略计划　　C.短期计划　　D.作业计划

2.通过上述材料，你认为如何来制订一个有效的计划？

【理论学习】

一、计划的概念

计划，管理学术语，“计划”两个汉字拆开来看，“计”的表意是计算，“划”的表意是分割，“计划”从属于目标达成而存在，“计划”的表意定义：计划是分析计算如何达成目标，并将目标分解成子目标的过程及结论。

在管理学中，计划具有两重含义，其一是计划工作，是指根据对组织外部环境与内部条件的分析，提出在未来一定时期内要达到的组织目标以及实现目标的方案途径；其二是计划形式，是指用文字和指标等形式所表述的组织以及组织内不同部门和不同成员，在未来一定时期内关于行动方向、内容和方式安排的管理文件。

二、计划的分类

计划的种类很多，可以按不同的标准进行分类。其主要分类标准有：计划的重要性、时间界限、明确性和抽象性等。但是依据这些分类标准进行划分，所得到的计划类型并不是相互独立的，而是密切联系的。比如，短期计划和长期计划、战略计划和作业计划等。

(一)按计划的重要性划分

从计划的重要性程度来看，计划可以分为战略计划和作业计划。

应用于整体组织的，为组织设立总体目标和寻求组织在环境中的地位的计划称为战略计划。规定总体目标如何实现的细节计划称为作业计划。战略计划与作业计划在时间框架上，在范围上和在是否包含已知的一套组织目标方面是不同的。战略计划趋向于包含持久的时间间隔，通常为 5 年甚至更长时间，它们覆盖较宽泛的领域和具体的细节。此外，战略计划的一个重要任务是设立目标；而作业计划假定目标已经存在，只是提供实现目标的方法。

(二)按计划的时期界限划分

按照计划的时期界限分为短期计划、中期计划、长期计划。长期通常指 5 年以上，短期一般指 1 年以内，中期则介于两者之间。管理人员也采用长期、中期和短期来描述计划。

长期计划描述了组织在较长时期的发展方向和方针，规定了组织的各个部门在较长时期内从事某种活动应达到的目标和要求，绘制了组织长期发展的蓝图。短期计划具体地规定了组织的各个部门在未来的各个较短时期的阶段，特别是最近的时段中，应该从事何种活动，从事该种活动应达到何种要求，因而为各组织成员的行动提供了依据。

（三）按计划内容的明确性划分

根据计划内容的明确性指标，计划可以分为具体性计划和指导性计划。

具体性计划具有明确规定的目标，不存在模棱两可的情况。比如，企业销售部经理打算使企业销售额在未来6个月中增长15%，他会制订明确的程序、预算方案以及日程进度表，这便是具体性计划。

指导性计划只规定某些一般的方针和行动原则，给予行动者较大的自由处置权，它指出重点但不把行动者限定在具体的目标上或特定的行动方案上。比如，一个增加销售额的具体计划可能规定未来6个月内销售额要增加15%，而指导性计划则可能只规定未来6个月内销售额要增加12%~16%。相比指导性计划，具体性计划虽然更易于执行、考核及控制，但缺少灵活性，它要求的明确性和可预见性条件往往很难被满足。

（四）由抽象到具体分层

孔茨和海因茨·韦里克从抽象到具体，把计划划分为目的或使命、目标、战略、政策、程序、规则、方案以及预算。

1.目的或使命

它指明一定的组织机构在社会上应起的作用和所处的地位。它决定组织的性质，是此组织区别于彼组织的标志。各种有组织的活动，如果要使它有意义，至少应该有自己的目的或使命。中国共产党人的初心和使命，就是为中国人民谋幸福，为中华民族谋复兴。

2.目标

组织的目的或使命往往比较抽象，它需要进一步具体为组织在一定时期的目标和各部门的目标。组织的使命支配着组织各个时期的目标和各个部门的目标。而且组织各个时期的目标和各部门的目标是围绕组织存在的使命制订的，并为完成组织使命而努力。

3.战略

战略是为了达到组织总目标而采取的行动和利用资源的总计划，其目的是通过一系列的主要目标和政策去决定和传达一个组织期望自己成为什么样的组织。战略并不打算确切地概述组织怎样去完成它的目标，这是无数主要的和次要的支持性计划的任务。

4.政策

政策是指导或沟通决策思想的全面的陈述书或理解书。但不是所有政策都是陈述书，政策也常常会从主管人员的行动中含蓄地反映出来。比如，主管人员处理某问题的习惯方式往往会被下属作为处理该类问题的模式，这也许是一种含蓄的、潜在的政策。政策能帮助我们事先决定问题的处理方法，这一方面节约处理某些例行问题的时间成本，另一方面把其他计划统一起来。政策支持了分权，同时支持了上级主管对该项分权的控制。政策允许对某些事情处理的自由，一方面我们切不可把政策当作规则，另一方面我们又必须把这种自由限制在一定的范围内。自由处理的权限大小一方面取决于政策本身，另一方面取决于主管人员的管理艺术。

5.程序

程序是制订处理未来活动的一种必要方法的计划。它详细列出必须完成某类活动的切实方式,并按时间顺序对必要的活动进行排列。它与战略不同,它是行动的指南而非思想的指南。它与政策不同,它没有给行动者自由处理的权利。出于理论研究的考虑,我们可以把政策与程序区分开来,但在实践中,程序往往表现为组织的政策。

6.规则

规则没有酌情处理的余地。它详细、明确地阐明必须行动或无须行动,其本质是一种管理决策。规则通常是最简单形式的计划。

规则不同于程序。其一,规则指导行动但不说明时间顺序;其二,可以把程序看作一系列的规则,但是一条规则可能是也可能不是程序的组成部分。比如,“禁止吸烟”是一条规则,但和程序没有任何联系;而一条规定是关于顾客服务的程序的,则可能表现为一些规则,如在接到顾客需要服务的信息后 30 分钟内必须给予答复。

规则也不等于政策。政策的目的是指导行动,并给执行人员留有酌情处理的余地;而规则虽然也起指导作用,但是在运用规则时,执行人员没有自行处理之权。

必须注意的是,就其性质而言,规则和程序均旨在约束思想。因此,只有在不需要组织成员使用自行处理权时,才使用规则和程序。

7.方案

方案是一个综合的计划,它包括目标、政策、程序、规则、任务分配、要采取的步骤、要使用的资源以及为完成既定行动所需要的其他因素。一种方案可能涵盖的范围很广,也可能很窄。通常情况下,一个主要方案(规划)可能需要很多支持计划。在主要计划进行之前,必须要把这些支持计划制订出来,并付诸实践。所有这些计划都必须加以协调和做好时间安排。

8.预算

预算是一份用数字表示预期结果的报表。预算通常是为规划服务的,其本身可能也是一项规划。

三、计划的特点

计划作为管理职能的首要任务,具备以下几个特点。

(一)针对性

计划是根据党和国家的方针、政策和有关的法律、法规,针对本系统、本部门的实际情况制订的。其目的明确,具有指导意义。

(二)预见性

计划是在行动之前制订的,它以实现今后的目标、完成下一步工作和学习任务为目的。

(三)首位性

计划是进行其他管理工作的前提,计划在前,行动在后。

(四)普遍性

实际的计划工作涉及组织中每一位管理者及员工,一个组织的总目标确定后,各级管理人员为了实现组织目标,使得同等级组织的工作得以顺利进行,其都需要制订计划。

(五)目的性

任何组织或者个人制订的各种目标都是为了促使组织的总目标的实现和一定时期目标

的实现。

（六）明确性

计划应明确表达出组织的目标和任务，明确表达出实现目标所需的资源以及所采取的程序、方法和手段，明确表达出各级管理人员在执行计划过程中的权利和职责。

（七）效率性

计划的效率性主要是指时间性和经济性两个方面。

四、制订计划的步骤

任何计划工作都要遵循一定的程序或步骤。虽然小型计划比较简单，大型计划复杂些，但是管理人员在制订计划时，其工作步骤都是相似的，依次包括以下内容：

（一）认识机会

认识机会先于实际的计划工作，严格来讲，它不是计划的一个组成部分，而是计划工作的一个真正起点。因为它预测到了未来可能出现的变化，清晰而完整地认识到组织发展的机会，搞清组织的优势、弱点及所处的地位，认识到组织利用机会的能力，意识到不确定性因素可能对组织产生的影响等。

诸葛亮"草船借箭"的故事流传百世，其高明之处就在于他看到了三天后江上会起雾，而曹军有不习水性、不敢迎战的机会，奇迹般地实现了自己的战略目标。企业经营中也不乏这样的例子。

（二）确定目标

制订计划的第二个步骤是在认识机会的基础上，为整个组织及其所属的下级单位确定目标，目标是指期望达到的结果，它为组织整体、各部门和各成员指明了方向，描绘了组织未来的状况，并且作为标准可用来衡量实际的绩效。计划的主要任务，就是将组织目标进行层层分解，以便落实到各个部门、各个活动环节，形成组织的目标结构，包括目标的时间结构和空间结构。

（三）确定前提条件

所谓计划工作的前提条件就是计划工作的假设条件，简言之，即计划实施时的预期环境。负责计划工作的人员对计划前提了解得愈细愈透彻，并能始终如一地运用它，则计划工作将做得越协调。我们可使用SWOT分析工具来进行。

（四）拟定可供选择的可行方案

制订计划的第四个步骤是寻求、拟定、选择可行的行动方案。"条条大路通罗马"，描述实现某一目标的方案是多样的。通常，最显眼的方案不一定是最好的方案，对过去方案稍加修改和略加推演也不会得到最好方案，一个不引人注目的方案或一般人提不出的方案，效果却往往是最佳的，这里体现了方案创新的重要性。此外，方案也不是越多越好。

制订计划时没有可供选择的合理方案的情况是不多见的，更加常见的不是寻找更多的可供选择的方案，而是减少可供选择方案的数量，以便可以分析最有希望的方案。即使用数学方法和计算机，我们还是要对可供选择方案的数量加以限制，以便把主要精力集中在对少数最有希望的方案的分析上。

(五)评价可供选择的方案

在找出了各种可供选择的方案和检查了它们的优缺点后,下一步就是根据前提条件和目标,权衡它们的优劣,对可供选择的方案进行评估。评估实质上是一种价值判断,它一方面取决于评价者所采用的评价标准;另一方面取决于评价者对各个标准所赋予的权重。

评估可供选择的方案,要注意考虑以下几点:第一,认真考察每一个计划的制约因素和隐患;第二,要用总体的效益观点来衡量计划;第三,既要考虑到每一个计划的有形的、可以用量化的因素,又要考虑到无形的、不能量化的因素;第四,要动态地考察计划的效果,不仅要考虑计划执行所带来的利益,还要考虑计划执行所产生的损失,特别注意那些潜在的、间接的损失。

(六)选择方案

这是在前五步工作的基础上,走出的关键一步,也是决策的实质性阶段——抉择阶段。可能遇到的情况是,有时会发现同时有两个以上的可取方案。在这种情况下,必须确定首先采取哪个方案,而将其他方案也进行细化和完善,以作为后备方案。

(七)制订派生计划

基本计划还需要派生计划的支持。比如,一家公司年初制订了"当年销售额比上年增长15%"的销售计划,与这一计划相连的有许多计划,如生产计划、促销计划等。

(八)编制预算

在做出决策和确定计划后,计划工作的最后一步就是把计划转变成预算,使计划数字化。编制预算,一方面是为了计划的指标体系更加明确,另一方面是使企业更易于对计划执行情况进行控制。定性的计划往往在可比性、可控性和进行奖惩方面比较困难,而定量的计划具有较强的约束力。

【案例】

Swan 公司自行车市场计划与决策

Swan 于 1895 年在芝加哥创办了 Swan 自行车公司,后来其成长为世界最大的自行车制造商。在 20 世纪 60 年代,Swan 公司占有美国自行车市场 25%的份额,不过,过去是过去,现在是现在。

小 Swan 是创始人的长孙,1979 年他接过公司的控制权,那时问题已经出现,而糟糕的计划和决策又使已有的问题雪上加霜。

在 20 世纪 70 年代,Swan 公司不断投资于它强大的零售分销网络和品牌,以便主宰 10 挡变速车的市场。但是 80 年代后市场转移了,山地车取代了 10 挡变速车成为销量最大的车型,而且轻型的、高技术的、外国生产的自行车在成年人的自行车爱好者中日益普及。Swan 公司错过了这两次市场转型的机会。它对市场的变化反应太慢,管理当局专注于削减成本而不是创新。结果,Swan 公司的市场份额开始迅速地被更富有远见的自行车制造商夺走,这些制造商销售的品牌有特莱克、坎农戴尔、巨人和钻石。

或许Swan公司最大的错误是没有把握住自行车是一种全球产品,公司迟迟未能开发海外市场和利用国外的生产条件。一直拖到20世纪70年代末,Swan公司才开始加入国外竞争,把大量的自行车转移到日本进行生产,但到那时,不断扩张的我国台湾地区的自行车工业已经在价格上击败了日本生产厂家。作为对付这种竞争的一种策略,Swan公司开始少量进口中国台湾地区制造的巨人牌自行车,然后贴上Swan商标在美国市场上出售。

1981年,当Swan公司设在芝加哥的主要工厂的工人举行罢工时,公司也许采取了最愚蠢的行动。管理当局没有与工人谈判解决问题,而是关闭了工厂,将工程师和设备迁往中国台湾地区的巨人公司自行车工厂。作为与巨人公司合伙关系的一部分,Swan公司将所有的一切,包括技术、工程、生产能力都交给了巨人公司,这正是巨人公司要成为占统治地位的自行车制造商所求之不得的。作为交换条件,Swan公司进口和在美国市场上以Swan商标经销巨人公司制造的自行车。正如一家美国竞争者所言:"Swan将特许权盛在银盘上奉送给巨人公司。"

到1984年,巨人公司每年交付给Swan公司70万辆自行车,以Swan商标销售,占Swan公司销售额的90%。几年后,巨人公司利用从Swan公司那里获得的知识,在美国市场上建立了他们自己的商标。

到1992年,巨人公司和中国大陆的自行车公司,已经在世界市场上占据了统治地位。巨人公司销售的每10辆自行车中就有7辆是以自己的商标出售的,而Swan公司怎么样了?当它的市场份额1992年10月跌到5%时,公司开始申请破产。

思考:

1.按上述影响计划的权变性因素,公司在20世纪60—80年代的计划应该是怎样的?

2.应当制订怎样的长期计划来挽救该公司?

【项目任务】

协助一家公司制订计划

某管理顾问参加一家大公司的年度计划会议。这次会议的主要内容是先确定公司的重大问题、安排先后次序并为制订详细的计划、规定、指导方针和政策提供依据。会议开始,几个职能部门的管理人员都奉命从自己部门的角度来确定该公司所面临的唯一重大问题。公司负责综合管理的部门——企管部将根据每个职能部门人员提出的问题,拟出公司的一批问题,并把它们的次序排好,以提交给公司高层,作为制订年度计划的主要依据。

该公司的七个职能部门是:生产部、人事部、销售部、职员培训和训练部、财务部、法律顾问和工程部。每个职能部门都由一个下属单位组成,每个职能部都将根据计划会提出的年度计划展开活动。

提出供讨论的问题可归纳如下:

生产部:主要问题是机器设备更新太慢,产品质量达不到技术要求;老技术人员陆续退休,新录用工人学习技术热情不高,生产技术水平下降。

人事部:车间技术人员要求调离工作的太多,调离原因是技术人员不能充分发挥作用,而且待遇不高，据对一个车间的七名技术人员进行的调查，只有一名解决住房，而其余六名仍然住在建厂初期的旧宿舍里。

销售部：产品销售市场发生疲软，而经销人员却由原来的17人，减少到8人，市场信息不能全面及时收集。

财务部："三角欠债"使公司的流动资金严重不平衡，库存产品增加，产品成本增加。

法律顾问部：该公司的噪声较大，周围居民根据新公布的环境保护法、向法院提出起诉。要增设消音设备需要一大笔费用。

工程部：最严重的问题是工程师大量外流或从事兼职工作。如果不能解决工程技术人员合理使用和报酬问题，外流人员数量还要增加。

思考：

1.你将如何来排列这些问题的先后顺序？

2.是否有任何基础能把这些问题相互联系起来？即它们是否是独立的、相互无关的问题？

3.一旦确定了问题，而后做计划决策时还需要些什么信息？

【课外拓展】

计划原理

计划原理是指为了贯彻行政决策意图，对未来行政管理活动及所需的人力、物力、财力、时间，进行谋划所必须遵循的规划和原理。"计划原理"理论是美国经济学家J.加尔布雷思运用制度与结构分析方法对现代欧美工业社会和经济进行分析后提出的。他从技术知识成为主要的生产要素以及企业权力转移给技术结构阶层这一前提出发，断言技术结构阶层掌权后，现代企业不再以最大利润为首要目标，而是从自身利益出发，在获取一定利润下，以稳定和减少风险为首要目标。计划原理的内容可直接运用的有四条。

1.木桶原理，亦称限定因素原理。其含义是木桶能盛多少水，取决于桶壁上最短的那块木板条。它指"行政人"越能清晰地了解达到行政目标起主要限制作用的因素，则越能有针对性地拟订各种行政计划和行动方案，其实质是界定行政目标实现过程中的主要矛盾。正确运用"木桶"原理，既可以省时、省力，又不必面面俱到，还可以防止把主要精力放在一些非关键因素上，影响主要问题的解决。

2.承诺原理，指任何一项行政计划都是对完成各项行政管理任务所做出的承诺，任务越多，承诺越大，实现承诺的时间就越长，计划的期限也就越长。行政计划的期限与其所要完成的任务是成正比的。计划不能太多，否则完成计划的时间就会过长，承诺实现计划的可能性就越小。

3.灵活性原理，指行政计划的灵活性越大，未来意外事件引起损失的可能性就越小，两者是反比例关系。灵活性原理是行政计划工作中最主要的原理，它主要针对计划的制订过程，使计划本身具有适应性，要求计划的制订"量力而行，留有余地"。至于计划的执行，则必须要严格准确，"尽力而为，不留余地"。

4.改变航道原理,指计划实施过程中,在保持行政计划总目标不变的前提下,实现目标的进程可因实际情况的变化而变化。因此,在行政计划实施过程中,必须进行定期检查和调整。

任务四　科学决策

【任务情境】

寒带冬季野外生存决策

一架地方航线的双引擎轻型民航飞机,载着12名旅客,于1月16日中午8点2分,从省城机场起飞,目的地是位于北方中俄边境的一座城市。机组由正、副驾驶员组成。飞机飞行34分钟后,发现航线前方有浓云、大雪及强烈大风,必须绕行躲避。又续飞27分钟后,通信设备发生故障与地面基地失去联络。天气仍不见好转,能见度很差。驾驶员发现已经迷航,此时已无法返航,只好继续向北飞,并降低高度。11点14分,机组宣布燃料将尽,只好迫降,并指导大家正确掌握应急着陆时的动作要求,鼓励大家保持镇静。临窗下望,是莽莽雪原,正驾驶员宣布已选择下前方一个带状小湖做迫降点,他说估计附近最近的居民点在着陆点西北方35公里处。11点32分,飞机在小湖水面上硬着陆,湖面冰层撞裂,正、副驾驶员当场不幸身亡,飞机在63秒钟后沉入湖底。而12名旅客无一伤亡,并及时安全跨上湖岸,衣着都未被打湿,基本保持干燥。惊魂未定的12名幸存者发现所在之处是一片丘陵,散布有丛丛灌木,很少见乔木。地面全覆盖着白雪,高处雪及踝部,低洼处雪深齐膝,且多长条状小湖或小河,水面冻结成冰。当时有薄云遮日,有时转阴。有人早上从广播听了天气预报说这一带今日气温最高-25 ℃,晚间有北风五级,最低-40 ℃。他们穿的全是北方城市的一般防寒服,没料到要到野外过夜。这12名旅客在离开飞机时,都各自顺手从机中带下来一件物品,它们是:

(1)一团粗毛线;

(2)一个打火机,但已没油了;

(3)一支有满子弹的手枪;

(4)一摞报纸;

(5)半张已破裂的航行地图;

(6)一个装有衬衫、内衣裤的箱子;

(7)一柄手斧;

(8)一块6×6(平方米)的厚帆布;

(9)一大盒巧克力糖;

(10)一个磁罗盘；

(11)一大桶猪油罐头；

(12)一瓶60度烧酒。

思考：

1.个人决策：全班每人各自独立思考，上述12件物品对处于上述条件下进行生存的重要性，并按重要性列出它们的顺序，要能在需要时说出所列顺序的理由。此项任务需在5~10分钟完成。

2.团队决策：分小组讨论，最后确定一套小组讨论后的决策方案，并按重要性递减方向列出它们的顺序，并能说出所列顺序的理由。此项任务需在10~15分钟完成。

【理论学习】

一、决策的含义及分类

（一）决策的概念

决策是管理中经常发生的一种活动；决策是决定的意思，它是为了实现特定的目标，根据客观的可能性，在占有一定信息和经验的基础上，借助一定的工具、技巧和方法，对影响目标实现的诸因素进行分析、计算和判断选优后，对未来行动做出决定。

（二）决策的分类

1.依据决策方法的不同分为经验决策和科学决策

经验决策是指决策者根据个人的知识、才干和经验做出的决策。经验决策是人们常用的，但只能用于简单问题的决策，重大而复杂的问题不宜采用经验决策。

科学决策是指决策者根据科学决策的理论、程序、方法、设备做出的决策。科学决策是决策重大的、复杂的问题必用的。但由于它的程序、方法比较复杂，一般且简单的问题不需要科学决策。经验决策和科学决策各有长处，相辅相成，互相渗透。因此，在决策时，领导者应当把两种方法结合起来。

2.按决策的作用分类有战略决策、管理决策、业务决策

战略决策是指有关企业的发展方向的重大全局决策，由高层管理人员做出。

管理决策是为保证企业总体战略目标的实现而解决局部问题的重要决策，由中层管理人员做出。

业务决策是指基层管理人员为解决日常工作和作业任务中的问题做的决策。

3.按决策的性质分类有程序化决策、非程序化决策

程序化决策即有关常规的、反复发生的问题的决策。

非程序化决策是指偶然发生的或首次出现且较为重要的非重要性决策。

4.按决策问题的条件分类有确定性决策、风险性决策、不确定决策

确定性决策是指可供选择的方案中只有一种自然状态时的决策，即决策的条件是确定的。

风险型决策是指可供选择的方案中，存在两种或两种以上的自然状态，但每种自然状态

发生的概率是可以估计的。

不确定型决策是指在可供选择的方案中存在两种或两种以上的自然状态，而且这些自然状态所发生的概率是无法估计的。

二、决策的过程

（一）鉴别问题和定义问题

鉴别问题对于解决问题是至关重要的。决策者必须能够区分问题的症状与问题的真实性。

例如，有位经济学家和家人一起去度假，结果预订的酒店的枕头特别硬，他们非常不喜欢这个枕头，跟酒店交涉以后还是不能换到他们想要的枕头，他们很不开心，家人就想换一家酒店，但是他们发现换一家跟现在酒店差不多环境的酒店，需要的费用是原来酒店价格的2倍，这样损失就太大了，这种情况下你会怎么做呢？经济学家很快解决了这个问题，他自己上街买了他觉得舒服的枕头，问题就解决了，而且没有多花更多钱，还拥有了新枕头。做出决策的时候我们需要找到问题的关键点，要能区分问题的症状和问题的真实性。

（二）分析问题

在问题被明确和定义之后，决策者就可以开始对问题进行系统的分析，分析问题有助于决策者把握问题。分析问题的前提条件是收集实际资料，在收集实际资料时，必须以书面的形式将它们记载下来，所需资料的数量和搜集信息的范围主要取决于问题的性质和复杂程度。一旦收集到所需的信息，下一步工作就是理解和解释这些信息，我们必须采取有序的方法来组织整理这些信息。在检查整理完数据之后，决策者就可以说明他要解决的真实问题是什么了。

（三）拟订可供选择的方案

一旦我们确定了问题所在，接下来就要寻求解决问题的可供选择的方案。决策者应该尽可能地检查可供选择的方案，可供选择的方案越多，解决办法就越完善。寻求解决问题的备选方案的过程是一个具有创造性的过程，在这一阶段，决策者必须开拓思维，充分发挥自由想象力。

（四）评价备选方案

备选方案拟订出之后，必须对每一个备选方案所希望的结果和不希望的结果出现的可能性进行检验，决策者必须根据工作的目标来评价每一个备选方案的效用。如果所有的备选方案都不令人满意，决策者还必须进一步寻找新的备选方案。

（五）选择最佳方案

在选择最佳方案时，有用的规则能使执行方案过程中出现的问题数量减到最少，而执行方案对实现目标的贡献会达到最大。在选择方案时可以考虑以下因素：①经验，在选择最佳方案时，将过去的经验作为一个指南；②直觉，直觉与经验有关，它包括唤起决策者过去的记忆，并将其应用于对未来的预测；③他人的建议，决策者必须从同事那里寻求帮助和指导；④实验，如果可能的话，采用这种方法来检验备选方案。

（六）执行方案

选择最佳方案后，决策者还必须使方案付诸实施，必须设计所选方案的实施方法。在执行阶段，决策者必须对员工存在的一些抵制情绪有所预见，尤其是来自受决策影响的员工的抵制，必须制订计划来处理这类意外情形。一个可能成功实施方案的有效方法是参与，决策者在实施方案时必须行使领导权，同时不恰当的沟通也可能阻碍所选方案的实施。

（七）检查方案的有效性

决策者最后的职责是定期检查计划的执行情况，并将实际情形与计划结果进行对比。根据已建立的目标来衡量效益，通过定期检查来评价方案的效果，检查方案的效果也有助于提高决策者的决策技能与水平。

三、决策的方法

（一）定性决策法

定性决策法即主观决策法，又被称为决策的软技术，是指建立在心理学、社会学、创造学等社会科学的基础上的一种凭借个人经验，充分发挥人的创造力对问题进行分析、做出决策的方法。该方法简单易行、经济方便，在日常生活中大量采用的决策方法都是主观决策方法。常见的定性决策法有德尔菲法、头脑风暴法和时间管理法等。

1.德尔菲法

德尔菲法，也称专家调查法，1946 年由美国兰德公司命名并首先使用的，是采用背对背的通信方式征询专家小组成员的预测意见，经过几轮征询，专家小组的预测意见趋于集中，最后得出符合市场未来发展趋势的预测结论（图 2-1）。

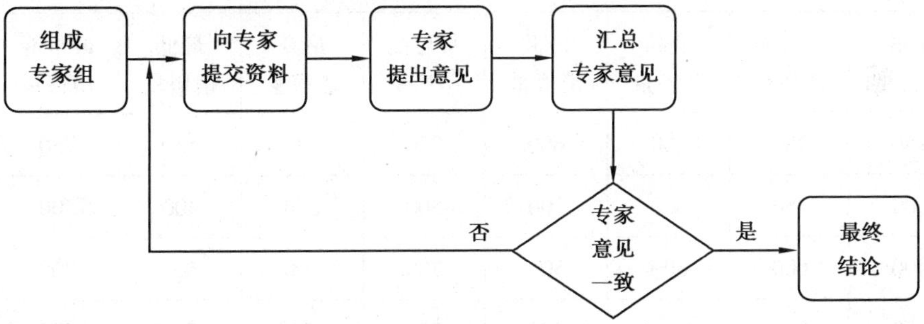

图 2-1 德尔菲法流程

德尔菲法的具体实施步骤如下：

①组成专家小组。按照课题所需要的知识范围，确定专家。专家人数的多少，可根据预测课题的大小和涉及面的宽窄而定，一般不超过 20 人；

②向所有专家提出所要预测的问题及有关要求，并附上有关这个问题的所有背景材料，同时请专家指出还需准备的材料，然后由专家给出书面答复；

③各个专家根据他们所收到的材料，提出自己的预测意见，并说明自己是怎样利用这些材料提出预测值的；

④将各位专家第一次意见汇总，列成图表，进行对比，再分发给各位专家，让专家比较自

己同他人的不同意见,修改自己的意见和判断。也可以把各位专家的意见加以整理,然后把这些意见再反馈给各位专家,以便他们参考后修改自己的意见;

⑤将所有专家的意见收集起来,汇总后再次分发给各位专家,以便做第二次修改。逐轮收集意见并向专家反馈信息是德尔菲法的主要环节。一般来讲,经过三轮或四轮调查后,专家意见将会比较集中,这时就可以把最后调查所得到的结果作为专家小组的意见。

德尔菲法能够充分发挥各位专家的作用,集思广益。各位专家意见的分歧也会在此过程中表现出来,取各家之长,避各家之短。同时,德尔菲法能避免专家会议法的缺点,比如权威人士的意见影响他人的意见;有些专家碍于情面,不愿意发表与其他人不同的意见;出于自尊心而不愿意修改自己原本不全面的意见等。德尔菲法的主要缺点是过程比较复杂,花费时间较长。

【课外拓展】

德尔菲法应用实例

某公司研制出一种新兴产品,现在市场上还没有相似产品出现,因此没有历史数据可以获得。公司需要对可能的销售量给出预测,以决定产量。于是该公司成立专家小组,并聘请业务经理、市场专家和销售人员等8位专家,预测全年可能的销售量。8位专家提出个人判断,经过三次反馈得到如下表所示。

德尔菲法应用实例结果

专家编号	第一次判断			第二次判断			第三次判断		
	最低销售量	最可能销售量	最高销售量	最低销售量	最可能销售量	最高销售量	最低销售量	最可能销售量	最高销售量
1	150	750	900	600	750	900	550	750	900
2	200	450	600	300	500	650	400	500	650
3	400	600	800	500	700	800	500	700	800
4	750	900	1500	600	750	1500	500	600	1250
5	100	200	350	220	400	500	300	500	600
6	300	500	750	300	500	750	300	600	750
7	250	300	400	250	400	500	400	500	600
8	260	300	500	350	400	600	370	410	610
平均数	345	500	725	390	550	775	415	570	770

(1)平均值预测

在预测时,最后一次判断是综合前几次的反馈做出的,因此在预测时一般以最后一次判断为主。如果按照8位专家第三次判断的平均值计算,则预测这个新产品的平均销售量为:(415+570+770)÷3=585

(2)加权平均预测

将最可能销售量、最低销售量和最高销售量分别按0.50、0.20和0.30的概率加权平均,则预测平均销售量为:570×0.5+415×0.2+770×0.3=599

(3)中位数预测

用中位数计算,可将第三次判断按预测值高低排列如下:

最低销售量:

300 370 400 500 550

最可能销售量:

410 500 600 700 750

最高销售量:

600 610 650 750 800 900 1250

最高销售量的中位数为第四项的数字,即750。

将最可能销售量、最低销售量和最高销售量分别按0.50、0.20和0.30的概率加权平均,则预测平均销售量为:

600×0.5+400×0.2+750×0.3=605

2.头脑风暴法

头脑风暴法,1938年由美国BBDO广告公司的奥斯本首创,是由一群人通过相互启发,尽可能地提供多种方案的一种方法。小组一般由5~9人组成,在讨论过程中,鼓励参加者提出各种建议,并禁止对他人的想法进行批评,以便各种创新方案不断被提出(图2-2)。

图2-2 头脑风暴法流程

实践证明,这种方法确实是激发人们创造性思维的一种行之有效的方法,经常用于决策的方案设计阶段,以获得广泛的、具有创建的新设想。同时,在制订备选方案时还要充分考虑各方面的制约因素,比如政府法律方面的限制、传统道德观念的限制、管理者本身权力和能力的限制,以及技术条件、经济因素等方面的限制。

3.时间管理之工作分类法

一堆工作需要处理,那究竟应该先做哪个后做哪个呢?根据二八法则,生活中80%的结果几乎源于20%的活动，因此，要把注意力放在20%的关键事情上(图2-3)。

图2-3　时间管理工作分类法

在处理多个问题时，我们应当分清轻重缓急，将事情进行如下的排序：

A.重要且紧急(比如救火、抢险等)——必须立刻做。

B.紧急但不重要(比如有人因为打麻将"三缺一"而约你、有人突然打电话请你吃饭等)——只有在优先考虑了重要的事情后，再来考虑这类事。人们常犯的错误是把"紧急"当成优先原则。其实，许多看似很紧急的事，拖一拖，甚至不办，也无关大局。

C.重要但不紧急(比如学习、做计划、与人谈心、体检等)——只要是没有前一类事的压力，就应该当成紧急的事去做，而不是拖延。

D.既不紧急也不重要(比如娱乐、消遣等)——有闲工夫再说。

(二)定量决策法

定量决策法是利用比较完备的历史资料，运用数学模型和计量方法来预测未来的市场需求。具体方法有三大类确定型决策方法、不确定型决策方法和风险型决策方法。

1.确定型决策方法

确定型决策方法指决策者对未来可能发生的情况有十分确定的判断，可以直接根据完全确定的情况选择最满意的行动方案。确定型决策方法是最基本的决策问题的方法，方法比较简单、成熟，经常用到，在决策中处于重要位置。这种决策，约束条件明确，能用数学模型表示，系统的各种变量及其相互关系是计量的，能建立起确定的一元函数，运用线性规划等方法可求出最佳解。

(1)线性规划法

例题：某工业仪器制造厂是国有制造企业，主要生产A、B两种型号工业精密测量仪器，销往全国各地，部分产品出口东南亚。A仪器的利润为8 840元/万支，B仪器的利润为11 765.02元/万支。该公司每月如何分配两种产品的生产才能获得最大利润？

产品所需设备台时及工人台时定额和设备加工能力

序号	设备或人力	每万支产品所需设备台时数(台时)		设备可利用台时台时(人时)/月
		A 仪器	B 仪器	
1	一号冲床	64.6	25.4	3 258.45
2	二号冲床	2.2	12.7	817.25
3	三号冲床	54.5	39.3	2 556.2
4	电捣机	50	8.3	521
5	手捣机	22.7	48.8	2 312.65
6	气焊机	13.8	0	530.4
7	铆钉机	21.9	3.8	555
8	钻压机	36.4	0	835.7
9	削磨机	0	18.5	389
10	搓丝机	7.8	0	597
11	生产工人	730.1	415.2	16 730.6

解：

设A、B仪器的总利润为 Z 元，A 仪器的计划量为 X_1 万支，B 仪器的计划量为 X_2 万支，则：

①构建数学模型：

$\text{Max}_Z = 8\ 840X_1 + 11\ 765.02X_2$

约束性条件：

$64.6X_1 + 25.4X_2 \leqslant 3\ 258.45$

$2.2X_1 + 12.7X_2 \leqslant 817.25$

$54.5X_1 + 39.3X_2 \leqslant 2\ 556.2$

$50X_1 + 8.3X_2 \leqslant 521$

$22.7X_1 + 48.8X_2 \leqslant 2\ 312.65$

$13.8X_1 \leqslant 530.4$

$21.9X_1 + 3.8X_2 \leqslant 555$

$36.4X_1 \leqslant 835.7$

$18.5X_2 \leqslant 389$

$7.8X_1 \leqslant 597$

$730.1X_1 + 415.2X_2 \leqslant 16\ 730.6$

$X_1, X_2 \geqslant 0$

②利用线性规划求解得：

$Z=30\ 8640.3$（元）

$X_1=6.929\ 5$（万支）

$X_2=21.027$（万支）

（2）量本利分析法

例题：某企业面临生产哪一种产品的决策，生产甲产品的单位变动成本为80元，预计销售量为1 000件，预计销售单价为110元；生产乙产品的单位变动成本为220元，预计销售量为500件，预计销售单价为260元。生产甲乙产品的固定成本相同。则生产甲产品与生产乙产品的：

差量收入=(110×1 000)-(260×500)=-20 000（元）

差量成本=(80×1 000)-(220×500)=-30 000（元）

差量损益=(-20 000)-(-30 000元)=10 000（元）

这就说明生产甲产品比生产乙产品可多获利润10 000元，生产甲产品对企业是有利的。

2.非确定型决策

例题1：根据以往的资料，一艘集装箱船每个航次从天津到厦门港所需的舱位数可能是其中的某一个：100、150、200、250、300，而其概率分布未知，如果一个仓位空着，则在开船前24小时内以80美元低价售出。每个舱位预定的运价为120美元，每个舱位的运输成本是100美元。假定可能准备的空舱量为所需要量中的任一个。即：

A方案：准备的空舱量为100

B方案：准备的空舱量为150

C方案：准备的空舱量为200

D方案：准备的空舱量为250

E方案：准备的空舱量为300

例题2：某物流公司考虑租用仓库进行营业，其中共有两种方案可供选择，分别是选择大型仓库或小型仓库，而其年租金分别为40万元和30万元。估计物流市场在近几年内可能出现几种情况：前景较好、一般、较差。其概率及其为该公司带来的收入如下表所示。试用决策树法，为公司做出决策，如何选择方案？

方案损益值

	较好 $p=0.5$	一般 $p=0.3$	较差 $p=0.2$
S_1：租大型仓库	100	35	-60
S_2：租小型仓库	55	25	-5

解:(1)画决策树,如下图所示

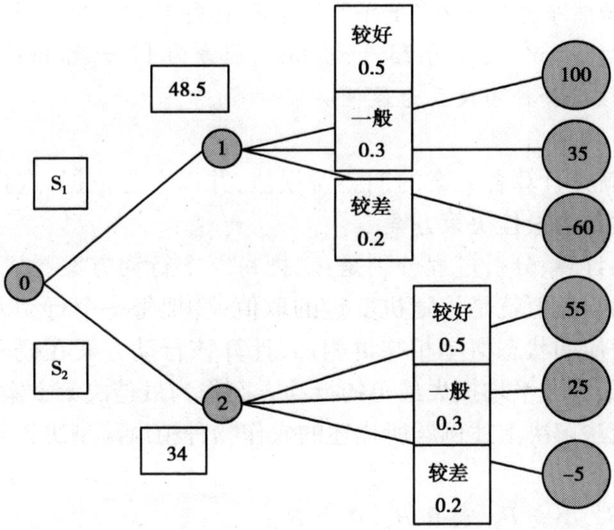

(2)计算各节点的期望损益值

节点①:100×0.5+35×0.3+(−60)×0.2=48.5

节点②:55×0.5+25×0.3+(−5)×0.2=34

(3)进行决策

通过节点值的比较,得到48.5>34,即节点①的值大于节点②的值,所以应该将节点②减掉,采用 S_1 方案。

3.风险型决策方法

对于风险型决策问题,其常用的决策方法主要有最大可能法、期望值法、灵敏度分析法、效用分析法等。

(1)最大可能法

在解决风险型决策问题时,选择一个概率最大的自然状态,把它看成将要发生的唯一确定的状态,而把其他概率较小的自然状态忽略,这样就可以通过比较各行动方案在最大概率的自然状态下的益损值进行决策。这种决策方法就是最大可能法。

例题:用最大可能法解决下表所描述的风险型决策问题。

每一种天气类型发生的概率及种植各种农作物的收益

天气类型		极旱年	旱年	平年	湿润年	极湿年
发生概率		0.1	0.2	0.4	0.2	0.1
农作物的收益/(千元·hm^{-2})	水稻	10	12.6	18	20	22
	小麦	25	21	17	12	8
	大豆	12	17	23	17	11
	燕麦	11.8	13	17	19	21

解:

由上表可知,“极旱年”“旱年”“平年”“湿润年”“极湿年”5种自然状态发生的概率分别为 0.1、0.2、0.4、0.2、0.1，显然，“平年”状态下发生的概率最大。按照最大可能法，可以将“平年”状态的发生看成必然事件。而在“平年”状态下，各行动方案的收益分别是：水稻为 18 千元/hm^2，小麦为 17 千元/hm^2，大豆为 23 千元/hm^2，燕麦为 17 千元/hm^2，显然，大豆的收益最高。所以，该农场应该选择种植大豆为最佳决策方案。

（2）期望值法

期望值决策法，就是计算各方案的期望益损值，并以它为依据，选择平均收益最大或者平均损失最小的方案作为最佳决策方案。

期望值决策法的计算、分析过程分别是：①把每一个行动方案看成一个随机变量，而它在不同自然状态下的损益值就是该随机变量的取值；②把每一个行动方案在不同的自然状态下的损益值与其对应的状态概率相乘再相加，计算该行动方案在概率意义下的平均损益值；③选择平均收益最大或平均损失最小的行动方案作为最佳决策方案。

试用期望值决策法解决上述例题所描述的农作物种植风险型决策问题。

解：

（1）方案：水稻 B_1，小麦 B_2，大豆 B_3，燕麦 B_4；

状态：极旱年 θ_1、旱年 θ_2、平年 θ_3、湿润年 θ_4、极湿年 θ_5；

方案 B_i 在状态 θ_j 下的收益值 A_{ij} 看作该随机变量的取值。

（2）计算各个行动方案的期望收益值

$E(B_1)=100\times0.1+126\times0.2+180\times0.4+200\times0.2+220\times0.1=169.2$（千元/hm^2）

$E(B_2)=250\times0.1+210\times0.2+170\times0.4+120\times0.2+80\times0.1=167$（千元/hm^2）

$E(B_3)=120\times0.1+170\times0.2+230\times0.4+170\times0.2+110\times0.1=183$（千元/hm^2）

$E(B_4)=118\times0.1+130\times0.2+170\times0.4+190\times0.2+210\times0.1=164.8$（千元/hm^2）

（3）选择最佳决策方案。

因为 $E_{B_3}=\max\{E_{B_i}\}=183$（千元/hm^2）

所以，种植大豆为最佳决策方案。

风险型决策问题的期望值计算

状态		极旱年 (θ_1)	旱年 (θ_2)	平年 (θ_3)	湿润年 (θ_4)	极湿年 (θ_5)	期望收益值 $E(B_i)$
状态概率		0.1	0.2	0.4	0.2	0.1	
各方案收益值/（千元·hm^{-2}）	水稻 (B_1)	10	12.6	18	20	22	16.92
	小麦 (B_2)	25	21	17	12	8	16.7
	大豆 (B_3)	12	17	23	17	11	18.3
	燕麦 (B_4)	11.8	13	17	19	21	16.48

(3)灵敏度分析法

对于风险型决策问题,其各个方案的期望益损值是在对状态概率预测的基础上求得的。由于状态概率的预测会受到许多不可控因素的影响,因而基于状态概率预测结果的期望益损值也不可能同实际完全一致,会产生一定的误差。这样,就必须对可能产生的数据变动是否会影响最佳决策方案的选择进行分析,这就是灵敏度分析。

例题:某企业拟扩大产品产量,现有两种方案可供选择:一是新建生产线;二是改造生产线。该企业管理者经过研究,运用期望值决策法编制的决策分析见下表。由于市场情况极其复杂,它受许多不可控因素的影响,因而销售状态的概率可能发生变化。试针对这种情况,进行灵敏度分析。

某企业扩大产品产量决策分析表

状态		市场销售状态		期望效益值 $E(B_i)$
		适销 θ_1	滞销 θ_2	
状态概率		0.7	0.3	
各方案的效益/万元	新建生产线 B_1	500	-200	290
	改造原生产线 B_2	300	-100	180

解:

(1)以最大期望效益值为准则确定最佳方案。

$E(B_i)=\max\{E(B_1),E(B_2)\}=290$ 万元,所以,新建生产线(B_1)为最佳方案。

(2)灵敏度分析。当考虑市场销售状态中适销的概率由0.7变为0.3时,则两个方案的期望效益值的变化为:

$E(B_1)=10$ 万元

$E(B_2)=20$ 万元

所以,在0.7与0.3之间一定存在一点P,当适销状态的概率等于P时,新建生产线方案与改造原生产线方案的期望效益值相等。P称为转移概率。

$500P+(1-P)(-200)=300P+(1-P)(-100)$

$P=0.33$

所以,当$P>0.33$时,新建生产线(B_1)为最佳方案;当$P<0.33$时,改造原生产线方案(B_2)为最佳方案。

(4)效用分析法

面对同一决策问题,不同的决策者对相同的利益和损失的反应不同。即便是对于相同的决策者,在不同的时期和情况下,其反应也不相同。这就是决策者的主观价值概念,即效用值概念。

将效用理论应用于决策过程的主要步骤:

第一步,画出效用曲线。以益损值为横坐标,以效用值为纵坐标。规定:益损值的最大效用值为 1，益损值的最小效用值为 0，其余数值可以采用向决策者逐一提问的方式确定（图 2-4）。

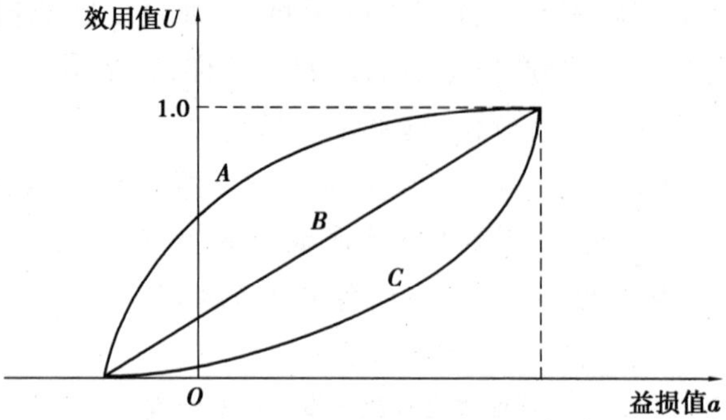

图 2-4　效用曲线

曲线 A 是保守型决策者的效用曲线，不求大利，尽量避免风险，谨慎小心；曲线 C 是风险型决策者的效用曲线，谋求大利，不惧风险；曲线 B 是中间型决策者的效用曲线。

第二步，按效用值进行决策。

①找出每一个行动方案在不同状态下的益损值的效用值；

②计算各个行动方案的期望效用值；

③选择期望效用值最大的方案作为最佳决策方案。

可见，效用分析法对于方案的选择，不但考虑了决策问题的客观情况，还考虑了决策者的主观价值，即效用值，是一种更符合实际的决策分析方法。效用函数（曲线）是对决策问题进行效用分析的关键。

【课外拓展】

数据时代企业如何决策？让商业模式维恩图和 POC 模型来帮你

2018 年 3 月 16 日，英特尔邀请数据分析专家 Jeremy Rader 发表了名为《数据时代企业如何决策？让商业模式维恩图和 POC 模型来帮你》的文章，就数据时代下的企业应如何做出决策发表了观点，以下是文章全文。

企业如何转型到以数据为中心？需要从哪里开始以及使用什么技术？这些是目前企业遇到的共同问题。这些问题很有挑战性，但值得思考。

挑战来自于数据所带来的多重影响，让企业感到"惊心动魄"，因为数据洪流让企业很难在高速变换的环境中迅速且准确地做出决策——然而同时做好所有事情是不可能的，决策者安排好优先级。

让我们来看看企业现在都在面对什么？

不断提升的技术格局。数字技术蓬勃发展，无论是 IT 基础设施还是终端设备的创新，都会引发新的技术架构和商业模式。企业不仅要适应数据时代的高速运转，还要从中敏锐地发现和抓住机会。

数据源的爆炸。在大数据时代，数据的来源无论是深度还是广度都大幅增加，比如服装企业，分析成交单数、客单价，成交单数是进店人数乘以成交率，进店人数又是路过人数乘以进店率，那么路过人数、进店人数就属于数据广度，而详细到每个订单的时间、地点、价格、款式等就属于数据源的深度。把所有数据全部收集起来，并提升数据源的深度与广度才可以提升数据分析的维度，让数据发挥更大价值。

数据分析的价值日益增高。我们现在经常发现，有很多企业在竞争的过程中，最终不是被同行业竞争对手打败，而是被很多跨行业的公司所打败。很简单的一个例子，大家都认为亚马逊是做电商的，但这是错的，它现在最主要的收入来自于云服务。也就是说企业需要找到自己的核心数据并充分发挥其价值，这个是最关键的。

那么在大数据时代，企业又该如何做出决策？

我们不妨用维恩图做一个数据驱动型商业模式图，这些集合分别是“企业有可能做什么”“在实际中可以做什么”以及“希望实现什么”，这些元素是企业决策者在做决定时所需要考虑的，然而没有任何企业可以满足所有利益相关者的所有需求，这意味着需要根据这个维恩图中间的交集设定优先任务。确定在哪里做什么，需要业务和技术团队的合作——我们已经看到不同利益相关者群体进行讨论，利用这个模型在这个领域成功进行决策。

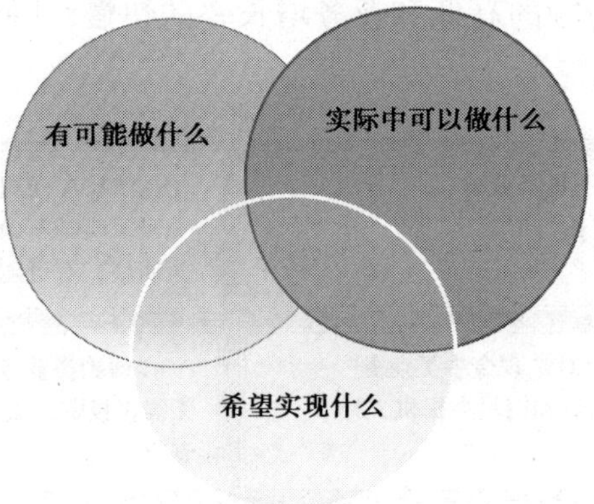

数据驱动型商业模式维恩图

当决策者由此梳理出优先任务时，接下来可以用 POC 即概念验证来推动这个任务。

概念验证（proof of concept）是对某些想法的一个不完整的实现，以证明其可行性，示范其原理，其目的是验证一些概念或理论。

比如汽车行业，对于一个车企来说数据源是十分广泛的。细分到客户服务这样的数据，车企一般都会与经销商一起管理和解读。随着汽车行业的数字化进程，车企从关注客户数据到关注共享汽车甚至自动驾驶等商业模式。随着数据分析方式的智能化，主动的数据采集被实时感知仪器所取代，这些数据渐渐地需要与机器学习和人工智能等高级功能一起收集，自动执行简单的决策（如低风险授权），执行更复杂的任务。

在很多情况下，企业决策者是不可能一开始就知道数据如何演变，采集数据的方式又会有何进步。在以上对数据进行认知的过程中，车企是希望拥有更多有价值的数据，通过对数据进行分析来开展业务。实际上车企可以提早引入数据分析，加强数据管理，并在实践中不断进行验证。

这种概念验证是很有必要的，它帮你了解业务运转是否在正确的轨道上；它与现代企业希望遵循的敏捷开发模式相适应；它确保你不浪费时间在价值较小的想法上；它能提升业务和技术团队之间的信任度。

从英特尔的角度来讲，当客户希望投资基础设施，用于大数据分析和挖掘的时候，这是值得鼓励的，因为客户的确能够从技术投资中获取价值。在今天复杂的市场环境中，正确的做法是，先证明投资的价值，再采取行动。

这就是我们为什么提倡在全力以赴实施具体分析战略之前进行概念验证演练（proof of concept）。概念验证不仅仅是测试想法，还把利益相关者更紧密地团结起来并产生信任。

是的，决定分析战略就像走钢丝并且有很多可能的路线。提前确定优先任务，并通过概念验证进行测试，为企业决策和数据分析战略做好最充分的准备。

（三）波士顿矩阵图法

波士顿矩阵图法是分析业务组合战略的一种非常实用的方法。BCG（Boston Consulting Group）是波士顿咨询公司的简写。BCG 按业务增长率和市场份额两个维度来区分业务，业务增长率和整个行业的增长速度有关。市场份额用来表示某业务单位的市场份额是高于还是低于其竞争对手。市场份额的高低和业务增长率的快慢，共同构成了一个公司业务组合的 4 种类型，如图 2-5 所示。

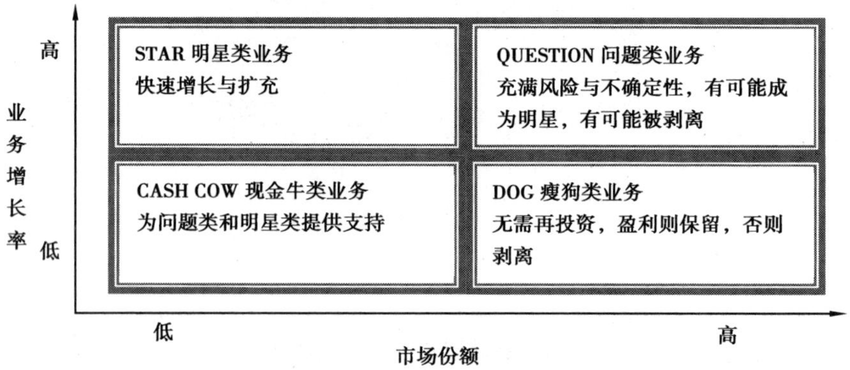

图 2-5 波士顿矩阵图

波士顿矩阵法将一个公司的业务分成四种类型：明星类、现金牛类、问题类和瘦狗类。

明星类业务是指在快速增长的行业中占据较大市场份额的业务。明星类业务的重要性在于其具有持续增长的潜力。公司应对这样的业务进行投资，以使公司在未来仍能实现成长和利润提升。明星类业务成绩卓著，富有魅力，即使在行业成熟、市场增长变慢时，也可产生利润，带来正现金流。

现金牛类业务是指在成熟的、缓慢增长的行业中拥有很大市场份额，并处于主导地位的业务。由于这类业务不再需要大量的广告和工厂扩张投资，公司可以获取正现金流，并可以把这些现金流投资于其他风险业务。

问题类业务存在于新兴、快速增长的行业，但所占市场份额很小。问题类业务具有风险性，要么会转化为明星业务，要么会失败。公司可以把从现金牛类业务中所获取的现金流投资于问题类业务，以培养未来的明星业务。

瘦狗类业务是指那些业绩较差的业务。这类业务在慢速增长的市场份额中只占有小部分市场份额。瘦狗类业务难以为公司带来利润。

【案例】

保洁公司的波士顿矩阵分析

思达公司前身是C国一家冷气设备生产企业。为了最大限度地利用市场机会和公司在家电行业的优势地位,思达公司陆续上马了电冰箱、洗衣机、电视机、电脑等产品项目,希望利用公司的品牌优势,为企业获取更多的利润。

在C国,空调等家电产品的市场需求巨大,行业发展前景十分广阔。思达公司家电业几大业务的经营状况如下:

(1)空调器业务。思达公司曾经是C国最大空调生产基地、世界空调器生产企业七强之一,由于思达公司的领导层未充分利用企业资源对空调业务扩大投资,公司生产的空调逐渐失去了市场优势,其市场份额逐年下降,已沦为C国内空调器三类品牌。

(2)洗衣机业务。思达公司的洗衣机业务只在投产的第一年实现盈亏基本平衡,其余年份都是亏损。思达公司试图通过调整产品结构、不断推出新产品来打开市场局面,但效果一直不理想,洗衣机业务的经营状况未得到根本扭转。

(3)电冰箱业务。思达品牌电冰箱的发展不尽如人意。2003年思达公司将电冰箱业务全部出售给另一家公司。

从1998年开始,C国加大对新能源行业的政策支持,思达公司领导层认为这一领域发展潜力巨大、前景广阔。1999年思达公司对高能动力镍氢电池项目进行了立项。2002年思达公司召开了"高能动力镍氢电池及应用发布会",标志着这个跨度更大的新能源行业成为思达公司的又一个主营领域。至2013年,思达公司是C国仅有的掌握镍氢电池自主专利技术的厂家,技术优势明显。

2009年思达公司的领导力排众议,坚持成立思达房地产开发有限公司,宣布进入房地产行业,希望高回报率的房地产业能给企业发展带来新的转机。然而,之后不久C国政府对房地产行业进行宏观调控,房地产业进入"寒冬期",资金链紧张,房地产销售面积大降。而作为一个没有房地产开发经验的行业"新手",其要想在宏观政策收紧的情况下,从众多经验丰富、实力雄厚、拥有良好品牌的房地产企业手中夺取市场份额难度极大。2010年思达公司房地产业务亏损近千万元。

思考:

根据波士顿矩阵划分企业经营业务的两维坐标及其四类业务的内容,分析思达公司现存的家电业务、新能源业务、房地产业务在波士顿矩阵中的业务类型,并根据波士顿矩阵的原理说明这三类业务下一步的发展方向。

分析:

思达公司现存的家电业务在波士顿矩阵中属于高增长—低竞争地位的"问题"业务,在C国空调等家电产品的市场需求巨大,发展前景广阔,公司空调逐渐失去了市场优势,洗衣机业务的经营状况未得到根本扭转。

企业对“问题”业务的进一步投资需要进行分析,判断使其转移到“明星”业务所需要的投资量,分析其未来状况,研究其是否值得投资等。

思达公司现存的新能源业务在波士顿矩阵中属于高增长—强竞争地位的“明星”业务,业务发展前景广阔,思达公司是C国仅有的掌握镍氢电池自主专利技术的厂家,技术优势明显。为了保护和扩展“明星”业务,企业应在短期内优先供给其所需的资源,支持其继续发展。

思达公司现存的房地产业务在波士顿矩阵中属于低增长—弱竞争地位的“瘦狗”业务。“房地产业已进入一个寒冬期”“行业新手”“房地产业务亏损近百万元”对这类产品应采用撤退战略。

(四)波特的竞争力模型

迈克尔·波特是哈佛大学商学研究院的著名教授,他对大量的商业组织进行了研究后,于20世纪80年代初提出五力模型,即业务层面战略是公司所处环境下5种竞争力作用的结果。下图展示了公司所处环境中存在的各种竞争力量。这些力量决定了公司相对于其他竞争对手的行业竞争地位(图2-6)。

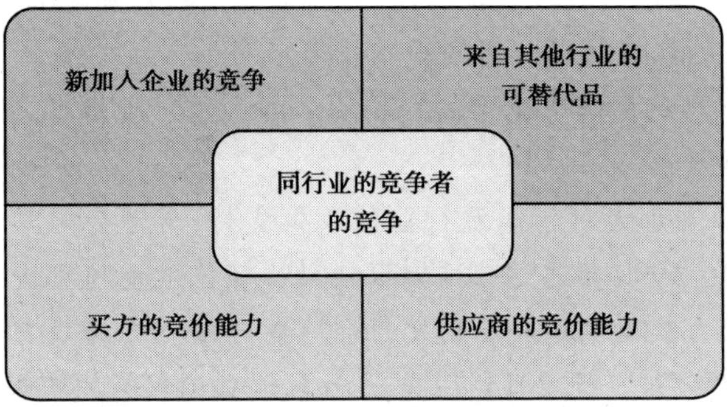

图2-6 波特的竞争力模型

【项目任务】

蔬菜管理

彼得·莫斯是一名生产和经营蔬菜的企业家。他现在已有50 000平方米的蔬菜温室大棚和一座毗邻的办公大楼,并且聘请了一批农业专家顾问。莫斯经营蔬菜业务是从一个偶然事件开始的。有一天,他在一家杂货店看到一种硬花球花椰菜与花椰菜的杂交品种,他突发奇想,决定自己建立温室培育杂交蔬菜。莫斯用从他祖父那里继承下来的一部分钱,雇用了一班专门搞蔬菜杂交品种的农艺专家,这个专家小组负责开发类似于他在杂货店中看到的那些杂交品种蔬菜,并不断向莫斯提出新建议。如建议他开发菠生菜(菠菜与生菜杂交品种),橡子萝卜瓜、橡子南瓜以及萝卜的杂交品种。特别是一种柠檬辣椒,是一种略带甜味和柠檬味的辣椒,他们的开发很受顾客欢迎。

同时,莫斯也用水栽法生产传统的蔬菜,销路很好。生意发展得如此之快,以致他前一个时期，很少有更多的时间考虑公司的长远规划与发展。最近，他觉得需要对一些问题进行决策，包括职工的职责范围、生活质量、市场与定价策略、公司的形象等。莫斯热衷于使他的员工感到自身工作的价值。他希望通过让每个员工“参与管理”了解公司的现状，调动员工的积极性。他相信：这是保持员工兴趣和激励他们的最好办法。他决定在本年度12月1日召开一次由每一个农艺学家参加的会议，其议程是：

1.周末，我们需要有一个农艺师在蔬菜种植现场值班，能够随叫随到，并为他们配备一台步话机，目的是一旦蔬菜突然脱水或者枯萎，可以找这些专家处理紧急情况。要做出的决策是：应该由谁来值班，他的责任是什么？

2.我们公司的颜色是绿色的，要做出的决策是新地毯、墙纸以及工作服等应该采取什么样的绿色色调？

3.公司有一些独特的产品，还没有竞争对手，而另外一些产品，在市场上竞争十分激烈。

要做的决策是对不同的蔬菜产品应当如何定价，彼得·莫斯要求大家务必准时到会，积极发表意见，并期望得到最有效的决策结果。

要求：选择并阐述理由

1.12月1日所召开的会议是必要的吗？

A.很必要，体现了民主决策

B.不必要，会议议题与参与者不相匹配

C.有必要，但开会的时间选择为时过晚

D.一部分议题是必要的，另一部分议题是不必要的

2.公司的重要决策者在会议上进行决策的必要性。

A.完全需要，因为绿色是企业的标志

B.需要，但参加决策的人应当更多一些

C.不需要，此项决策可以由颜色与装潢专家决定或者运用民意测验方法征询意见

D.需要与不需要，只是形式问题，关键在于决策的质量

3.定价问题是否需要列入彼得·莫斯12月1日的决策议事日程？

A.需要，因为它是企业中重大的问题参考资料

B.不需要，因为该项决策的关键是质量，而不是让所有的员工参与和接受

C.在稳定的市场环境下不需要，在变化的市场环境下则需要集思广益、群体决策

【项目练习】

一、单选题

1.“弹性计划”体现了计划工作的(　　)。

A.限定性原理　　B.许诺原理

C.灵活性原理　　D.航道改变原理

2.用数字表示预期结果的报表，“数字化”的规划，这种计划是(　　)。

A.专题计划　　B.专项计划

C.预算　　D.数量计划

3.企业计划从上到下可以分为若干层次,通常越低层次的计划越具有(　　)的特点。

A.概略而抽象　　B.务虚和定性

C.模糊和不可控制　　D.具体而可控

4.计划工作的意义是(　　)。

A.预测未来　　B.安排工作

C.确定目标及选择实现目标的途径　　D.分析外部环境

5.政策与程序的显著区别并不在于(　　)。

A.政策在运用时允许下级有灵活处置权,程序则没有

B.政策是思想指南,程序是行动指南

C.政策的目的是指导决策,程序旨在约束行动

D.政策由高层主管制定,程序由基层主管制定

6.在组织生命周期中的成熟期应该制订什么样的计划?(　　)

A.指导性计划　　B.短期的更具体的计划

C.长期的具体计划　　D.短期的更具指导性的计划

7.计划工作在管理工作中具有(　　)。

A.首位性　　B.超前性　　C.战略性　　D.重要性

8.古人所说的“运筹帷幄”是对管理(　　)职能的最形象的概括。

A.领导　　B.计划　　C.控制　　D.组织

9.某领导在2021年年初的工作会议上提出,力争在本年度实现净利润2亿元。如果从计划工作的表现形式看,此计划属于(　　)。

A.战略　　B.宗旨　　C.规划　　D.目标

10.(　　)的实质是利用专家的主观判断,通过信息沟通与循环反馈,使预测意见趋于一致,逼近实际值。

A.头脑风暴法　　B.德尔菲法

C.哥顿法　　D.名义小组法

11.以下不属于定量决策方法的是(　　)。

A.确定性决策方法　　B.头脑风暴法

C.风险型决策方法　　D.非确定型决策方法

12.在管理决策中,许多管理人员认为只要选择满意的方案即可,而无须刻意追求最优的方案。对于这种观点,你认为以下哪种解释最有说服力?(　　)

A.现实中不存在所谓的最优方案,所以被选中的都只是满意方案

B.现实管理决策中常常由于时间太紧而来不及寻找最优方案

C.由于管理者对什么是最优决策无法达成共识,只有退而求其次

D.刻意追求最优方案,常常会由于代价太高而得不偿失

13.有家牛奶公司最近推出了送奶上门的新服务项目。平均说来,每个服务人员每天要负责附近10个街区住户的送奶任务,交通工具目前仅有三轮车。为减轻送奶员的负担,公司有关人员想预先为各位送奶员安排好最短的驱车路线。计划中发现,每个送奶员实际上

平均有128条可行的路线可供选择。在这种情况下,送奶路线安排问题属于(　　)。

A.不确定型决策　　B.确定型决策

C.风险型决策　　D.纯计划问题,与决策无关

14.对于一个完整的决策过程来说,第一步是(　　)。

A.确定目标　　B.发现问题

C.拟订可行方案　　D.组织有关人员

15.针对欧美国家对我国纺织品的配额限制,某公司决定在北非投资设立子公司,这种决策属于(　　)。

A.管理决策　　B.战略决策

C.业务决策　　D.程序化决策

16.以下决策,受决策者个性影响最大的是(　　)。

A.确定性决策　　B.战略决策

C.不确定性决策　　D.程序化决策

17.下面哪种说法不能反映群体参与决策的情况?(　　)

A.一个好汉三个帮　　B.众人划桨开大船

C.三个和尚没水喝　　D.十根筷子折不断

18.如果你是公司的总经理,当企业出现以下几件事需要做出决策时,你将把主要精力放在哪件事上?(　　)

A.原材料的采购　　B.资金的安排

C.组织结构的调整　　D.生产计划的制订

19.以下哪种行为不是决策?(　　)

A.决定开发一种新产品　　B.扩大生产规模

C.对例行问题做决定　　D.接受上级命令

20.决策的核心是(　　)。

A.意识　　B.目的　　C.未来　　D.选择

二、多选题

1.当企业处于低度不确定的环境时,组织应采取(　　)。

A.指导性计划　　B.中长期计划

C.具体性计划　　D.常备性计划

2.下述哪些活动属于计划活动的范畴?(　　)

A.程序　　B.目标　　C.预算　　D.使命

3.滚动计划的好处有(　　)。

A.灵活性　　B.连续性

C.统一性　　D.精确性

4.目标管理的缺点有(　　)。

A.适当的目标不易确定　　B.“自我控制”不可行

C.一般是短期的　　D.不灵活

5.目标管理可理解为(　　)。

A.管理管理者的管理　　B.强调"自我控制"

C.强调参与管理　　D.一种提供考核标准的管理

6.按决策问题所处的条件和状态不同,决策可分为(　　)。

A.确定型决策　　B.不确定型决策

C.非程序化决策　　D.风险型决策

7.以下属于不确定型决策方法的有(　　)。

A.乐观法　　B.线性规划法　　C.后悔值法　　D.悲观法

8.下列决策的影响因素中,属于组织自身的因素有(　　)。

A.企业文化

B.决策问题的特性

C.行业环境

D.组织对信息的获取情况及决策支持系统

9.定性决策方法是决策者根据所掌握的信息,通过对事物运动规律的分析进行决策的方法。主要的定性方法有(　　)。

A.德尔菲法　　B.头脑风暴法

C.时间工作分类法　　D.德尔菲法

10.SWOT 作为重要的计划工具,包含以下哪几个要素?(　　)

A.优势　　B.机会　　C.劣势　　D.产品

三、简答题

1.简述 SWOT 分析工具。

2.简述目标管理的步骤。

3.简述管理学中计划的概念。

4.简述决策的概念 。

四、实操题

根据自己的情况撰写个人的学年学习计划,要求运用 SWOT 分析工具进行撰写。

项目二练习答案请扫描下方二维码。

项目二练习答案

项目三　组织职能

若拿走我的财产，但留给我这个组织，五年之内，我就会卷土重来。

——小阿尔弗莱德·斯隆

组织是对完成特定使命的人们的系统性安排。这是很经典的对组织的定义。通俗地说，组织就是指为达到企业的目标及执行企业的“策略”或“方案”，所需要的人力资源的调配。企业的目标、策略及方案都属于“计划”的范围，而计划则为“策划”“规划”活动的结果。所以，组织是以执行工作计划为使命的，它是伴随计划职能而存在的管理的重要职能。本项目通过学习组织职能的内容，培养学生的综合能力。

学习目标

知识目标：

1.了解组织职能的基本概念和内容；
2.掌握管理幅度和管理层次的概念和关系；
3.掌握组织结构设计的步骤；
4.熟悉权力的来源，有效授权的原则；
5.熟悉组织变革的内容、类型、动因和过程；
6.了解组织变革的阻力和对策；
7.了解人力资源管理的含义；
8.熟悉员工培训方法。

技能目标：

1.能够合理地设计组织结构并画出组织结构图；
2.能够实现有效授权；
3.能够合理应对组织变革中的阻力；
4.能够组织员工招聘活动；
5.能够编制各类培训计划；
6.能够使用绩效考核方法。

素质目标：

1.培养学生的参与协作意识；
2.培养学生权力责任意识；
3.培养学生创造和革新意识；
4.培养学生的自我规划意识。

任务一 组织设计与运作

【任务情境】

南方物流公司绩效考核中关键事件法工具的使用

南方物流公司原来是一家小企业,创业初期安经理是公司的物流主管,物流主管负责将客户从海外运过来的货进行清关、报关,并把货提出来,然后按照客户的需求运到客户那里,负责保障整个物流工作的顺利进行。在刚进行的一月份的考评中,发生了一件事情:她80多岁的祖母,在半夜病逝了。她由祖母从小养大,祖母的病逝使她很悲伤。她为料理后事,人很憔悴,也病了。碰巧第二天,客户有一批货从美国进来,并要求清关后当天六点钟之前准时运到,而且这是一个很大的客户。安主管怎么做的呢?她把家里的丧事放在一边,第二天早上九点钟准时出现在办公室,她的经理和同事都发现,她的脸色铁青,精神也不好,一问才知道家里出了事。但是,这个小女孩什么话也没说,一直做着进出口报关、清关的手续,把货从海关提出来,并且在下午五点钟前就把这批货发出去了,及时运到了客户那里。然后,她就下班走了,可公司是六点钟下班,她提前走了——回去处理祖母的丧事。

这是一个关键性事件。如果这件事情她的部门经理没有发现,不记下来,或者人力资源部也没有发现,那在其他员工的眼里,六点钟下班,她五点钟就走了,会被认为是早退。但是,如果部门经理善于观察,发现了这件事情,问清楚是怎么回事儿,会发现这是很值得称赞的事情。如果她的祖母没有去世,那帮助客户快速办理货物,这是一个物流主管正常的工作。但这一天,她置个人的事情于不顾,首先考虑公司的利益,为了不让客户受损失,克服了种种困难出现在办公室里,提前完成了任务人力资源部应当把这件事情记录下来。

提示:关键事件法,是观察书面记录员工有关工作成败的“关键性”事实。它是由两个美国学者创立的,包含了三个重点:

第一,观察;

第二,书面记录员工所做的事情;

第三,有关工作成败的关键性的事实。

关键性事实是指一个员工在考评期内,干了哪些很出彩的事情,干了哪些不好的事情,按时记录下来。等到最后考评打分时,把工作日志拿出来,会很清楚这个员工所做的好事和不好的事情,有助于为最后打分作出判断。

记录关键事件的STAR法

下面将介绍的STAR法,是由四个英文单词的第一个字母表示的一种方法;由于STAR英文翻译后是星星的意思,所以又叫“星星法”。星星就像一个十字形,分成四个角,记录的一个事件也要从四个方面来写：

第一个S是SITUATION——情境。这件事情发生时的情境是怎么样的。

第二个T是TARGET——目标。他为什么要做这件事。

第三个A是ACTION——行动。他当时采取什么行动。

第四个R是RESULT——结果。他采取这个行动获得了什么结果。

连起这四个角就叫STAR。

当时的情境S是：安妮的祖母前一天晚上病逝了。

当时的目标T是：为了第二天把一批货完整、准时地运到客户那里。

当时的行动A是：她置家里的事于不顾，准时出现在办公室，提前一个小时把货发出去了。

当时的结果R是：客户及时收到了货，没有损害公司的信誉。

总结：STAR是典型的关键事件法，可以记光彩的事情，也可以记不光彩的事情，同样要分析情境、目标、行为和结果。

思考：关键事件法在组织绩效考核中的优缺点？

随着公司的不断发展，安主管成了部门经理，身上的压力越来越大，感到力不从心。日常事务消耗了他的大部分精力，下属也不像以前那样齐心协力，而是相互推脱。特别是当他到外地出差时，许多事情只能搁置，等他回来后再做处理。现在安经理很少有时间坐下来想一想。员工们碰到棘手的问题时很少找他商量对策。企业员工的士气大不如以前，安经理感到很头疼，请来管理顾问进行咨询。

思考：为什么该公司目前在管理上会出现这么多问题？如何解决？

【理论学习】

一、组织职能概述

（一）组织的概念

切斯特·巴纳德将组织定义为“有意识地加以协调的两个或两个以上的人的活动或力量的协作系统”。一些学者将组织区分为有形与无形的，即组织机构与组织活动。其中，作为组织活动结果的那种无形“组织”概念，有别于作为有形实体（如工商组织、事业单位、政府部门等机构或组织）存在的“组织”概念。区别起见，人们在日常生活中也常将有形的组织体称作组织机构，而将那种无形的、作为关系网络或力量协作系统的组织，称作组织活动。无形的组织活动与有形的组织机构之间的关系是一种手段与目的的关系。也就是说，作为“力量协作系统”存在的无形的组织，本身并不具有自己的目的，它不过是为了完成组织机构的目标而存在，是作为实现组织目标的手段。

组织的分类：依据组织基本性质的不同可将其分为营利性组织、非营利性组织。正式组织是为了有效地实现组织目标而明确规定组织成员的职责和相互关系的一种结构，其制度和规范对成员具有正式约束力。如政府组织、企业组织都属于正式组织。非正式组织是人们在共同的工作或活动中，基于共同的兴趣和爱好，以共同的利益和需要为基础自发形成的群体。除各种类型的正式组织外，在现实生活中，还存在着大量的非正式组织。正式组织与非正式组织之间的关系：既相互联系又相互区别。一方面，正式组织与非正式组织常常相促而生、相伴而存。另一方面，正式组织与非正式组织又存在差别。正式组织以共同目标为纽带，非正式组织则以共同情感为纽带。

（二）组织职能的概念

组织职能是指按计划对组织的活动及其生产要素进行的分派和组合。组织职能对发挥集体力量、合理配置资源、提高劳动生产率具有重要的作用。管理学中的组织职能，就是通过建立、维护和不断改进完善组织结构以实现有效工作的过程，其包括组织结构设计、组织变革和发展与人力资源管理等。涉及的工作任务有明确完成目标所需的活动并加以分类、对实现目标的必要活动进行分工、把各组分派给有权利的管理人员领导、确定有关协调的规定、根据环境变化及组织发展行组织变革等。

二、组织结构的设计

（一）组织结构设计的基本任务

其包括职务的设计与分析、部门划分和管理层次设计。说明：(1)个体劳动者和作坊式的手工业组织不存在组织设计的问题；(2)传统的组织设计建立在劳动分工的基础上；(3)组织结构设计所面对的基本矛盾是管理对象的复杂性与个人能力的有限性。

（二）组织结构设计的目的

发挥整体大于部分之和的优势，使有限的人力资源形成综合效果。

（三）组织结构设计的步骤

1.工作划分（职位设计）

根据目标一致和效率优先的原则，把达成组织目标的总任务划分为一系列各不相同又互相联系的具体工作任务，这就有了各类职位（岗位）。职位是根据组织目标需要设置的具有一个人工作量的单元，是职权和相应责任的统一体。职位设计时应避免重复、遗漏和不当现象发生，同时要编写好职务说明书。

职务说明书是就特定职务的职责、权限、任职资格等进行规定的文书。职务说明书的基本作用在于规范特定职务的职责、权限、领导隶属关系等，使任职者规范有效地行使职责权限，更好地实现目标；同时，保证整个组织系统的有序、高效运行。职务说明书的基本内容包括职务名称、隶属机构、基本职能、主要职责、主要权限、纵向与横向隶属关系、任职资格等。

2.建立部门（部门化）

把相近的工作归为一类，在每一类工作之上建立相应部门。这样，在组织内根据工作分工就建立了职能各异的组织部门。部门划分的原则有：

①有效实现组织目标原则。即部门划分必须以有利于组织目标实现作为出发点和归宿。

②专业化原则。即按专业化，将相似职能、产品、业务汇集到一个部门中。

③满足社会心理需要原则。即划分部门也不宜过度专业化，而应按照现代工作设计的原理，使员工的工作实现扩大化、丰富化，尽可能使其满意于自己的工作。

划分部门的方法见表3-1。

表3-1 划分部门的主要方法

部门划分标准	含义	特点	适用范围
职能	将相似的工作任务或职能组合在一起形成一个部门	优点:可以带来业化分工的种种好处;有利工作人员的培训与技能提升。缺点:易形成思维定式,对环境变化反应较慢	管理或服务部门
产品	按产分工划分部门,组成按产品划分的部门(或事业部)	优点:能使多元化经营和专业化经营相结合;增强对外部环境的适应性;促进企业的内部竞争。缺点:对管理能力要求高;管理费用增加;影响企业统一指挥	制造、销售和服务等业务部门
区域	将一个特定地区的经营活动集中在一起,委托给一个管理者或部门去完成	优点:可以根据市场需求自主组织生产经营;当地生产可进一步降低成本;能够调动基层参与决策的积极性。缺点:需要有全面管理能力的人员;使管理费用增加;增加总部的控制难度	空间分布很广的企业的生产经营业务部门
工艺过程(设备)	把完成任务的过程分成若干阶段,以此来划分部门;按大型设备来划分部门	优点:符合专业化的原则;充分利用专业技术和特殊技能。缺点:各部门之间沟通协作困难;不利于全面管理人才的培养	工艺过程严格或使用大型设备的生产单位
服务对象	按照企业的服务对象进行部门划分	优点:为顾客提供针对性更强、更高质量的服务。缺点:加大成本,协调难度大	服务对象差异较大,对产品与服务有特殊要求的企业

3.决定管理跨度(管理幅度)

【案例】

韩信带兵,多多益善

西汉·司马迁《史记·淮阴侯列传》,上问曰:"如我能将几何?"信曰:"陛下不过能将十万。"上曰:"于君何如?"曰:"臣多多而益善耳。"大意是,有一天刘邦找韩信谈话,讨论到将领能力时。刘邦问韩信:"你觉得我可以带多少兵?"韩信:"最多十万。"刘邦不解地问:"那你呢?"韩信自豪地说:"越多越好,多多益善嘛!"刘邦半开玩笑半认真地说:"那我是不是打不过你?"韩信说:"不,主公是驾驭将军的人才,不是驾驭士兵的,而将士们是专门训练士兵的。"

思考:同学们,如果你将来成为一个管理者,你认为自己能够直接管理的下属人数是多少?

所谓管理跨度(亦称管理幅度),就是一个上级直接指挥的下级数目。一个管理者管理幅度以多大或多小为宜,至今尚无定论。有人认为高层领导者的有效管理人数为4~8人,中层领导者的有效管理人数为8~15人,基层领导者的有效管理人数为15人以上。管理跨度的大小,实际上反映着上级管理者直接控制和协调的业务活动量的多少。管理层次亦称组织层次,是指社会组织内部最高层到最低层管理组织的等级。管理层次实质上反映的是组织内部的纵向分工关系,各个层次担负不同的管理职能。影响管理跨度的因素主要有:

①管理工作性质,如复杂程度、相似性等;

②管理者自身的能力和素质状况;

③下级人员素质与智能性质;

④计划与控制的难度与有效性;

⑤信息沟通的难度与效率;

⑥组织的空间分布状况;

⑦组织的外部环境等。

管理跨度和管理层次互相制约,两者之间是反比例关系。在组织规模既定的前提下,较大的管理跨度就会形成较少的管理层次。其中起主导作用的是管理跨度,即管理层次的多少取决于管理跨度的大小。

4.确定职权关系

授予各级管理者完成任务所必需的职务、责任和权力,从而确定组织成员间的职权关系:

①上下级间的职权关系——纵向职权关系:上下级间权力和责任的分配,关键在于授权程度。

②直线部门与参谋部门之间的职权关系——横向职权关系:直线职权是一种等级式的职权,直线管理人员具有决策权与指挥权,可以向下级发布命令,下级必须执行。如企业总经理对应分公司经理,学校校长对应系主任。而参谋职权是一种顾问性质的职权,其作用主要是协助直线职权去完成组织目标。参谋人员一般具有专业知识,可以就自己职能范围内的事情向直线管理人员提出各种建议,但没有越过直线管理人员去命令下级的权力。

5.通过组织运行不断修改和完善组织结构

组织设计不是一蹴而就的,是一个动态的不断修改和完善的过程。在组织运行中,必然存在许多矛盾和问题,也会获得某些有益的经验,这一切都应作为反馈信息,促使领导者重新审视原有的组织设计,酌情进行相应的修改,使其日臻完善。

(四)组织结构设计原则

一般管理的理论家所提出的组织设计的经典概念,为管理者从事组织设计提供了一套可遵循的原则,这些原则提出至今已有几十年,虽然社会发生了巨大变化,但这些原则中的大部分仍然对我们设计一个有效运作的组织具有重要的参考价值。

1.劳动分工原则

传统的组织设计是建立在劳动分工的基础之上的。斯密认为,分工程度越高,工作效率越高。这适合专业化没有得到普遍推广的情况,应用劳动分工总能产生更高的生产率。物极必反，在某一点上，劳动分工带来的人员非经济性（如疲劳、厌倦、压力、低生产率、劣质品、旷工和高的离职率等）会超过专业化的经济优势。在20世纪60年代，这种情况就出现了。

2.统一指挥原则

统一指挥要求每位下属员工应当而且只能向一个上级主管直接负责，在上下级之间形成一条清晰的指挥链。否则，下属员工可能要面对来自多个主管的要求或优先处理要求而无所适从，必须避免多头领导。

3.权责对称原则

权即职权，指管理职位所具有的发布命令和希望命令得到执行的一种权力。责即职责，指对应职权所必须承担的相应责任。每一个管理职位都具有某种特殊的、内在的权力，任职者得到这个职位就拥有这个职位上的合法权力，这种合法权力包含着组织成员对该职位权力的接受。

注意：职权只与一定的职位相关，而与担任该职位的人无关！职权和权力的差别：职权是一种合法的权力，是处于组织中某一职位上的权力，是通过组织安排的权力，与职位有关。权力是指一个人影响决策的能力。职权是更广泛的权力概念的一部分，未必需要有职权才能产生权力。

总的来说，权责对等原则就是指一定的职权必须要与一定的职责相对应。一个人被授予一定的职权，他也就必须承担相应的职责。只授予职权而不授予职责，或职权大于职责会导致职权的滥用；反之，只授予职责而不授予职权，或职责大于职权则会导致指挥失灵，无法开展工作。

4.层幅适当原则

层即管理层次，指组织内部纵向管理系统所划分的等级数。

幅即管理幅度，指管理者能够有效地管理直接下属员工的人数。

一般情况下，管理幅度与管理层次呈负相关，在组织人数一定的情况下，管理幅度越大，管理层次越少；反之，管理幅度越小，管理层次越多。

由于管理者的时间和精力总是有限的，其管理能力也因个人的知识、经验、年龄和个性的不同而存在差异，所以管理者的管理幅度并不是越大越好，而是有一定的限度。超过这个限度，就不能进行具体、高效和正确的领导。

5.人职结合原则

“人”是指管理者，“职”是指组织结构中的职位。人职结合原则是人与职结合应遵循的原则，具体来说就是因职设人与因人设职的关系原则。

在组织中，一定要处理好因职设人与因人设职的关系。一方面，不能武断地将两者对立起来；另一方面，应该将两者有机地结合在一起，从而使得职位和人都能发挥其最大效能，提高组织绩效。

6.部门化原则

部门化就是将整个管理系统分解，并再分解成若干个相互依存的基本管理单位。一般来说，组织设计中经常关注的部门化原则有：职能部门化、产品部门化、过程部门化、区域部门化、顾客部门化等。

(五)组织结构类型

1.直线制结构

直线制是一种最简单的集权式组织结构形式,又称军队式结构。其领导关系按垂直系统建立,不设立专门的职能机构,自上而下形同直线。

①特点:企业各级行政单位从上到下实行垂直领导,下属部门只接受一个上级的命令,各级主管负责人对所属单位的一切问题负责。

②优点:沟通迅速;指挥统一;责任明确。

③缺点:管理者负担过重,难以承担复杂职能。

④适用范围:适用于小型组织。

2.职能制结构

在组织内设置若干职能部门,并都有权在各自业务范围内向下级下达命令。也就是各基层组织都接受各职能部门的领导。

①特点:各级管理机构和人员实行高度的专业化分工,各自履行一定的管理职能。因此,每一个职能部门所开展的业务活动将为整个组织服务。

②优点:有利专业管理职能的充分发挥。

③缺点:破坏统一指挥原则。

④适用范围:原始意义上的职能制无现实意义。

3.直线职能制结构

直线职能制是直线制与职能制的结合。它是在组织内部既有保证组织目标实现的直线部门,也有按专业分工设置的职能部门;但职能部门在这里的作用是作为该级直线领导者的参谋和助手,它不能对下级部门发布命令。

①优点:a.能保持统一指挥,又能发挥参谋人员的作用;b.分工精细,责任清楚,各部门仅对自己应做的工作负责,效率高;c.组织稳定性较高,在外部环境变化不大的情况下,易于发挥组织的集团效率。

②缺点:a.部门间缺乏信息交流,不利于集思广益地做出决策;b.直线部门与职能部门(参谋部门)之间目标不易统一,职能部门之间横向联系较差,信息传递路线较长,矛盾较多,上层主管的协调工作量大;c.难以从组织内部培养熟悉全面情况的管理人才; d.系统刚性大,适应性差,容易因循守旧,对新情况不易及时做出反应。

③适用范围:规模中等的企业。企业随着规模的进一步扩大,将进行更多的分权。

4.事业部制结构

①特点:事业部制是指以某个产品、地区或顾客为依据,将相关的研究开发、采购、生产、销售等部门结合成一个相对独立单位的组织结构形式。它表现为,在总公司领导下设立多个事业部,各事业部有各自独立的产品或市场,在经营管理上有很强的自主性,实行独立核算,是一种分权管理结构。

②优点:a.具有高度的稳定性,又有良好的适应性。b.权力下放,提高各事业部积极性和创造性,从而提高企业的整体效益。c.事业部自成系统,独立经营,有利于培养全面管理人才,为企业的未来发展储备干部。d.以利润中心,进行严格的考核,易于评价事业部对公司

总利润贡献大小,用以指导企业发展的战略决策。e.按产品划分事业部,便于组织专业化生产,形成经济规模,采用专用设备,并能使个人的技术和专业知识在生产和销售领域得到最大限度的发挥,因而有利于提高劳动生产率和企业经济效益。f.各事业部门之间可以有比较、有竞争。由此增强企业活力,促进企业的全面发展。g.各事业部自主经营,责任明确,使得目标管理和自我控制能有效的进行,在这样的条件下,高层领导的管理幅度便可以适当扩大。

③缺点:a.各事业部由于利益的独立性,容易滋长本位主义。b.一定程度上增加了费用开支。c.对公司总部的管理工作要求较高,否则容易发生失控。

④适用范围:事业部制结构主要适用于产业多元化、品种多样化、各有独立的市场,而且市场环境变化较快的大型企业。

5.矩阵式组织结构

①特点:矩阵制是由职能部门系列和为完成某一临时任务而组建的项目小组系列组成,它的最大特点是具有双道命令系统。矩阵式组织形式是在直线职能制垂直形态组织系统的基础上,再增加一种横向的领导系统。

②优点:a.加强了横向联系,专业设备和人员得到了充分利用。b.具有较大的机动性。c.促进各种专业人员互相帮助、互相激发、相得益彰。

③缺点:a.成员位置不固定,有临时观念,有时责任心不够强。b.人员受双重领导,有时不易分清责任。

④适用范围:需要集中各方面专业人员完成的工作项目。比如重大的攻关项目,临时性的、复杂的重大工程项目或管理改革任务,以实验为主的单位的科学研究。

6.网络型结构

①特点:网络型组织结构是一个精干的中心机构,以契约关系的建立和维持为基础,依靠外部机构进行制造、销售或其他重要业务经营活动的组织结构形式。

②优点:a.降低管理成本,提高管理效率。b.实现了更大范围内供应链与销售环节的整合。c.简化了机构和管理层次,实现了充分授权式的管理。

③缺点:网络型组织结构需要科技与外部环境的支持。

④适用范围:采用网络型结构的组织需要相当大的灵活性,以对环境的变化作出迅速反应,它适合于需要低廉劳动力的组织,比如玩具和服装制造业等。

对于小企业来说,网络结构是合适的选择。相比较而言,小企业在资金、技术、规模上无法与大企业相抗衡。网络结构也适用于一些大型组织。如美孚石油公司将其炼油厂的维修外包给别的公司;美国电话电报公司把信用卡制造业务出租给别的公司;许多图书出版公司依靠外包进行编辑、设计、印刷和装订。网络组织的进一步发展是虚拟网络组织,它是一个暂时联合起来寻找独特的机会或战略优势的企业群体,目的达到后即解散。

7.学习型组织

所谓学习型组织,是以共同愿景为基础,以团队学习为根本特征,对顾客负责的组织系统。学习型组织是一个"不断创新、进步的组织,在其中,大家不断突破自己的能力上限,创造真心向往的结果,培养全新、前瞻而开阔的思考模式,全力实现共同的抱负,以及更好地实现共同学习。”学习型组织的提出者彼得·圣吉认为一个学习型组织，它的管理者和全体员工必须经过五个方面的训练：

第一，自我超越(Personal Mastery)。指突破极限的自我实现或技巧的娴熟，自我超越的“修炼”是学习型组织的精神基础。

第二，改善心智模式(Improving Mental Models)。心智模式就是人的心理素质和思维方式，它影响一个人看世界和对待事物的态度，有时可能直接决定人的成功与失败。

第三，建立共同愿景(Building Shared Vision)。共同愿景是指组织中人们共同愿望的景象，它要求组织的全体成员拥有一个共同的目标、价值观和使命感，把大家凝聚在一起。共同愿景有三个层次：个人愿景、团队愿景和组织愿景。

第四，团队学习(Team Learning)。团队学习是指组织成员之间互相学习、取长补短提高整体合作能力，并把个人能力凝聚为组织能力，使组织的集体智慧高于个人智慧的过程。学习组织理论认为，当团队真正在学习时，不仅整体产生出色的成果，成员成长的速度也相对更快。

第五，系统思考(Systems Thinking)。系统思考要求人们运用系统的观点看待组织的发展。它引导人们从看局部到纵观整体，从看事物的表面到洞察其背后的结构，以及从静态地分析到认识各种因素的影响，进而寻找一种动态的平衡。

8.发展型组织

发展型组织是美国学者杰瑞·W.吉利和安·梅坎尼克在学习型组织的基础上提出的一种更新型的企业组织。他们的代表作《超越学习型组织》认为，人力资源在实现组织战略中的重要程度，以及组织再造能力和提高竞争能力的愿望是衡量组织发展能力和组织形态重要的指标。根据这些指标，他们提出了企业组织演变的三种形态：传统型组织、学习型组织和发展型组织，并认为发展型组织是组织形态演变的最终形式。

发展型组织进一步强调人的重要性，认为组织存活并发展壮大的最佳途径是确保每位员工的全部潜能都充分发挥出来。发展型组织中的领导应遵循以下十条原则：①个人义务原则；②信任原则；③保护员工原则；④员工自尊原则；⑤绩效伙伴原则；⑥组织的提高绩效原则；⑦有效沟通原则；⑧组织连续性原则；⑨全盘考虑原则；⑩组织隶属原则。发展型组织中的组织结构的变化主要体现在其可塑性和自由流动方面，强调在人、部门和客户之间没有障碍，打破人与人之间的藩篱，因此组织结构更具有开放性和弹性，更适合现代企业面临复杂多变的经营环境。

【案例】

冯新志承包了公司下属的一个小厂。职工共有五十多人，原有的机构都解散了。冯新志必须在短时间内，重新建立起精简高效的组织机构。可是，应该怎样设置部门？管理幅度与层次是怎么回事？有哪些可供选择的组织形式？冯新志一头雾水。

思考：怎样设计精简高效的组织机构？

三、组织中的职权配置

（一）权力与职权

1.权力

权力指个人对组织的决策或他人的行为的影响力。管理者必须有权力，可权力又不只限于管理者，一个组织的所有成员都可以因为他们拥有某一方面的特长和知识而拥有权力。

2.职权

职权是一种制度化的权力，它是建立在法律的基础上（国家立法、公司章程、协议、制度与合同等）的一种合理、合法的权力，并且具有一定的职责和义务。组织中的职权是指由于占据组织中的职位而拥有的权力；与职权相对应的是职责，是指担当组织中的职位而必须履行的责任。

（二）职权的类型

1.直线职权

直线人员所拥有的发布命令及执行决策的权力，即指挥权。直线人员是指能领导、监督、指挥、管理下属的人员。

直线职权在组织内部保持一条持续的命令链，该命令链从最高管理层一直到最基层管理层。管理层级的等级链与命令链是对应的，每一管理层要对应地成为命令链中的一环。具有直线职权的管理者一方面接受上级的命令，另一方面向下属下达命令。

2.参谋职权

参谋权就是参谋人员和参谋部门所拥有的辅助性职权，包括提供咨询、建议等。在组织权力关系中，直线职权的权力是主导的，参谋职权的权力是从属的。

具有参谋职权的管理者是组织中某个领域中具有专业特长的人员，他们向具有直线职权的管理者提出计划和建议，由具有直线职权的管理者做出决策。由于这两类管理者对组织目标实现担负的责任不同，为保证指挥的统一，参谋可以很多，承担直接职责的管理者只能是一个人。参谋对具有直线职权的管理者承担工作责任，具有直线职权的管理者对参谋工作承担领导责任。

3.职能职权

职权的第三种类型是职能职权。它是直线管理者把一部分原属于自己的直线职权授予职能部门或职能管理人员的职权。在纯粹参谋的情形下，参谋人员所具有的仅仅是辅助性职权，并无指挥权。但是，有时由于知识和能力、精力等，上级管理者将直线组织中的某些专门的职能和权力授予参谋人员和部门，由参谋人员直接领导和组织下级部门去完成某些工作和处理某些事情，这样就发生了部分直线职权的转移问题。职能职权实际上是直线职权与参谋职权的一种结合。直线职权对应的是组织整体目标的职责，职能职权对应的是组织整体目标中某项专业目标的职责。换句话讲，职能职权是因其职位对组织专业目标的实现承担职能管理职责的管理者所具有的职权。使用职能职权是必要的，这样可以使工作做得更好或提高工作效率。但在使用职能职权时要注意：第一，职能职权要与参谋人员或职能部门的专业工作相一致(也就是说,参谋人员或者职能部门只能在他的专业领域内拥有职能职权)。第二,使用职能职权仅限于具体工作方面,不能危及管理者正常的管理工作。第三,要加强协调工作,不要因此导致责任不清和工作上的混乱。

(三)职权配置的方式

组织结构中职权配置的方式主要有三种,即授权、集权和分权。

1.集权和分权

集权和分权是指职权在不同管理层之间的分配与授予。所谓集权,是指较多的权力和较重要的权力集中在组织的高层管理者;所谓分权,是指较多的权力和较重要的权力分别授予组织的基层管理者。

2.授权

授权是将完成某特定工作所承担的责任和相应的职权委派给下属,使下属在一定的监督下行使职权的过程。下属在授权范围内自行决定如何完成工作,并有责任向上级管理者汇报。上级管理者在授权后,还具有解除授权的权力。授权有特定的含义,在现实工作中,要注意以下几个问题:

①授权不同于代理职务。代理职务是在某一时期,依法或受命代替某人执行其任务,代理期间代理人具有与该职务相匹配的权力。

②授权不同于助理或秘书职务。助理或秘书只帮助主管工作,而不承担责任,授权的主管依然应负全责。在授权中,被授权者应该承担相应的责任。

③授权不同于分工。分工是一个集体内,由各个成员按其分工各负其责,彼此之间无隶属关系;而授权则是授权者和被授权者有上、下级之间的监督和汇报关系。

④授权不同于分权。授权是指权力的授予和责任的建立,它仅指上、下级之间的短期的权责授予关系,授权是分权的一种途径。而分权是在组织中系统地进行授权,这种权力根据组织的规定可以较长时期地留在中、下级管理者手中。

【案例】

10月的某一天,产科护士长黛安娜给巴恩斯医院的院长戴维斯博士打来电话,要求其立即做出一项新的人事安排。从黛安娜的急切声音中,院长感觉到一定发生了什么事,因此要她立即到办公室来。5分钟后,黛安娜递给了院长一封辞职信。“戴维斯博士,我再也干不下去了,”她开始申述“我在产科当护士长已经四个月了,我简直干不下去了。我怎么能干得了这工作呢?我有两个上司,每个人都有不同的要求,都要求优先处理。要知道,我只是一个凡人。我已经尽最大的努力适应这种工作,但看来这是不可能的。让我给举个例子吧。请相信我,这是一件平平常常的事。像这样的事情,每天都在发生。昨天早上7点45,我来到办公室就发现桌上留了张纸条,是杰克逊(医院的主任护士)给我的。她告诉我,她上午10点钟需要一份床位利用情况报告,供她下午在董事会作汇报时用。我知道,这样一份报告至少要花一个半小时才能写出来。30分钟以后,乔伊斯(黛安娜的直接主管,基层护士监督员)走进来质问我为什么我的两位护士不在班上。我告诉她雷诺兹医生(外科主任)从我这要走了她们两位,说是急诊外科手术正缺人手,需要借用一下。我告诉她,我也反对过,但雷诺兹坚持说只能这么办。你猜,乔伊斯说什么?她叫我立即让这些护士回到产科部。她还说,一个小时以后,她会回来检查我是否把这事办好了!我跟你说,这样的事情每天都发生好几次的。一家医院就只能这样运转吗?"

思考:

1.这家医院的组织结构是怎样的?

2.有人越权行事了吗?

任务二 组织发展与变革

【任务情境】

1号店的物流变革

"1号店"创立于2008年7月,旨在打造一个为消费者提供一站式购物服务的中国品种最齐全、价格最具竞争力的综合类电子商务网站,被誉为"中国发展速度最快的综合类电子商务网站"。1号店采用不同的经营模式,优势互补,实现最优盈利模式。它打破供应链壁垒,能解决快速消费品保质期、易破损、形状不规则等难题,通过自主开发的仓储管理、配送管理系统,实现自动订货、高效拣货、及时送货的快捷供应过程。1号店供应链信息技术总监杨平认为,电商企业在设计信息系统时最关心的便是:海量信息的处理能力;系统对整个物流管理与运作流程上各个环节的支持;系统性能;灵活性。然而1号店供应链管理解决方案的优势在于:

企业信息系统——全程电子商务解决方案。

配送中心运作——海量品类仓储管理服务,严格把控各环节效率,树立现代化电子商务仓储标杆。

配送——最后一公里服务是整个城市配送的关键。高效、准时、微笑使得一号店的配送受到了广大顾客的一致认可。

采购物流——建立上门取货服务,省去商家送货的烦恼。

物流信息——协同作业平台。

中国移动通信电子商务运营事业部赵刚认为,要实现完美订单——以最低的成本将正确数量的正确产品在正确的时间送达正确的地点,并保证质量和状态完好,需要在客户与电商之间建立一座桥梁,跨越各种浪费和瓶颈汇集而成的河流,提高仓储运作效率,实现完美订单,我们称这座桥梁为"物流桥"。物流桥是将精益、六西格玛、物流理论方法有机组合起来解决物流问题的方法论,物流桥有三原则:物流流动——资产流动、信息流动、财务流动;物流能力——可预见性、稳定性、可视性;物流纪律——协作、系统优化、消除浪费。

思考:试以某一熟悉的组织为例讨论组织变革的重要意义?

【理论学习】

组织变革就是组织根据外部环境和内部条件的变化及时改变组织的原有状态,以适应未来组织发展要求的活动。企业的组织经过合理的设计并实施以后,并不是一成不变的,必须随着客观环境和内部条件的变化而不断地进行调整和改革,从而提高组织的效能。

组织变革指组织根据其外部环境的变化和内部情况的变动,及时地变动自己的内在结构,以适应客观发展的需要。企业的发展离不开组织变革,内外部环境的变化,企业资源的不断整合与变动,给企业带来了机遇与挑战,这就要求企业关注组织变革。

一、组织变革的动因

外部环境因素:整个宏观社会经济环境的变化、科技进步的影响、资源变化的影响、竞争观念的改变。

内部环境因素:组织机构适时调整的要求、保障信息畅通的要求、克服组织低效率的要求、快速决策的要求、提高组织整体管理水平的要求。

组织变革的征兆:决策的形成过于缓慢、沟通不畅、组织机能不能得到正常发挥、缺少创新。

组织变革往往是在面对危机的时候才变得分外重要,危机会通过各种各样的形式表现出来,成为组织变革的先兆。一般说来,一个组织在下列情况下应考虑进行变革:(1)决策效率低或经常出现决策失误;(2)组织沟通渠道阻塞、信息不准确、人际关系混乱、部门协调不力;(3)组织职能难以正常发挥,目标不能如期实现,人员素质低下,产品产量及质量下降等;(4)缺乏创新。

二、组织变革的内容

(一)人员的变革

人员的变革是指员工在态度、技能、期望、认知和行为的改变。

(二)结构的变革

结构的变革包括权力关系、协调机制、集权程度、职务与工作再设计等其他结构参数的变化。

(三)技术与任务的变革

技术与任务的改变包括对作业流程与方法的重新设计、修正和组合,也包括更换机器设备,采用新工艺、新技术和新方法等。

三、组织变革的类型

依据侧重点不同,组织变革可以分为:

(一)战略性变革

战略性变革是组织对其长期发展战略或使命所做的变革,如果组织决定进行业务收缩,就必须考虑如何剥离关联业务；如果组织决定进行战略扩张，就必须考虑并购的对象和方式，以及组织文化重构等问题。

（二）结构性变革

结构性变革是指组织需要根据环境的变化适时对组织的结构进行变革，并重新在组织中进行权利和责任的分配，使组织变得更为柔性灵活、易于合作。

（三）流程主导性变革

流程主导性变革是指组织紧密围绕其关键目标和核心，充分应用现代信息技术对业务流程进行重新构造。这种变革对组织结构、组织文化、用户服务、质量、成本等各个方面产生重大的变革。

（四）以人为中心的组织变革

组织中人的因素最为重要，组织如若不能改变人的观念和态度，组织变革就无从谈起。以人为中心的变革是指组织必须通过对员工的培训、教育等引导，使他们能够在观念、态度和行为方面与组织保持一致。

【案例】

中外运的组织变革战略

2000年，中外运是一个总部专业公司与地方综合公司分割并存的组织体系，下属公司上收以后，仍然分散独立经营，上、下级之间和地区之间都处于内部竞争的状态。针对这种状况，企业通过咨询和调研，提出了两个网络率先整合上市的重组方案。

首先，将各地区的空运公司分离出来，统一组合成一个全国性的网络公司，在国内上市融资。当时，各地方的空运公司是营利能力最强的分支，重组整合的利益冲突很大，不仅要从企业文化上统一下属公司的思想，而且要在重组中照顾各地方公司的眼前利益。后来，其在这一板块完成了重组，与外运敦豪等合资企业整合为外运发展股份公司，在A股市场成功上市。

其次，打破省公司的割据状态，从长江流域着手，整合大区物流网络，组合成一个更综合的物流网络公司，在香港联交所上市融资。当时，中外运的上海港、宁波港、大连港、青岛港都是业绩很好的龙头公司，各自形成了不同的大区物流体系，迫切需要打破分割，形成大区综合物流网。但是，这种整合不仅涉及省公司的利益，更大的难题是大区的内地公司负担过重，无效人员高达50%。后来，这一板块完成了重组，中外运6万人被减负到3万多人，新公司在香港上市，融资5亿多美元。按当时的战略构想，一旦这两个大网络在中国自成体系完成布局，中外运就能与国外大型物流公司形成战略性对接，建立全球性的物流网络，甚至还可以主动出击，收购兼并国外物流公司，建立由中外运主宰的全球性网络化物流公司。

思考：案例中呈现出的组织变革内容是哪些？属于哪种类型的组织变革？

四、组织变革的过程

组织变革是一个过程。库尔特·勒温提出的三阶段理论模型是最具影响力的变革理论，该理论认为一个组织变革过程包括从解冻、变革到再冻结三个有计划的阶段。

第一阶段:解冻。解冻意味着人们认识到,组织的某些状态是不适合的,因而有变革的需要。一般来说如果没有特殊的情况,组织的原有状态是很难被改变的。只有当组织面临某种危机或紧张状况时,才有可能出现变革的需求。例如,一个企业销售额急剧下降,一个政府组织的社会支持率突然下降,这时,组织成员感觉到了危机,有了紧张感。人们开始认识到,组织目前的状况与应达到的状况之间存在较大差距,而且这种差距已严重影响到组织利益。这时,组织中就会形成一种要求变革的呼声,人们开始认识到,按照原样继续下去已不可能,过去的规则和模式不再神圣不可侵犯。组织的管理人员不仅自己而且动员员工去寻求新的方法。原有的状态被打破,人们从既定的行为模式、思想观念和制度中解脱出来,准备进行变革。因此,解冻的过程总是伴随着对旧东西的批判,包括旧的习惯、行为、观念和制度,旧的人物及其评价,新人的出现等。正如毛泽东同志所说的:不破不立,破字当头。这是任何变革的首要一步。

第二阶段:改变。在认识到变革需要的基础上,改变是新的方案和措施的实施。这个阶段是以行动为特征的,即将新的观念、行为和制度模式在组织内推行,这种实施很可能是强制性的。其实施过程应该包括这样几个方面:

①判定组织成员对新方式的赞成或反对情况;

②分析哪些情况可以变化,达到什么程度能改变,哪些情况必须要改变;

③制订变革的策略,决定通过什么方式、在什么时间实施变革;

④评估变革的结果,总结经验教训。

第三阶段:再冻结。在实施变革之后,再冻结是指将新的观念、行为和制度模式固定下来,使它们稳定在新的水平上,成为组织系统中一个较为固定的部分。尽管不存在绝对固定的东西,但相对稳定对于组织来说是绝对必要的,否则组织的持续活动无法得到保证。再冻结的过程,除了组织在制度上采取措施,另外一个重要的机制是“内在化”。所谓“内在化”是指将一些行为模式转变为职工个人的观念或信念的过程。组织变革的措施一般是由领导人推行的,对于职工来说,它们是外在的规定。当职工认为这些规定会给他们带来好处,并愿意自觉遵守时,这些外在规则就内化为自觉的行动。只有这时,某种变革才不可逆转,才算告一段落。

五、组织变革的阻力

组织变革中的阻力,指人们反对变革、阻挠变革甚至对抗变革的制约力。变革阻力的存在,意味着组织变革不可能一帆风顺,这就给变革管理者提出了更严峻的变革管理任务。

(一)组织变革阻力的主要来源

首先是个体和群体方面的阻力。个体对待组织变革的阻力,主要是因为其固有的工作和行为习惯难以改变、就业安全需要、经济收入变化、对未知状态的恐惧以及对变革的认识存有偏差等。群体对变革的阻力,可能来自于群体规范的束缚,群体中原有的人际关系可能因变革而受到改变和破坏等。

其次是组织层次对组织变革的阻力。它包括现行组织结构的束缚、组织运行的惯性、变革对现有责权关系和资源分配格局所造成的破坏和威胁，以及追求稳定、安逸和确定性甚于革新和变化的保守型组织文化等，这些都是可能影响和制约组织变革的因素。

最后是外部环境的阻力。多数情况下这部分阻力相对于组织层次和个体方面的压力可以忽略不计。

（二）组织变革阻力的管理对策

组织变革过程是一个破旧立新的过程，自然会面临推动力与制约力相互交错和混合的状态。组织变革管理者的任务，就是采取措施改变这两种力量，促进变革更顺利进行。实践表明，在不消除阻力的情况下增强驱动力，可能加剧组织中的紧张状态，从而无形中加大对变革的阻力；在增强驱动力的同时采取措施消除阻力，会更有利于加快变革的进程。具体措施有：

1.企业的人力资源要为组织变革服务

员工的个性与其对待变革的态度有着密切的关系，因此，首先，企业在招聘的过程中，就应该引入心理测评，通过测评招聘一些有较强适应能力，敢于接受喜欢挑战性工作的员工。其次，在组织变革的过程中，企业要加强对员工的培训，提高员工的知识水平和技能水平，使得企业的人力资源素质和企业变革同步推进。最后，在企业的日常经营过程中，企业应该形成一种团体主义文化，培养员工对组织的归属感。

2.加强与员工的沟通，让员工明白变革的意义

在变革实施之前，企业决策者应该营造一种危机感，让员工意识到变革的紧迫性，让他们了解变革对组织、对自己的好处，并适时地提供有关变革的信息，澄清变革的各种谣言，为变革营造良好的氛围。在变革的实施过程中，要让员工理解变革的实施方案，并且要尽可能地听取员工的意见和建议，让员工参与到变革中。与此同时，企业还应该时刻地关注员工的心理变化，及时与员工交流，在适当的时候可以做出某种承诺，消除员工的顾虑。

3.适当地运用激励手段

在组织变革的过程中适当运用激励手段，将产生意想不到的效果。一方面，企业可以在变革实施的过程中，提高员工的工资和福利待遇，使员工感受到变革的好处和希望。另一方面，企业可以重用一些员工，以稳住关键员工，消除他们的顾虑，使他们安心地为企业工作。

4.引入变革代言人

变革代言人即通常所谓的咨询顾问。在变革的过程中，一些员工认为变革的动机带有主观性质，他们认为变革是为了当局者能更好地谋取私利。还有一些员工认为变革发动者的能力有限，不能有效地实施变革。而引入变革代言人就能很好地解决上述问题。一方面，咨询顾问通常都是由一些外部专家所组成，他们的知识储备丰富并且专业能力较强。另一方面，由于变革代言人来自第三方，通常能较为客观地认识企业所面临的问题，较为正确地找到解决的办法。

5.运用力场分析法

力场分析法是勒温（Lewin）于1951年提出来的，他认为：变革是相反方向作用的各种力量达到的一种能动的均衡状态，对于一项变革，企业中既存在变革的动力，又存在变革的阻力，我们应该通过分析变革的动力和阻力，找到变革的突破口。

6.培植企业的精神领袖

在企业变革的过程中，如果企业有一位强力型领导者，相对而言，变革的阻力就会很小。由于企业的精神领袖通常具有卓越的人格魅力和非常优秀的工作业绩，他们发动变革，变革的阻力就会很小。当然，客观而论，在企业中培植精神领袖并不一定是一件好事，但在组织变革的过程中确实能起到立竿见影的效果。

【案例】

多伦多的丰业银行是加拿大第三大银行，在全球范围内提供小额银行存放业务、公司业务、投资等服务。丰业银行在国内有950多个分支机构，在国外有75个办事处，如中国、越南、马来西亚、埃及、英国、萨尔瓦多、墨西哥、智利和美国等45个国家。2005年末，银行的总资产将近2 660亿美元，并超额完成了全年所有重要的财务目标。与2004年相比，净资产上升了10%，同时每股收益增加了11.7%。虽然丰业银行的员工超过了5万，但是总裁兼CEO里克·沃担心在接下来的5~10年中会有大量员工离职。他预计在那段时间，公司一般的高级经理人，包括副总裁和其他高层管理者将会退休。

管理人力资源以使组织在适当的时候、适当的地点具备适当的人选常被认为是人力资源管理的一个重要作用。但是，沃认为那还不够。正如他在加拿大国家领导人峰会的商务会议委员会上告诉与会者的，“高层管理者应当承担起发展领导的责任，虽然人力资源能够也确实在促进这一过程中起了重要作用，但是这应当由当前的领导人来完成。”

沃也想使丰业银行员工的全部潜能得到利用。例如，虽然丰业银行管理层的员工中妇女占50%，但是决策层中少得多。沃将与高级经理人合作，确保更具胜任能力的妇女获得进入高层管理的机会。

思考：

如果你处于沃的位置，你觉得怎么做能确保丰业银行：

(1)拥有高素质的员工；

(2)当其他人退休时，有足够的人选来填补重要的管理职位。

【课外拓展】

华为前人力资源副总裁谈华为组织变革的“三阶八步”

麦卡锡有句话——不要把大海给煮沸。这是一个前提认知，就是组织变革前，CEO一定要有全局意识、系统思考，但推进时还需要把握章法节奏。华为在组织变革过程中有一个叫“三阶八步”的方法论。

变革的时候，我们往往先看到这张图中间的“硬体”。一般来说，组织变革的老大是谁？必须是CEO。业务发展的老大也是组织变革的老大。在华为就是任正非，一个精神领袖，再加一个执行配合的孙亚芳就是“左非右芳”；CEO要和顾问一起组建项目组，把准备做好。这是第一阶段准备阶段的三个动作——1.领导支持；2.组建项目团队；3.变革就绪。

变革一旦启动，就要保证在3~6个月必须有可见的短期绩效，如果超过6个月没有短期可见的阶段性成效,变革大多会失败。因为大家的耐心是有限的。人都有惯性,组织也是,所以在变革过程中要先有初步战果,再不断巩固战果。所以,这是第二个阶段实施阶段的两个动作——4.及时取得阶段成果;5.巩固变革成果。

最后,这个变革过程无论做得好还是不好,都必须要有评价。如果做得好,要给予奖励,如果做得不好,要适当惩戒。这是第三阶段评估阶段的一个动作——6.变革项目考核和奖励。

上面6个就是变革中的"硬体"部分,但是这还不是最核心的,很多企业请咨询公司做组织变革,结果失败很有可能是因为只采取硬套路。

为了达到立竿见影的效果,大多数企业少了或轻视了2个关键的"软体"——7.通过深度沟通和交流改变认知;8.通过学习和培训提升技能。这两者需要贯穿变革过程的始终。第一是成年人很不容易被改变,所以要通过深度的沟通和交流去影响对方的认知。第二是通过学习和培训来升级技能,企业发展要求你掌握新的工具、新方法,因为原来"老牛拉车"的套路已经不对了。这两个工作都是"软性"的,但是中国企业变革的时候特别喜欢"霸王硬上弓":流程不行,改流程;制度不行,改制度。这样不对,你要把"软"的工作、"人"的工作看作最重要的。这个"人"的工作其实有两层,一层是企业家本人,就是看老大有没有变革的决心和毅力;另一层是光有老大不行,所有的变革都会牵扯到中高层管理者。比如企业营销体系变更的时候,营销老大如果没有变革的认知,就没法玩儿了。所以,要改变中高层管理者。当年IBM帮华为做组织变革的时候,任正非就说了这么一句话:"谁和华为的变革过不去,我就跟谁过不去。"

一定要做好变革前的思想共识。它不一定是完全达成共识,但是你"土"松得越好,你的变革就越容易推动。要有充分的讨论和意见发表环节,但最后要由CEO拍板,并确保在重重阻力下被严格执行。

(资料来源:摘自微信公众号湖畔《为什么华为的组织变革总能成功》)

任务三 人力资源管理

【理论学习】

一、人力资源的内涵

(一)人力资源管理的概念

在现代管理中,把人看成组织最重要、最有活力、最能为组织带来效益的资源。在狭义上,人力资源管理是指为实现组织目标,对组织人力资源的取得与配置、利用所进行的计划、组织、领导、控制行为。在广义上,人力资源管理包括狭义的人力资源管理和人力资源开发。人力资源开发是指对人力资源的充分发掘和对人力资源的培养与发展。

（二）人力资源管理的基本原则

人力资源管理要做到人尽其才，才尽其用，人事相宜，最大限度地发挥人力资源的作用。但是，如何实现科学合理的配置，是人力资源管理长期以来亟待解决的一个重要问题。怎样才能对企业人力资源进行有效合理的配置呢？其必须遵循如下原则：

1.能级对应原则

合理的人力资源配置应使人力资源的整体功能强化，使人的能力与岗位要求相对应。企业岗位有层次和种类之分，它们处于不同的位置、不同的能级水平。每个人也都具有不同水平的能力，在纵向上处于不同的能级位置。岗位人员的配置，应做到能级对应，就是说每一个人所具有的能级水平与所处的层次和岗位的能级要求相对应。

2.优势定位原则

人的发展受先天素质的影响，更受后天实践的制约。后天形成的能力不仅与本人的努力程度有关，也与实践的环境有关，因此人的能力的发展是不平衡的，其个性也是多样化的。每个人都有自己的长处和短处，有其总体的能级水准，同时有自己的专业特长及工作爱好。优势定位内容有两个方面：一是指人自身应根据自己的优势和岗位的要求，选择最有利于发挥自己优势的岗位；二是指管理者也应将人安置到最有利于发挥其优势的岗位上。

3.激励强化原则

激发员工动机，调动员工的主观能动性，强化期望行为，从而显著地提高劳动生产效率。

4.弹性冗余原则

弹性一般都有一个“弹性度”，超过这个“度”，弹性就要丧失。人力资源管理也一样。职工的劳动强度、工作时间、工作定额都有一定的“度”，任何超过这个“度”的管理，都会使员工身心交瘁、疲惫不堪、精神萎靡。弹性冗余原则强调在充分发挥和调动人力资源的能力、动力、潜力的基础上，主张松紧合理、张弛有度，使员工更有效、更健康地开展工作。

5.动态调节、系统优化原则

动态原则是指当人员或岗位要求发生变化时，要适时地对人员进行调整，以保证始终使合适的人在合适的岗位上工作。岗位或岗位要求是在不断变化的，人也是在不断变化的，人对岗位的适应也有一个实践与认识的过程，种种原因，能级不对应、用非所长等情形时常发生。因此，如果搞一次定位，一职定终身，既会影响工作又不利于人的成长。只有在不断调整的动态过程中才能实现能级对应、优势定位，进而达到整体绩效最优，实现系统优化。

二、人力资源的招聘、培训与考核

组织结构建立起来之后，就要选拔与配置人员，并进行人员培训与管理，以确保正常的组织活动的开展。

（一）人才的招聘

1.员工招聘计划与甄选

所谓招聘，就是通过各种信息途径，寻找和确定工作候选人，以充足的数量和质量来满足组织的人力资源需求的过程。

（1）员工招聘计划

企业通常要制订中长期人力资源发展规划。这是确定具体招聘计划的重要依据。一定时期的招聘计划的制订，有两个最重要的步骤：一是评估现有的人力资源状况；二是评估未来的人力资源需求，从而确定所要招聘员工的数量、种类与质量。其主要内容应包括现状评估、未来需求；招聘数量、种类、质量与来源；招聘程序、方法、组织等。

（2）员工甄选

招聘的核心过程是甄选。甄选是对应聘者是否符合组织招聘要求，是否能够胜任工作的鉴别、评价过程。甄选的方法通常有审阅申请表、考试、绩效模拟测试、面试等。甄选的科学性和可靠性在相当大程度上取决于甄选方法的信度和效度。

①信度。甄选所采用的方法首先是可信任的，即信度高。信度是指运用某一甄选方法对同一对象测度结果的一致性程度。这一指标反映的是甄选方法本身的可靠程度试者分数稳定，说明方法可靠，测试结果才更可信。

②效度。甄选所采用的方法不但可靠，而且有效，即效度高。效度是指甄选标准之间的相关程度。这一指标反映的是甄选方法的有效程度。如所测试的方法所要测度联系不大，说明这种方法及其实施结果是无效的。

2.人才招聘步骤

人才招聘的基本工作包括确定需要、编制计划、实施选聘、上岗培训等。选聘的具体步骤如下：

（1）初次面试

初次面试多半是根据招聘的一些标准与条件进行筛选，淘汰明显不符合职务要求的应聘者。

（2）审查申请表

审查申请表的目的是帮助招聘人员对应聘者有基本了解，并根据其条件，决定是否有必要对其开展进一步考核。一般来说，申请表的内容包括：姓名、年龄、性别、家庭情况、受教育情况、特长等。在申请表的具体编排上，应依据企业及职务的要求而定，尽量做到与职务密切相关。同时，在用词上也应做到清晰明了，应使招聘者通过申请人所填的具体内容即可做出有效的初步判断。

（3）录用面试

面试的目的是进一步获取应聘者的信息，在初次面试和审查申请表的基础上，加深对应聘者的认识，有助于对应聘者是否合格做出判断。同时，计划得当的面试还可以使应聘者了解企业和宣传企业形象的目的。

（4）测试

测试是运用系统的、统一的标准及科学的、规范化的工具，对不同人员的各种素质进行公正且客观的评价。它是选聘过程中重要的辅助手段，特别是对于那些其他手段无法确定的个人素质，如能力、个性特征、实际技能等更为有效。最常用的测试包括智力测验、知识测验、个性测验和兴趣测验等。

(5)人才评价

这是为招聘重要管理职位或高技能岗位人才而采用的方式。即让候选人参加一系列管理情景模拟活动,让评价人员观察和分析受试者在一个典型的管理环境中如何运作,以考察其实际管理技能或技术技能。例如,选拔管理者可采用"公文处理模拟测试""无领导小组讨论"和"企业决策模拟竞赛"等方式。参加评估的人员是评估专家和经过培训的企业管理者,一般由待选聘岗位的部门领导参与,并由评估小组集体讨论做出最后评估,作为上级审批人员聘任的依据。

(6)新员工上岗培训

上岗培训,一方面包括向新员工介绍企业情况、企业的职能、任务和人员等情况;另一方面是使新员工适应工作,包括学习工作所需要的知识和能力,执行任务保持的合适态度,以适应本单位的准则和价值观念。

(二)员工培训与发展

1.员工培训计划与实施

(1)制订培训计划的依据

培训计划的具体内容主要根据以下三因素来确定:①组织本身的要求,即根据组织的宗旨、目标与所处的环境等因素确定培训的内容与安排。②企业经营任务和工作岗位的要求,即可以根据工作的具体内容和市场与技术未来发展需要等因素来选择培训的内容与方法。③根据受培训者的工作表现与能力及其自身发展需要等因素选择培训内容、培训时间与培训方法等。

(2)培训计划制订的内容与过程

员工培训作为一项具有战略性意义的重要工作必须有周密的计划和精心的组织。①培训计划的主要内容包括:培训目的、培训对象、培训时间、课程内容、师资来源、实施进度和培训经费等。②制订培训计划的程序:组织培训需求调研,可以采用分发培训需求调查表等方式征求相关员工意见;根据需求确定组织的需要与目标,由人力资源管理部门拟定培训草案,将培训草案上报上一级主管审定后,即可组织实施。

(3)培训计划的实施

①落实培训所需资源与条件,如场所、时间、员工(含学教双方)等,确保严格执行培训计划。②加强日常管理,建立并严格执行培训制度与秩序。③注重对员工的有效激励,使其明确培训目的,增强学习兴趣,并尽可能采用自主管理的方式,提高学习效果。④加强培训的考核与评估。既包括对每位学员的学习成绩评估,又包括对整个培训过程的效果评估;既要注意培训过程评估,又要注意培训结果评估。

2.员工培训的内容与方式

(1)员工培训的基本内容

企业对各级、各类员工的素质,能力要求不同,故其具体培训内容也不同。但培训的基本内容不外乎三部分:思想觉悟与职业道德;技术与业务理论知识;技术与业务能力。如果是对管理者进行培训,那么技术与业务理论知识、技术与业务能力的培训中均应包括管理的理论与技能。

（2）员工培训的方式

员工培训主要包括以下方式与方法：①岗前培训。员工上岗前，必须接受系统的培训。主要培训内容包括生产技术规程与标准安全生产规范、企业规章制度、职业道德等。具体培训方法包括：讲授法，即邀请企业内外培训师进行较为系统的知识生产、技术、经营、管理等知识与规范的讲授；讨论法，即围绕某个专题，组织员工进行研究讨论；模拟法，即运用角色扮演、情景剧等方式模拟实际生产与管理活动。②在岗辅导。在完成工作任务的过程中，由管理者或有经验的师傅进行各种形式的辅导。③岗位练兵。即在生产经营过程中，边干边学，不断学习新知识、新技术，提高技术操作的熟练程度。④集中培训。即企业根据发展的需要引进新设备、新技术，组织员工进行集中培训。⑤脱产进修。为培养技术骨干，企业将员工送到专门的学校或培训班进行系统进修。⑥网络培训。这是一种利用计算机网络信息进行培训的方式。这种方式信息量大，新知识、新观念传递快，且适合分散式学习，节省学员集中培训的时间与费用，优势明显，更适合员工培训。⑦技术考核与晋级。技术考核与晋级可以调动员工通过自学自练、提高技术水平的积极性，能有力促进员工技术水平的提高。

（3）促进员工的全面发展及其途径

促进员工的全面发展是一切社会组织的最根本性任务。在以人为本的时代背景下，每个组织在实现本组织宗旨和完成生产经营任务的同时，都必须高度重视本组织成员的全面发展，并将其列入重要的管理目标，下功夫、出成效。为促进员工全面发展，组织要尽可能做到：①尊重员工的主人翁地位，尊重员工的政治权利，充分发挥其议政和参与管理的积极作用。②鼓励员工的首创精神，支持他们在工作中的改革与创新，满足其成就事业、自我实现的需要。③建立终身学习的体系，为员工提供学习理论与技术的必要条件，鼓励他们技术与业务上的进步，促进其自身素质不断提高。④尊重员工的个性，鼓励员工健康的个性发展和人格的自我完善。⑤满足员工的各种社会心理需要，创造和谐的人际环境，在组织中建立健康、向上、团结、融洽的团体氛围。⑥在完成工作任务的同时，关心并促进员工的身心健康。⑦要利用本组织的各种有利条件，本组织的成员有高质量的、愉悦的社会生活，使他们不但是"工作的人"，而且是"幸福的人"。⑧树立组织成员的社会责任意识，使他们成为自觉维护社会公德并承担社会义务的高素质的社会成员。

（三）员工考核

1.员工考核的含义与作用

（1）员工考核的含义

员工考核是指按照一定的标准，采用科学的方法，衡量与评定员工完成岗位职责任务的能力与效果的管理方法。

（2）员工考核的目的

对员工进行考核，从管理者的角度看，主要目的是发掘与有效利用员工的能力、给予员工公正的评价与待遇，包括奖惩与职位升降等。

（3）员工考核的作用

有利于评价监督和促进员工的工作，有明显的激励作用；为确定员工的劳动报酬与其他待遇提供科学依据；为个人认识自我、组织进行考核、促进员工的全面发展创造条件；有利于管理者了解下属员工，以便进行合理的岗位调整及职位晋升。

2.员工考核内容

绩效考核包括两大部分：

(1)业绩考核

即从事业务技术工作所要求具备的专业理论水平与实际能力、在工作过程中的实际成绩与效果。这是最重要的考核内容，是确定对其进行评价的最基本的依据。

(2)行为考核

考核员工的思想觉悟与职业道德、员工主观上的工作积极性和工作态度，包括在工作中表现的热情与干劲。员工的工作态度对工作的成果与贡献也具有十分重要的意义。考核工作态度，主要包括积极性、责任感、纪律性和协调性等。

3.绩效考核的程序

绩效考核的程序一般可分为“横向程序”和“纵向程序”两种。

(1)横向程序

按考核工作先后顺序形成的考核过程，主要有以下环节：

第一，制订考核标准，这是考核时为避免主观随意性而不可缺少的前提条件。考核标准必须以岗位职责要求与职务规范为依据，因为那是对员工应尽职责的正式要求。

第二，实施考核，是对员工的工作绩效进行考核、测定和记录。

第三，考核结果的分析与评定。考核记录需与既定标准进行对照来进行分析与评判，从而获得考核结论。

第四，结果反馈与实施纠正。考核的结论通常应告知被考核员工，使其了解组织对自己的看法与评价，从而发扬优点，克服缺点。另一方面，还需采取措施，解决对考核中出现的问题。

(2)纵向程序

按组织层级进行考核的程序。考核一般是先对基层考核，再对中层考核，最后对高层考核，形成由下而上的过程。

第一，以基层为起点，由基层部门的领导对其直属下级部门进行考核。考核分析的单元包括员工个人的工作行为、工作效果，也包括影响其行为的个人特征及品质。

第二，基层考核之后则会上升到中层部门的考核，内容既包括中层部门的个人工作行为与特性，也包括该部门总体的工作绩效。

第三，待逐级上升到公司领导层时，再由公司所隶属的上级机构(或董事会)，对公司这一最高层级进行考核，其内容主要是经营效果方面的硬指标的完成情况，如利润率、市场占有率等。

4.员工考核的方法

(1)实测法

实测法即通过各种形式的实际测量进行考核的方法。例如，对员工进行生产技术技能的考核，常采用由员工现场作业，通过实际测量，进行技术测定、能力考核。

(2)成绩记录法

成绩记录法即将取得的各项成绩记录下来，以最后累计的结果进行评价的方法。这是一种日常的、连续的、客观记录事实的方法。这种方法主要适用于能进行日常连续记录的生产经营活动或其他职能工作,如记录生产的数量、质量、进度等。

(3)书面考试法

书面考试法即通过各种书面考试的形式进行考核的方法。这种方法主要适用于对员工所掌握的理论知识进行测评。当然,也可进行某些能力的测评。

(4)直观评估法

直观评估法即根据被考核者的一些表现,由考核者直接做出评估的方法。这主要是依据对被考核者平日的接触与观察,由考核者凭主观判断进行评价的方法。这种方法简便易行,但易受考核者的主观好恶影响,科学性差。

(5)情景模拟法

情景模拟法即设计特定情景,考察被考核者现场随机处置能力的一种方法,这种方法通常用于对管理者的考核。先由考核者设计一段描述管理矛盾与冲突的管理案例或管理情景,由被考核者现场进行分析与处理,由考核者观察并进行评价。此法重点考察被考核者分析与处理问题的实际能力。

(6)民主测评法

民主测评法即由组织的成员集体打分评估的考核方法。一般采用问卷法。即由考核者事先设计问卷,按考核的项目设计问题;再由相关知情者以书面或口头的方式回答;最后由考核者进行统计整理的一种方法。对领导者的考核,通常按德、能、勤、绩四个方面设计项目,并按优秀、良好、称职、不称职分等做出评价。这种方法主要用于对领导干部的考核。

(7)360 度考核法

360 度考核法是一种全方位反馈评价或多源反馈评价的方法。这一方法的运作要领是:①考核主体应是与考核对象有着多方面接触、知情的相关者,主要包括上级、平级、下级、相关部门、外部顾客和专家以及本人等。②科学地设计问卷。360 度反馈评价一般采用问卷法。问卷的内容是与被考核者的工作情景密切相关的行为,以及比较共性的行为。问卷的形式分为两种:一种是封闭式模式,给考核者提供等级量表,由考核者分出等级;另一种是开放式模式,由考核者直接写出考核意见。③合理地确定权重,完成综合评价。所有考核者进行评估之后,要将其按照一定的权重综合成一个综合评价结果,即为最后的考核结论。其中各类员工评估的权重设计极为重要,将直接关系到考核结果的准确性与可靠性。一般其直接主管领导的意见占较大的权重。

(8)因素评分法

因素评分法即通过对有关项目分别考核,再进行综合评价的一种考核方法。其思路为:首先,将考核的有关项目具体分成评定要素,分类排列,并规定每一个项目的分数;然后,根据实际情况,对照标准,分别给各个项目打分;最后,将各项目的分数加起来,以积分的形式综合表示出对被考核者的评价。这是一种广泛应用的考核方法,主要适用于对一些本身不可度量的最终产品,不好直接计量的工作的考核。

【案例】

某市“宇宙”冰箱厂近几年来有了很大的发展，该厂厂长周冰是个思路敏捷、有战略眼光的人，早在前几年“冰箱热”的风潮中，他已预见到今后几年中会渐渐降温，变畅销为滞销，于是命该厂新产品开发部着手研制新产品，以保证企业能够长盛不衰。果然，近来冰箱市场急转直下，各大商场冰箱都存在着不同程度的积压。好在宇宙厂早已有所准备，立即将新研制生产出的小型冰柜投放市场，这种冰柜物美价廉，一问世便受到广大消费者的欢迎，该厂不仅保证了原有的市场，还开拓了一些新市场。但是，近几个月来，该厂产品销售出现了一些问题，用户接二连三退货，要求赔偿，影响了该厂产品的声誉。究其原因，原来问题主要出在生产上。主管生产的副厂长李英是半年前从本市二轻局调来的，她今年42岁，是个工作勤恳、兢兢业业的女同志，口才好，有一定的社交能力，但对冰箱生产技术不太了解，组织生产能力欠缺，该厂生产常因所需零部件供应不上而停产，加之质量检验没有严格把关，尤其是外协件的质量常常不能保证，故产品接连出现问题，影响了宇宙厂的销售收入，原来较好的产品形象也有一定程度的破坏。这种状况若不及时改变，该厂前几年的努力也许会付诸东流。周厂长为此很伤脑筋，有心要把李英换掉，但又为难，因为李英是市二轻局派来的干部，和上面联系密切，并且她也没犯什么错误，如硬要换掉，也许会弄僵上下级之间的关系，因为该厂隶属于市二轻局。若不撤换，企业很可能会出现亏损局面。周厂长想来想去不知如何是好，于是就去找厂咨询顾问某大学王教授商量，王教授听罢周厂长的诉说，思忖一阵，对周厂长说：“你何不如此这般呢……”周厂长听完，喜上眉梢，连声说：“好办法！好办法！”，于是便按王教授的意图回去组织实施，果然，不出两个月，该厂又恢复了生机。王教授到底如何给周厂长出谋划策的呢？原来他建议该厂再设一个生产指挥部，把李英升为副指挥长，另命一懂生产有能力的赵翔为生产指挥长主管生产，而让李英负责抓零部件、外协件的生产和供应，这样既没有得罪市二轻局，又使企业的生产指挥的强化得到了保证，同时充分发挥了李、赵两位同志的特长，调动了两人的积极性，解决了一个两难的问题。小刘是该厂新分来的大学生，他看到厂里近来的一系列变化，很是不解，于是就去问周厂长：“厂长，咱们厂已经有了生产科和技术科，为什么还要设置一个生产指挥部呢？这不是机构重复设置吗？我在学校里学过的有关组织设置方面的知识，从理论上讲组织设置应该是‘因事设人’，咱们厂怎么是‘因人设事’，这是违背组织设置原则的呀！”周厂长听完小刘一连串的提问，拍拍他的肩膀关照说：“小伙子，这你就不懂了，理论是理论，实践中并不见得都有效。”小刘听了，仍不明白，难道是书上讲错了吗？

思考：

1.企业中应如何设置组织结构？到底应该“因事设人”还是“因人设事”？

2.你认为王教授的建议是否合适？

3.你怎样看待小刘的疑问？

【项目小结】

本项目主要通过学习组织结构设计，了解组织结构类型，分析实际企业中的组织结构，了解组织结构的优缺点、适用类型，了解组织中的职权配置，领会组织中的集权、分权和授权，了解组织变革的动力和阻力，掌握人力资源管理的相关知识，培养组织与人员配备的能力，建立基本的组织理念。

【项目实训】

【实训项目】设计组织结构。

【实训目标】掌握组织结构的类型及其特点。

【实训内容】把学生分为若干个小组，每组5~8人，要求每组创办一家模拟公司，结合所学组织结构内容，构建公司组织框架，并制定组织目标和相关行动方案。

【实训要求】以实训报告的形式上交方案，教师在课堂内组织讨论，并评价各自方案的优劣。教师根据实训报告和讨论课上学生的表现给出成绩。

【项目练习】

一、单选题

1.组织规模一定时，管理层次和管理幅度成(　　)关系。

A.正比　　B.指数　　C.反比　　D.相关

2.我国政府有人事、教育、科技、卫生等部门，其设置这些部门的基本标准和方法是(　　)。

A.按职能设计　　B.按行业设计

C.按服务对象设计　　D.按重要性设计

3.某公司有96名作业人员，如果基层管理幅度为8，高层管理人员的管理幅度为3，则该公司的中层管理人员的管理幅度应该是(　　)。

A.3　　B.4　　C.5　　D.6

4.组织中权力集中的优点具体表现为(　　)。

A.形成政策和行动的一致性　　B.有利于快速决策

C.有利于激发下属的工作热情　　D.决策更符合所在地的实情

5.对于科研院所等研究项目较多、创新功能较强的组织或企业，以下哪一种组织形式最合适？(　　)

A.直线制　　B.事业部制　　C.矩阵制　　D.职能制

6.对于管理者的权利，最强大的一种是(　　)。

A.制度权　　B.个人影响权

C.强制权　　D.专长权

7.某企业总经理近来发现信息从基层传递到自己这里所花的时间很长，而且传递到自己这里的信息出现了很大程度的失真，对于整个企业计划的控制工作变得复杂了，许多下属管理人员抱怨自己在企业中的地位卑微。由此可推断，该企业出现这种情况的组织方面的主要原因最可能是(　　)。

A.管理幅度较小,管理层次较多

B.总经理的管理范围太宽,无法对企业进行有效管理

C.总经理对企业的管理花费的精力太少

D.企业员工不听从指挥,工作不努力

8.组织中主管人员监督管辖其直接下属员工的人数越适当,就越能够保证组织的有效运行是组织工作中(　　)的内容。

A.目标统一原理　　B.责权一致原理

C.管理宽度原理　　D.集权与分权相结合原理

9.一家企业的组织精神是:团结、守纪、高效、创新,严格管理和团队协作是该厂两大特色,该厂规定,迟到一次罚款20元。一天,全市普降历史上少有的大雪,公交车像牛车一样爬行,结果当天全厂有85%的职工迟到。遇到这种情况,你认为下列四种方案中哪一种对企业最有利?(　　)。

A.一律扣罚20元,以维持厂纪的严肃性

B.一律免罚20元,以体现工厂对员工的关心

C.一律免罚20元,并宣布当天早下班2小时

D.考虑情况特殊,每人少扣10元,即迟到者每人扣罚10元

10.塑造组织文化时,应该注意(　　)。

A.主要考虑社会要求和行业特点,和本组织的具体情况无关

B.组织领导者的模范行为在组织文化的塑造中起到号召和导向作用

C.组织文化主要靠自律,所以不需要建立制度

D.组织文化一旦形成,就无须改变

二、多选题

1.下列选项属于组织结构设计原则的是(　　)。

A.有效管理幅度　　B.集权与分权

C.统一指挥　　D.专业分工协作

2.组织进行组织结构设计时,常用的方法有(　　)。

A.职能部门化　　B.产品部门化

C.地区部门化　　D.顾客部门化

3.组织文化具有非常丰富的内容,其主要内容可概括如下(　　)方面。

A.组织哲学　　B.组织精神

C.价值观念　　D.组织形象

4.组织的基本作用可以概括为以下(　　)两个方面。

A.人力汇集作用　　B.资源共享作用

C.人力放大作用　　D.激励作用

5.职位说明书是说明组织内部的某一特定职位的责任、义务、权力及其工作关系的书面文件,包括(　　)。

A.职位名称及素质能力要求　　B.工作内容和工作关系

C.职称级别　　D.工资待遇

6.下面关于组织精神的描述不正确的是(　　)。

A.一般是在组织的发展历程中自发形成的

B.其表述必须详细具体,保证每个人都充分理解

C.折射出一个组织的整体素质和精神风格

D.组织文化的核心

7.组织进行组织结构设计时,常用的方法有(　　)。

A.职能部门化　　B.产品部门化

C.地区部门化　　D.顾客部门化

8.矩阵组织的弱点有(　　)。

A.稳定性较差　　B.多头领导

C.适应性不强　　D.部门之间难以协调

9.不同的组织有不同的组织手册,并且格式各不相同,但通常包括下列(　　)内容。

A.部门的职责范围　　B.部门的人员定编资料

C.职务说明书和职务规范　　D.组织和管理的原则

10.影响员工职业生涯选择的个人因素主要有(　　)。

A.个人心理特质　　B.个人生理特质

C.学历经历　　D.组织特色

三、填空题

1.一个管理者的管理幅度以多大为宜,至今尚无定论。有人认为高层领导者的有效管理幅度为＿＿＿＿＿人,中层为＿＿＿＿＿人,基层＿＿＿＿＿人以上。

2.管理幅度同管理层次成＿＿＿＿＿关系。管理幅度越＿＿＿＿＿＿,管理层次就越＿＿＿＿＿。

3.组织结构图也称组织树,用图形表示组织的＿＿＿＿＿＿＿＿＿＿。

4.分工与协作是＿＿＿＿＿＿的客观要求。

5.组织设计的实质是对管理人员的管理劳动＿＿＿＿＿＿＿＿＿＿。

6.组织手册用于说明＿＿＿＿＿＿＿＿＿＿＿＿＿＿＿＿＿＿＿＿＿＿＿＿＿。

7.任何一个组织,都有其特定的任务和目标,组织设计者的根本目的是＿＿＿＿＿＿＿＿＿＿＿＿＿＿＿＿＿＿＿＿＿。

8.所谓集权就是＿＿＿＿＿,所谓分权就是＿＿＿＿＿。

9.组织文化有着非常丰富的内容,其核心是＿＿＿＿＿＿。

10.较为普遍的观点是三层次说,即把组织文化划分为三个层次,即＿＿＿＿＿＿＿＿＿＿。

四、名词解释

1.组织职能

2.有效管理幅度

3.组织设计

4.职位说明书

5.学习型组织

6.学习力

五、简答题

1.直线型组织结构和直线职能型组织结构各自的优缺点是什么?

2.组织结构设计应坚持哪些原则?

3.部门化设计有哪些方式?请详述。

4.什么是网络型组织结构?

5.组织的含义是什么?组织的作用是什么?

六、案例分析题

案例一 法兰克公司的问题

法兰克公司是沈阳市一家中型企业,主要业务是为企业用户设计和制作商品目录手册,公司在开发区和市区内各设有一个业务中心,这里简称为A中心、B中心。

A中心内设有采购部和目录部。采购部的职责是接受用户的订单并选择和订购制作商品目录所需要的材料,目录部负责设计用户定制的商品目录。法兰克公司要求每个采购员都独立开展工作,目录部的设计人员则须服从采购员提出的要求。

法兰克公司的总部和B中心都设在市区。B中心的职责是专门负责商品目录的制作。张亮是法兰克公司负责业务经营的主管,他经常听到设计人员抱怨自己受到的约束过大,从而无法实现艺术上的创新与完美。最近,张亮在听取有关人员的建议后,根据公司业务发展的需要,决定在B中心成立一个市场部,专门负责分析市场需求和挖掘市场潜力,并向采购员提出建议。市场部成立不久,张亮听到了各种不同意见。比如,采购员和设计员强烈反映说,公司成立市场部不但多余,而且干涉了他们的工作。关于此,市场部人员则认为,采购部和设计员太过墨守成规、缺乏远见。张亮作为公司的业务经营主管,虽然做了大量的说服工作并先后调换了有关人员,但效果仍不理想。他纳闷:公司的问题究竟出在什么地方?

分析:

1.请画出市场部成立前后法兰克公司组织结构图。

2.法兰克公司有没有必要单独成立一个负责市场研究的机构?如有必要,如何设置?如果没有必要,是否应该由什么人员或部门来承担这方面的责任?

3.请为法兰克公司设置一个合理的组织结构图。

案例二 学习型组织的建立

去年底,分析化验公司的经理们又齐聚一堂,做出年底的重要决策。首席行政总监简祐强照例没有参加他们的讨论。会后,他问大家:“今年,我们打算去哪里呢?”“罗马。”他们回答。“罗马不错。”简祐强挺高兴今年“学习假期”能如期进行。

这家吉隆坡的环保服务公司每年都要关门9天,让全体员工(共28人)公费集体出游。他们度假时拍的照片贴满了会议室。一面墙的这边是他们身穿夏装,在泰国摆的各种姿势;那边是冬装裹身,在瑞士挤成一团;另一面墙上还有许多国家的著名建筑的照片,例如法国艾菲尔铁塔、中国的紫禁城和美国的国会大厦。

除度假支付的费用外，公司暂时关门也造成了一笔数目不小的损失。这算是一种合理的管理办法吗？

对简祐强而言，这是唯一的办法。他认为，公司必须留出时间和财力用于员工学习，费用占工资总额的10%~20%。观光能激发人们讨论和思考一国一城的兴衰变化。例如，员工们可以思考，文化上同样富足的威尼斯为何与佛罗伦萨相反，其古老结构并没有促进经济活动的发展。简祐强说："度假时的学习效果更好。"学习对分析化验公司促进不小。在过去6年中，它已将业务从生产棕榈油之类的试验性产品转为处理和回收工业废料。这种转变就来自他们清醒地认识到哪些是马来西亚的夕阳产业和朝阳产业。简祐强说道："拥有富有知识的工作人员，可使公司更快、更平稳地改变或实施计划。"在当今管理界，学习型组织是一个最为流行而又最受人误解的概念。面对这个智力是主要经济资源的时代，比竞争对手学得快被视为最根本上的竞争能力。所有的组织理论都要求经理人去学习，并且将新的理论和方法付诸实施。如今，企业日益关注的是学习和变革之间的关系。要想学习富有成效，企业必须有能力、有意愿进行变革。

分析：

1.学习型组织是由谁提出来的？

2.建立学习型组织所进行的五项修炼技能是什么？

3.通过案例你认为"学习型组织"管理理论的最根本要点是什么？

参考答案请扫描下方二维码。

项目三练习答案

项目四　领导职能

本项目主要通过组成管理和学习团队，采用情景模拟方式，分析实际企业管理案例，了解管理者的领导艺术、沟通能力及激励手段的运用，从而学会运用领导职能建立基本的管理理念和意识。

学习目标

知识目标：

1.了解领导的含义及作用；

2.掌握领导生命周期理论、管理方格论等领导理论；

3.了解沟通的含义、目的及特征；

4.掌握沟通的过程及沟通的类型；

5.熟悉沟通过程中的障碍及有效沟通的原则；

6.熟悉需要理论、公平理论等激励理论。

技能目标：

1.能够应用相关领导理论，分析管理工作中的问题，因地制宜地采取有效的领导方式；

2.能够熟悉沟通过程及原理，实现有效沟通，解决沟通中存在的问题；

3.能够运用各种激励理论分析管理工作中的激励问题，并制订有效的激励措施。

任务一　领导管理应用工具

【理论学习】

一、马斯洛需求层次理论工具

著名心理学家马斯洛将人类需求分为：生理需要、安全需要、社交需要、尊重需要、自我实现需要等五个层次，一般而言，某一层次的需要相对满足了，就会向高一层次发展，追求更高一层次的需要就成为行为的驱动力，这就成为管理者领导团队实现目标的原动力（图 4-1）。

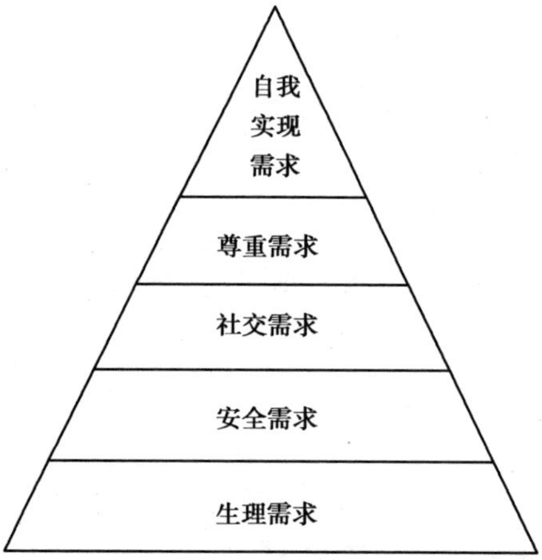

图 4-1　马斯洛五大需求层次

二、时间管理工具

对于领导者而言，一方面要做出决策、制订计划，另一方面还要跟进实施过程，保证目标顺利实现，在此过程中还需要处理各类复杂的关系，这使得领导者的工作节奏往往较快。为了更好地处理各类事务并实现目标，其需要有效地分配时间，时间管理成为领导者工作是否成功的因素。以下的领导者时间管理工具法则，根据工作内容重要性和紧迫程度对不同类型事务进行区分，具体操作标准见表 4-1。

表 4-1 事务重要性和紧迫性程度的标准

类别	重要性	紧迫性
A 类	非常重要:必须做	非常紧迫:必须马上做
B 类	重要:应该做	紧迫:应该马上做
C 类	不那么重要:有用但不必须	不那么紧迫:可以稍后再做
D 类	不重要:无关紧要	时间上没有限制

领导者对时间进行管理是为了更有效地利用时间。时间管理的步骤如下:

①列出未来一段时间内所有任务的清单。

②将这些任务排出先后顺序,可把各项活动按其重要性和紧迫性排序。首先要做最重要、最紧迫的事,不紧迫的事有时间再做,不重要的事可授权他人去做。

③按工作时间安排开展工作,尽可能地按时完成,若不能按时完成,则要重新评价其重要性和紧迫性,修改工作表。

④遵守生物钟,掌握自己的效率周期,把最重要的事放在效率最高时做,把不太重要的事集中在生物钟低谷时一起处理,如处理信件、安排下属、回答问题等。

⑤根据帕金森定律(即只要还有时间,工作内容就会不断拓展,直到用完所有的时间)。不要给一项任务安排太多的时间。

⑥用较多的时间去处理最重要的问题,因为解决了最重要的问题才会使工作有较大的起色,不要使自己整天忙于琐碎的事务。

任务二 领导行为基础

【任务情境】

美国国民捷运航空公司的兴衰

美国从 20 世纪 70 年代末起,经济开始衰退,美元汇率下跌,从 1973 年中东国家发起石油禁运以来,油价的上涨给航空业带来了沉重的打击,1982 年美国成立“专业空运管理组织”(PATCO)后,出现了强硬的罢工势力,而里根政府又下令解雇罢工者,使劳资双方矛盾恶化。这一切事件使整个航空业出现了困难重重的不利局面,正如民航局主席麦克钦所说:“即使想象力再丰富,谁也不会想到这么多的不利因素会同时出现。”因此,当时有不少航空公司,如布兰利夫航空公司、大陆航空公司等都曾提出破产申请。

但即使在那凄惨的年代，于1981年新成立的国民捷运航空公司，却在短短几年内迅速成长起来，并且蓬勃发展，到1984年就有能力收购边疆航空公司而成为美国第五大航空公司。对于该公司经营成功的直接原因，按总经理马丁的说法，是由于该公司能保持低成本，一方面是它选用低成本的飞机和低收费的机场；另一方面是提高员工和飞机的生产率。而后者之所以成功，是因为其采用了该公司创办人兼董事长伯尔所倡导的管理风格：既严格督导，又富有人情味，使整个公司充满一种同舟共济的大家庭气氛。该公司充满有干劲的年轻人，他们的薪资很低，如驾驶员第一年薪资仅4万美元，比其他航空公司的资深售票员还低。公司员工不参加工会，他们经常依工作需要而交叉变换工作，飞机驾驶员有时兼售票员，售票员有时去搬运行李，甚至高阶层主管从董事长伯尔开始也要到各个岗位去学习业务，有时还得负责调度员与行李处置员的工作；公司不雇用任何秘书，通常也不解雇员工，“铁饭碗”几乎成了不成文的规定。公司鼓励员工参与管理，让大家对经营管理工作多提意见与建议。公司还要求每个员工按折扣价格购买公司的100股股票，使之成为与公司利害攸关的股东，许多资深员工，往往已积累了超过5万美元价值的股票。另外，伯尔还是一个“鼓动家”，他经常鼓励员工：“要成为胜利者，就需要有卓越的才能——当一位能干人。”

但是好景不长，1984年，合并边疆航空公司后9个月，捷运公司就亏损了7 000万美元。为了适应规模扩大的局面，并扭转亏损的形势，伯尔带头改变了由他自己倡导的管理风格，而逐渐向其他大公司传统官僚制管理风格看齐，他不仅不愿多倾听员工的意见，甚至对提意见的人施加压力，直至解雇。连向伯尔建议实行终身雇佣制的执行董事杜博斯也被解雇，董事帧蒂也因不满公司的新规定而主动辞职，她自己创办了“总统航空公司”，并沿用了捷运航空原来的管理风格。

伯尔后来改变了管理风格，但捷运航空仍难逃厄运，公司仍每况愈下，公司股价不断下跌，直到1986年捷运航空被卖给德萨航空公司，每股股票市价只为1983年公司最盛时期股票市价的1/4左右。捷运公司员工之所以接受很低的薪资，是因为他们希望公司昌盛，以便从所持的公司股票的升值和高额股利中得到补偿，可是如今股价暴跌，员工自然失去信心。最后，捷运航空公司被并入大陆航空公司。

思考：管理者在不利的环境下可以发挥多大的作用？如果你是公司的管理者，应当如何发挥作用？

【理论学习】

一、领导职能概述

（一）领导的含义

领导就是指挥、带领、引导和激励下属为实现组织目标而努力的过程，是管理的一项基本职能。到底“什么是领导”，国外学者提出了各种不同的意见。如美国学者拉尔夫·M.斯托格迪尔1950年提出，领导是对组织内群体或个人施加影响的活动过程。美国管理学者乔治·R.特里1960年提出,领导是影响人们自动为群体目标而努力的一种行为。美国学者约翰尼·L.罗伯茨等认为,领导是在某种条件下,经由意见交流的过程所产生的一种为了实现某种目标的影响力。美国管理学者基思·戴维斯则认为,领导是一种说服他人热心于一定目标的能力。

从管理职能的角度出发,所谓领导就是指挥、带领、引导和鼓励下属员工为实现目标而努力的过程。

综上所述,领导的内涵包括以下四个方面的内容:

①领导的本质是影响力。影响力泛指一切能够改变团体或个人的行为力量。领导过程既是领导者运用职权进行指挥的过程,又是领导者凭个人的人格魅力和影响力,吸引、指导和激励下属员工去实现组织目标的过程。

②之所以产生领导和被领导关系,是因为权力在领导者和被领导者之间的分配是不平等的。就是说,领导者拥有相对强大的权力,可以影响组织中其他成员的行为;而组织中的其他成员却没有这样的权力,或者说,所拥有的权力并不足以改变其被领导的地位。

③领导者一定要有下属或追随者,即被领导者。领导者必须与团体其他成员构成领导和被领导关系。

④领导具有目的性。就是说,领导影响下属员工是为了达到这样的效果:使下属心甘情愿并满怀热情地为实现群体的目标而努力,与下属员工共同达成组织或群体的目标。

【案例】

领导的比喻

三个比喻有助于描绘领导的角色:设计者、管家和教师。

作为设计者的领导。什么是领导一次远洋航行的最重要的角色?是下命令的船长吗?是指引方向的领航员吗?是提供动力使船前进的工程师吗?也许最重要的角色是设计者。即使有了命令、方向和动力,如果船不工作也不会到达目的地。设计者创造一个工作的组织,这个角色始于建立组织的愿景、价值观和宗旨,同时创造一种环境,在此人们能成功地完成他们的工作,并有效率地共同完成目标。

作为管家的领导。管家是指一个领导有责任照顾信任他的组织。好的领导对目的与责任有很深的理解,并成为愿景的管家。领导者委婉地解释他们如何做、做什么,为何组织需要成长,为何组织的发展是一个更大目标的一部分,他们让人们相信他们的组织是一个给社会带来信息和变革的工具。他们把个人和普遍的意图带入组织,带入人们的生活。

作为老师的领导者。老师帮助人们丰富并完善对世界的看法,赫曼·米勒公司前首席执行官马科斯·德·普利说:"领导者的第一责任就是定义现实。"作为老师的领导者,帮助人们了解变化的来源,帮助他们学习,鼓励他们找寻真相。

(二)领导的作用

一般来说,领导的作用主要体现在以下几方面:

1.指挥作用

马克思曾指出，一切规模较大的直接社会劳动或共同劳动，都或多或少需要指挥，以协调个人的活动，并执行生产总体的运动（不同于这一总体的独立器官的运动）所产生的各种一般职能。一个单独的提琴手是自己指挥自己，一个乐队就需要一个乐队指挥。可见，在人们的集体活动中，需要头脑清晰、胸怀全局，能高瞻远瞩、运筹帷幄的领导者，帮助人们认清所处的环境和形势，指明活动的目标和达到目标的途径。

2.协调作用

随着社会分工的不断细化，我们对协调的要求也越来越高。科学合理的组织结构、严格的规章制度、有效的控制手段是保证组织有效运转的基础。但要想使组织运转高效率、和谐一致，还有赖于组织人员的协调、配合。组织内员工的工作效率既取决于规章制度的约束，还有赖于个人的思想、情绪、态度。领导职能的协调作用就是通过创造、设计和保持良好的工作环境氛围，使下级心情舒畅、精神愉快，以饱满的热情，全身心投入到工作中，努力与人合作，愉快地去完成工作任务，实现组织目标。一般而言，在许多人协同工作的集体活动中，即使有了明确的目标，但因组织中每个成员的岗位背景、理解能力、工作态度、进取精神、工作作风及气质性格等方面的不同，加上外部各种因素的干扰，人们在思想上产生各种分歧，行动上出现偏离目标的现象是不可避免的。因此就需要组织的领导者来及时协调组织内外成员之间的关系和活动，使组织内部能形成合力，外部形成张力，以便更好地实现组织目标。

3.激励作用

个体行为是由需要和动机决定的。领导者要把职工的积极性、创造性完全激发出来，就必须设置能满足其需要、激发其动机的组织目标。一般情况下，个体目标与组织目标是不完全一致的，领导者的责任就是将组织目标的实现与满足个人需要的目标统一起来，创造一种组织环境使员工加强对组织目标的认同感，从而提高员工接受和执行目标的自觉程度。作为组织的领导者，其要根据每个员工的具体情况，采用适当的激励方式，使员工始终保持积极的工作热情，最大限度地调动他们的工作积极性，努力实现组织目标。这就需要领导者了解被领导者的需要结构层次，不断有计划地确定不同时期的激励目标，不断发掘和激励员工进取的动力。

4.凝聚作用

组织是由人组成的，员工的士气、工作热情、团队精神需要领导者去引导、去凝聚，通过领导方式、管理方法和领导艺术，调动下级的工作情绪，使其保持持续的热情和高昂的士气。特别是当遇到困难和挫折，员工的士气低落时，领导职能的凝聚作用更显重要。领导要引导下级正确、全面地认识形势，树立克服困难的信心和勇气，增强自信心，勇敢面对困难，找出解决矛盾和问题的方法，团结一致共渡难关，为最终实现组织的目标作出贡献。领导职能的凝聚作用应通过领导者个人的高尚品质、非凡的能力和领袖魅力，赢得员工的崇敬、尊敬、信任、爱戴和忠诚，从而赢得员工的信赖和支持，达到同心同德、众志成城的目的。

【案例】

美国西南航空公司的领导方式

美国西南航空公司，创建于1971年，当时只有少量顾客和一小群焦急不安的员工，现在已成为美国第六大航空公司，拥有1.8万名员工，服务范围已横跨美国22个州的45个大城市。

一、总裁用爱心管理公司

现任公司总裁和董事长的赫伯·凯勒，是一位具有传奇色彩的创办人，他用爱心建立了这家公司。LUV既是他们在纽约上市股票的标志，也是美国西南航空公司的精神。这种精神从公司总部一直影响到公司的门卫、地勤人员。

当踏进美国西南航空公司总部大门时，你会感受到一种特殊的氛围。一个巨大的、敞顶的三层楼高的门厅内，展示着公司历史上值得纪念的事件。当你穿越欢迎区域进入把办公室分列两侧的长走廊时，你会沉浸在公司为员工举行庆祝活动的氛围中，这里布置着数百幅配有镜架的图案，包含成千上万张员工的照片，歌颂内容有公司主办的晚会和集体活动、社区节目等，早期员工们的一些工艺品，连墙面到油画也巧妙地穿插在无数图案中。

二、透明的管理

如果你要见总裁，只要他在办公室，你就可以直接进去，不用通报，也没有人对你说："不，你不能见他。"

每年举行两次的"新员工午餐会"，领导和新员工们会直接见面，保持联系。领导向新员工提些问题，例如："你认为公司应该为你做的事情都做到了吗？""我们怎样才能把西南航空公司办得更好些？""我们怎样才能做得更好？"员工们的每一个问题，在30天内必须得到答复。一些关键的数据，包括每月载客人数、公司季度财务报表等员工们都能知道。

"一纸会谈会"是一个全日性的会议，专为那些在公司里已工作了十年以上的员工而设。会上副总裁们对自己管辖的部门先进行概括介绍，然后公开讨论。题目有："你对西南航空公司感觉如何？""我们应该如何使你前进并保持动力和热情？""我能回答你一些什么问题呢？"

三、领导是朋友又是亲人

当你看到一张张赫伯和员工们一起拍的照片时会发现，他从不站在"C位"，总是在群众当中。赫伯要每个员工都知道他不过是众员工之一，是企业合作人之一。

上层经理们每季度必须有一天参加第一线实际工作，担任订票员、售票员或行李搬运工等。"行走一英里计划"安排每年一天去其他营业区工作，以便了解不同营业区的情况。旅游鼓励了员工们参加这项运动。

为了让员工们对学习公司财务情况更感兴趣，西南航空公司每12周给每位员工寄去一份"测验卡"。其中有一系列财务问题，答案可以在同一周的员工手册上找到，凡是填写了测验卡并寄回全部答案的员工都登记在册，他们有可能得到免费旅游的奖励。

这种爱心精神在美国西南航空公司内部闪闪发光，正是依靠这种精神，当整个行业在赤字中徘徊时，他们连续22年有利润，创造了全行业个人生产率的最高纪录。1999年有16万人前来申请工作，人员调动率低得令人难以置信，连续三年获得国家运输部门的“三冠王”，表彰他们在航行准时、处理行李无误和客户意见至少三方面取得的最佳成绩。

思考：美国西南航空公司的领导方式有什么特点？

（三）领导和管理

一般而言，领导是管理的四大主题活动之一，但如果一个管理者仅仅精于计划、组织与控制，他可能是一个无效的领导者。从本质上说，管理是管理者依据法定职权规定下属的工作方向和方式，对其工作过程进行计划、组织、协调和控制的活动，而领导则是领导者运用权力和影响力引导下属为实现目标的过程，两者的差异主要在于其作用基础不同。因此，在企业组织中，当一个人仅仅利用职权的合法性采用强制手段命令下属员工工作时，充其量只是管理者，而不是领导者；只有当他在行使法定职权的同时，更多地依靠自身的权力和影响力指挥并引导下属员工，才可能既是管理者，又是领导者。显然，卓越的领导能力是成为有效的管理者的重要素养之一。领导者和管理者的行为关系如图4-2所示：

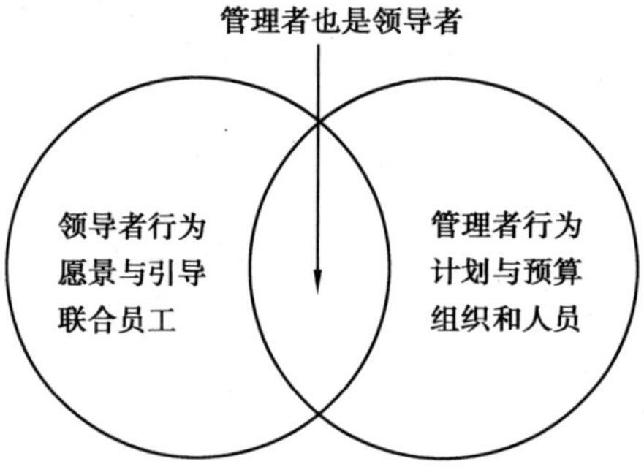

图4-2 管理者与领导行为关系

二、领导理论和领导艺术

人们对于领导及其效能的研究，有着各种各样的理论，大体上说，有关领导的理论可以分为以下几类：

（一）性格理论

长期以来，西方国家的管理学者们，一直把领导者的各种个人性格和特征作为描述和预测其领导成效的标准。这种研究试图区分领导者和一般人的不同特点，并以此来解释他们成为领导者的原因，这就是所谓的性格理论，也就是研究怎样的人才能成为良好的、有效的领导者。

领导性格理论是一类有关领导问题的理论，这种理论认为有效的领导者可以从领导者个人的性格中识别。

1.斯托格第的领导者品格理论

斯托格第通过调查，总结出领导者的品格，包括：

①五种身体特征：精力、外貌、身高、年龄、体重；

②两种社会特征：社会经济地位、学历；

③四种智力特征：果断性、语言流利、知识广博、判断分析能力；

④十六种个性特征：适应性、进取心、热心、自信、独立性、外向、机警、支配、有主见、急性、慢性、见解独到、情绪稳定、作风民主、不随波逐流、智慧；

⑤六种与工作有关的特征：包括责任感、坚持、首创性、毅力、事业心、关心他人；

⑥九种社会特征：能力、合作、声誉、人际关系、老练程度、正直、诚实、权力的需要、与人共事的技巧。

2.吉赛利的八种个性特征和五种激励特征

美国管理学家吉赛利在其《管理才能探索》一书中，研究的八种个性特征和五种激励特征。

个性特征：

①才智：语言与文辞方面的才能；

②首创精神：开拓新方向、创新的愿望；

③督察能力：指导别人的能力；

④信心：自我评价较高；

⑤适应性：为下属所亲近；

⑥决断能力；

⑦性别（男性或女性）；

⑧成熟程度。

激励特征：

①对工作稳定的需求；

②对金钱奖励的需求；

③对指挥别人的权力需求；

④对自我实现的需求；

⑤对事业成就的需求。

吉赛利的这些性格的研究，由于具有严密的科学性而受到尊重。他的研究结果指出了这些个性特征的相对重要性，表4-2为他研究的总结。

表4-2 领导个性特征价值表

重要程度	重要性价值	个人特征
非常重要	100	督查能力
	76	事业心，成就欲
	64	才智
	63	自我实现欲
	62	自信
	61	决断能力

续表

重要程度	重要性价值	个人特征
中等重要	54	对安全保障的需要少
	47	与下属关系亲近
	34	首创精神
	20	不要高额金钱报酬
	10	权力需要高
	5	成熟程度
最不重要	0	性别(男性或女性)

注:重要性价值为 100=最重要,0=没有作用。

需要说明的是:才智和自我实现对于取得成功关系重大;指挥别人的权力概念并不是很重要;督察能力基本上是指运用管理职能来指导下级的能力;性别这一特征与管理成功与否没有多大关系。

事实上,性格理论所涉及的身体特征、才智和个性对管理成功的影响不是绝对重要的。其中大多数实际上也只不过是人们对于某一个领导者,特别是一个从事上层领导工作的领导者的期望。

1940 年以来,这类利用领导者个人性格或个性特征来解释或预测领导效能的理论,逐渐被人们放弃。理由是:它们忽略了被领导者的地位和影响作用。事实上,一个领导者能否发挥其领导效能,会因被领导者的不同而不同;领导者的性格特征内容过于繁杂,且随不同情况而变化,难以寻求由此获得成功的真正因素;难以探索领导者所有性格特征彼此间的相对重要性;各种有关实证研究所显示的结果相当不一致。

(二)三种领导方式理论

领导特质理论没有显著和令人信服的研究结果,人们发现领导才能与追随领导者的意愿都是以领导方式为基础的,所以许多人开始将研究从领导者的内在特征转移到外在行为上,这就产生了领导行为理论。领导行为理论认为,依据个人的行为方式可以对领导进行分类,人们认为,如果领导的行为有一个合理的分类,区分出有效领导行为与无效领导行为,就可以通过行为训练使人们成为领导者。

心理学家勒温在实验研究的基础上,按权力定位把领导者的领导作风划分为专制式、民主式和放任式三种基本类型。

专制式亦称专权式或独裁式,这类领导者是由个人独立做出决策,然后命令更改予以执行,并要求下属不容置疑地遵从其命令。该领导行为的主要特点是:个人独断专行,从不考虑别人的意见,组织的各种决策完全由领导者本人独自做出;除了工作命令,从不把更多的消息告诉下属员工,下属员工没有任何参与决策的机会,只能奉命行事;领导者预先安排一切工作内容、程序和方法,下属员工只能服从;主要靠行政命令、纪律约束、训斥惩罚来维护领导者的权威,很少或只有偶尔的奖励;领导者与下属员工保持相当的心理距离(表 4-3)。

表 4-3 专制式领导适用情况

适用于专制式的情况	不适用于专制式的情况
* 面对未经培训,对工作一无所知的新员工时 * 时间紧,任务重时 * 工作量很大,决策时间有限时 * 权力面对挑战时 * 面对一个管理不善的部门时	* 员工希望管理层听取他们的意见时 * 员工需要经理帮他们拿主意时 * 员工士气低落时

【案例】

专制的领导

某物流公司正处于危机之中,其货运量与利润在不断的下滑,股票市值一落千丈,股东一片哗然。为此董事会聘请了一位新的 CEO,此人以扭转困境的能力而闻名。该 CEO 采用的就是专制式领导风格,上任之后就开始大力裁员,出售分部,做出了本应几年前就该实施的决定。最后,公司得救了,至少在短期内度过了危机。但好景不长,由于他实行的是“恐怖统治”,威逼、贬低手下的管理人员,对他们工作中的一丁点儿错误都大发雷霆。他的乖张暴戾导致了众叛亲离,公司的最高管理层最后几乎瓦解。他的直接下属员工因为害怕将坏消息告诉他而挨骂,不再向他提供任何坏消息。员工的士气是有史以来最低落的,公司在短暂的复苏后又再次陷入困境。最后,公司董事会不得不将他罢免。

思考:公司新聘请的 CEO 管理方式有何特点?

在民主式领导风格下,领导者在采取行动方案或做出决策之前会主动听取下属员工意见,或者让下属员工参与决策的过程。例如,民主式的销售经理往往允许并要求销售员参与制订销售目标,而专制式的销售经理则仅仅向各销售员分配指标。民主式领导行为的主要特征是:领导者在做出决策之前通常都要同下属磋商,得不到下属的一致同意不会擅自采取行动;分配工作时,会照顾到组织每个成员的能力、兴趣和爱好;对下属员工工作的安排并不具体,个人有相当大的工作自由度,有较多的选择性与灵活性;主要运用个人的权力和威信,而不是靠职位权力和命令使人服从;领导者积极参加团体活动,与下属员工没有距离感(表 4-4)。

表 4-4 民主式领导适用情况

适用于民主式的情况	不适用于民主式的情况
* 涉及员工利益时 * 希望培养员工高度自我发展意识和职业满足感时 * 希望鼓励团队建设或参与精神时 * 面对复杂问题需要员工帮助时 * 拥有一批技术熟练、经验丰富的员工时	* 时间紧迫时 * 经理自己决策更简单、更有效时 * 员工安全生产的关键期时 * 民主环境对自己有威胁时

【案例】

玛丽修女

玛丽修女在一个大都会教区负责管理天主教学校,其中有所学校位于贫民区,是当地唯一一所私立学校。这所学校多年来入不敷出,教区无法维持下去。最后玛丽修女接到了关闭学校的命令,但她并没有直接关闭了事。

她召集学校所有教职员工开会,讲了学校财政危机的种种细节,学校的教职员工还是第一次了解到学校的运营情况。玛丽修女征集大家的意见,讨论用什么方法使学校维持下去,如果最后不得不关闭,应该如何妥善处理。玛丽修女在会上的大部分时间都在倾听大家的意见,后来她还召开了学生家长会、社区会议以及学校教职员工系列会议,也是如此。会议召开之后的两个月,大家达成了关闭学校的共识。他们制订好计划,把原有学生转到其他天主教学校。这个结果与玛丽修女接到命令后直接关闭学校实际并没有什么不同,但玛丽修女允许与学校有关的各方共同作出决定,因此关闭学校没有遇到任何阻力。虽然大家不舍得关掉学校,但他们都能理解,最后没有人提出异议。

我们在研究中还接触到一位掌管另外一所天主教学校的神父,他同样接到关闭学校的命令,但他的经历与玛丽修女形成了鲜明对比。这位神父接到命令后果断照做了,结果很糟糕,学生家长提起诉讼,老师和家长组成纠察队护校,当地报纸发表社论抨击神父的决定。这位神父历时一年才解决纷争,最后关闭了学校。

思考:玛丽修女的管理方式有何特点?

放任式领导的主要特点是:极少运用其权力影响下属员工,而是给予下属员工高度的独立性,以致达到放任自流的程度(表 4-5)。

表 4-5　放任式领导适用情况

适用于放任式的情况	不适用于放任式的情况
* 拥有技术熟练、有经验、有知识的员工时 * 员工有责任心,有工作自豪感,有成功完成工作的愿望时 * 聘用外来专家,如顾问、培训师时 * 员工忠诚可靠,富有经验、可信赖等时	* 员工需要经理在身边给予支持时 * 员工需要经理及时反馈才能做出决定时 * 不能对员工的出色工作进行表彰时 * 经理不清楚工作目标而信赖员工的决定时

【案例】

公元前 194 年,西汉政府废除了诸侯国设相国的法令,改命曹参为齐国丞相。曹参不耻下问,为了把齐国建设好,他听闻胶西有位盖公,精研黄老学说,于是厚礼请教盖公如何治理齐国。盖公提出了四字管理方针——“无为而治”。无为而治是道家的基本思想,也是其修行的基本方法。无为而治的思想首先是由老子提出来的,老子认为天地万物都是由道化生的,而且天地万物的运动变化也遵循道。老子在《道德经》第二十五章中说:"人法地,地法天,天法道,道法自然。"曹参当齐国丞相九年,齐国安定,被公众称为贤明的丞相。

公元前193年,萧何辞世,曹参得到西汉中央政府的任命,接替萧何担任齐国总理。为了彻头彻尾地落实"无为而治"的思想,曹参做了几件典型的事情:一是任齐国丞相后嘱咐,"以齐狱市为寄,慎勿扰也"。二是遵循萧何制定的法度,按部就班,不做任何变革。三是招募、甄选质朴而不善文辞的厚道人任总理的下属官吏,解聘或淘汰舞文弄墨、追求名利的员工。四是请来劝说的官吏与宾客喝酒,阻止他们干涉自己的"无为而治"。五是与官吏们同欢同乐,打成一片。六是曹参见别人有细小的过失,总是隐瞒遮盖,隐恶扬善。曹参总是给出限定条件,要求下属官吏群体自己作出决策。允许下属在监督者给定的条件下执行职能。曹参对下属采取关怀的情感表现与关系程度。这种关怀是取得领导者与被领导者相互信任以及尊重员工们的想法、意愿与感觉的基础上体现出来的工作任务关系深度。

曹参的自由放任式领导风格,使皇帝汉惠帝内心产生不满情绪,认为曹参不管理国家事务。其让曹参的儿子、任中大夫的曹窋去劝告一下曹参,曹参不但不听劝,还打了儿子200板子。汉惠帝召曹参入宫,责备他说:"与窋胡治乎?乃者我使谏君也。"参免冠谢曰:"陛下自察圣武孰与高帝?"上曰:"朕乃安敢望先帝乎!"曰:"陛下观臣能孰与萧何贤?"上曰:"君似不及也。"参曰:"陛下言之是也。且高帝与萧何定天下,法令既明,今陛下垂换,参等守职,遵而勿失,不亦可乎?"惠帝曰:"善。君休矣!"其意为:"你为什么要处罚你的儿子曹窋,他是受我的命令去劝说你的。"曹参脱帽谢罪说:"请陛下自己仔细考虑一下,在圣明英武上您和汉高祖刘邦谁强?"汉惠帝说:"我怎么敢跟先帝相比呢!我不及父亲的十分之一。"曹参又说:"陛下看我和萧何谁更贤能?"惠帝说:"你好像不如萧何。"曹参说:"陛下说的这番话非常正确。高帝刘邦与萧何平定了天下,法令已经明确,如今陛下垂衣换手,我等谨守各自的职责,遵循原有的法度而不随意更改,不就行了吗?"最高权力者汉惠帝终于提升了认知能力,了解了曹参的管理模式是"无为而治",以"无为而治"为基础,给予民众休养生息,做到不扰民、不劳民,从而达到"国家大治"。汉惠帝认同了这种管理模式与方法,欣赏曹参自由放任式的领导风格,赞许了丞相,让曹参好好休息。

曹参作为汉朝丞相,极力主张清净无为的管理方式,这完全符合道家的学说。西汉百姓在遭受秦朝的残酷统治以后,曹参给予他们休养生息的时间与机会,所以天下人都称颂他的美德。

思考:曹参的管理方式有何特点?

领导方式的这三种基本类型各具特色,适用于不同的环境。领导者要根据所处的管理层次、所承担的工作以及下属员工的特点,在处理不同的问题时,针对不同的下属员工,选择合适的领导方式。

(三)领导的生命周期理论

领导生命周期理论(Situational Leadership Theory)是由科曼首先提出,后由保罗·赫西和肯尼斯·布兰查德予以发展的领导生命周期理论,也称情景领导理论,这是一个重视下属的权变理论。赫西和布兰查德认为,依据下属的成熟度选择正确的领导风格就会取得领导的成功。该理论也是以俄亥俄州立大学的领导行为四分图理论为依据,并与阿吉利斯的"不成熟——成熟"理论相接近,是一个三维结构的领导有效性模型。成熟度定义为:个体对自己的直接行为负责任的能力和意愿。它包括两个要素,即工作成熟度与心理成熟度。前者包括一个人的知识和技能。工作成熟度高的个体拥有足够的知识、技能和经验完成他们的工作任务,而不需要他人的指导。后者指的是一个人做某事的意愿和动机。心理成熟度高的个体不需要太多的外部激励,他们主要靠内部动机激励。

下属员工的成熟程度不是指年龄和生理上的成熟,而是指心理上的成熟程度(自觉自愿工作的积极性和主动性)和工作上的成熟程度(业务能力的大小),按照这两个方面,下属员工的成熟程度可以分为四个阶段:

第一阶段:这些人对于执行任务既无能力又不情愿,他们既不胜任工作又不能被信任。

第二阶段:这些人缺乏能力,但愿意执行必要的工作任务。他们有积极性,但目前尚缺乏足够的技能。

第三阶段:这些人有能力,却不愿意干领导者希望他们做的工作。

第四阶段:这些人既有能力又愿意干领导者让他们做的工作。

领导的生命周期理论使用的两个领导维度与菲德勒的划分相同,即工作行为和关系行为。但是,赫西和布兰查德更向前迈进了一步,他们认为每一维度有低有高,从而组成四种具体的领导风格(图4-3)。

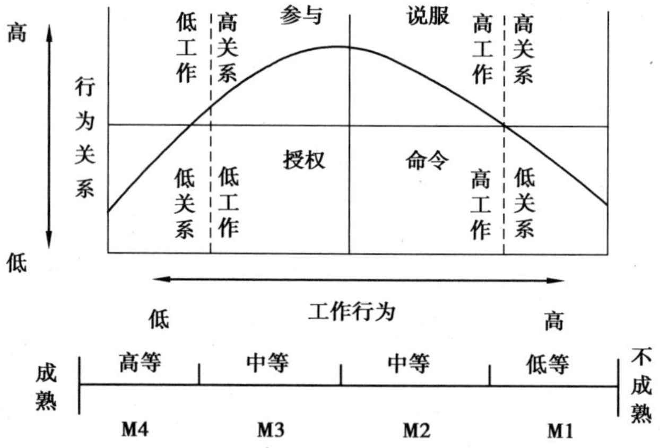

图4-3 领导生命周期

1.命令型领导方式(高工作—低关系)

在这种领导方式下,由领导者进行角色分类,并告知人们做什么,如何做,何时、何地去完成不同的任务。它强调指导性行为,通常采用单向沟通。

2.说服型领导方式(高工作—高关系)

在这种领导方式下,领导者既提供指导性意见,又提供支持性行为。领导者除向下属员工布置任务外,还与下属员工共同商讨工作,比较重视双向沟通。

3.参与型领导方式(低工作—高关系)

在这种领导方式下,领导者极少进行命令,而是与下属员工共同进行决策。领导者的主要作用就是促进工作的进行和沟通。

4.授权型领导方式(低工作—低关系)

在这种领导方式下,领导者几乎不提供指导或支持,通过授权鼓励下属员工自主地做好工作。

图 4-3 概括了情景领导模型的各项要素。当下属的成熟水平不断提高时,领导者不但可以不断减少对下属员工行为和活动的控制,还可以不断减少关系行为。在第一阶段(M1),需要得到具体而明确的指导;在第二阶段(M2),领导者需要采取高工作—高关系行为,高工作行为能够弥补下属能力的缺陷,高关系行为则试图使下属在心理上“领会”领导者的意图;对于第三阶段(M3)中出现的激励问题,领导者运用支持性、非领导性的参与风格可获得最佳解决;在第四阶段(M4),领导者不需要做太多事,因为下属员工愿意做事又有能力担负责任。

【案例】

用领导生命周期理论分析李御宝的领导风格

国内某大型广告公司李御宝经理年富力强,有较低的模糊耐受性,倾向于关注任务和技术本身,有一种控制和影响他人的驱动力。手下有四员干将:刘紫悦,香港名牌大学工商管理硕士,性格偏外向,精通管理,追求业绩,责任感强,自我控制能力高,有 2 年行业实践经验;张志刚,大连理工大学应届毕业生,性格较内向,行业经验偏少,但刻苦上进,独立工作能力与适应能力强,有进取心,事业心强,肯钻研,善创新,经过不到半年的锻炼已经在岗位上取得了卓越的成绩;王小倩,下属分公司借调来的市场需求分析员,性格外向,有 2 年工作经验,喜欢合作与沟通,人际关系好;陈志斌,浙江大学美术学院毕业生,性格内向,不善交际,有 5 年工作经验,业务能力一流,比较自负,工作积极性不高。目前,公司业务不断扩大,组织部门经研究决定扩大该广告公司规模,决定从李御宝经理的下属优秀员工中挑选合适的人。

思考:请运用领导者生命周期理论,分析李御宝经理 4 名下属各属于哪种类型的领导风格?

(四)管理方格理论

管理方格理论(Management Grid Theory)是由美国得克萨斯州立大学的行为科学家罗伯特·布莱克和简·莫顿提出的。管理方格图的提出改变了以往各种理论中“非此即彼”式(要么以生产为中心,要么以人为中心)的绝对化观点,指出在对生产关心和对人关心的两种领导方式之间,可以进行不同程度的互相结合。

管理方格理论是研究企业的领导方式及其有效性的理论,这种理论倡导用方格图表示和研究领导方式。他们认为,在企业管理的领导工作中往往出现一些极端的方式,或者以生产为中心，或者以人为中心，或者以 X 理论为依据而强调靠监督，或者以 Y 理论为依据而强调相信人。为避免走极端，克服以往各种领导方式理论中的“非此即彼”的绝对化观点，他们指出：在对生产关心的领导方式和对人关心的领导方式之间，可以有使两者在不同程度上互相结合的多种领导方式。为此，他们就企业中的领导方式问题提出了管理方格法，使用自己设计的一张纵轴和横轴各 9 等份的方格图，纵轴和横轴分别表示企业领导者对人和生产的关心程度。第 1 格表示关心程度最小，第 9 格表示关心程度最大。全图总共 81 个小方格（图 4-4），分别表示“对生产的关心”和“对人的关心”这两个基本因素以不同比例结合的领导方式。

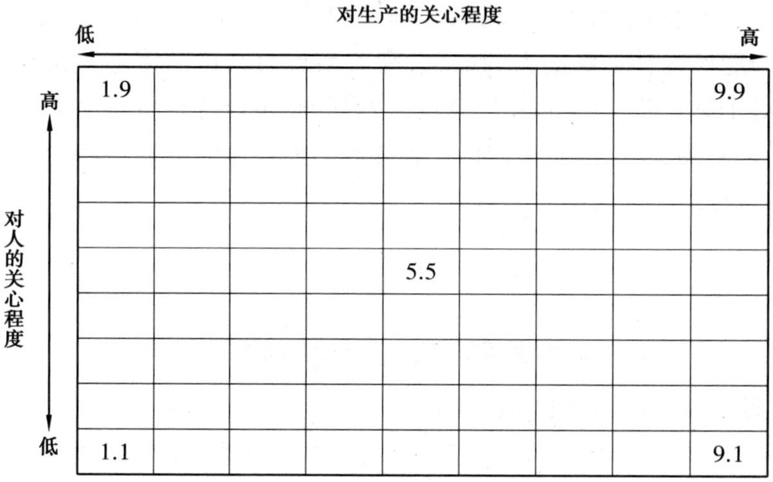

图 4-4　管理方格

根据企业管理者“对生产的关心”和“对人的关心”程度的组合，可以将领导分为五种类型：

①贫乏的领导者：对生产和对人关心都少，实际上，他们已放弃自己的职责，只想保住自己的地位。

②俱乐部式领导者：对生产关心少，对人关心多，他们努力营造一种人人得以放松，感受友谊与快乐的环境，但对协同努力以实现企业的生产目标并不热心。

③小市民式领导者：既不偏重于关心生产，也不偏重于关心人，风格中庸，不设置过高的目标，能够得到一定的士气和适当的产量，但不是卓越的。

④专制式领导者：对生产关心多，对人关心少，作风专制，他们眼中没有鲜活的个人，只有需要完成任务的员工，他们唯一关注的只有生产目标。

⑤理想式领导者：对生产和人都很关心，对工作和人都很投入，在管理过程中把企业的生产需要同个人的需要紧密结合起来，既能带来生产力和利润的提高，又能使员工得到事业上的成就与满足。

【案例】

副总家失火以后

小张是一家物流公司的业务副总，某次他在外出差时家里失火了，他接到妻子电话后，连夜火速赶回家。第二天一早去公司向老总请假，说家里失火要请几天假安排安排。按理说，也不过分，老总却说："谁允许你回来的？你要马上出差，如果你下午还不走，我就免你的职。"小张很有情绪，无可奈何地从老总办公室里出来后又马上出差去了。

老总听说小张已走，马上把党政工团负责人都叫了过来，要求他们分头行动，在最短时间内，不惜一切代价减少小张家里的损失，把家属安顿好。

思考：请运用管理方格理论，分析这家公司老总属于哪种类型的领导风格？

【项目任务】

领导力培养——战地野炊

训练目标：

1.培养学生的领导力与执行力；

2.培养学生合理分工的能力；

3.提高学生的创新意识与团队意识。

道具：活鸡一只、活鱼一条、各种蔬菜、调料等。

步骤：

1.将全班分成10人一组，共5组，每组分别选出一名组长；

2.由小组组长分配任务，如捡柴烧火、处理鸡鱼（抓鸡、杀鸡和杀鱼）、整理菜料（摘菜、切菜）、烹饪等，过程中注意分工的合理性；

3.考察小组成员的执行能力，是否分工进行工作；

4.善用有限的资源，解决小组全体成员的就餐问题；

5.在规定时间内，完成所有食物的制作。

任务评价与反馈：

1.每组选择一道本组代表菜参与比赛，由教师和全体队长对菜品进行评分；

2.得分最高者获胜，获得最佳厨师奖；

3.根据团队的表现，评出最佳团队奖，获奖团队可以挑选其他团队的任意菜品作为自己团队的食物。

【课外拓展】

领导者与管理者的区别

管理者	领导者
正确地做事情	做正确的事情
安于现状,忙于行政管理	挑战惯例,寻找新的途径
需要管理制度加以规范	使人心悦诚服
强调的是效率	强调的是结果
接受现状	强调未来的发展
注重系统	注重人
强调控制	培养信任
运用制度	强调价值观和理念
注重短期目标	强调长远发展方向
强调方法	鼓励员工进行变革
要求员工服从标准	运用个人魅力
运用职位权力	勇于冒险
避免不确定性	
等待机会的到来	让机会出现
仔细看管一切	创造成长
考虑如何把一件事做对做好	考虑一件事是不是对的
考虑一件事是否紧急	考虑一件事是否重要
考虑是否以最快的速度来实行	考虑做事的方向是不是对的
担心事情不能低于怎样的底线	在乎事情能达到怎样的上限
考虑用先进方法来完成任务	考虑做一件事情的目的是否有意义
讲究方法的实用性	讲究原则
通晓如何在一个现有系统中实施各种操作	创造一种新系统、新秩序的人
更在意怎样加快晋升的速度	在展望未来时,考虑哪些是有前途的
是听话的士兵	是自己的主人
是模仿者	是原创者

任务三　沟　通

【任务情境】

太平洋煤气电力公司

1992 年,因受暴风雪的影响,加利福尼亚州整个北部地区的供电全部中断。太平洋煤气电力公司以前一直采用播放录音回答客户询问的方式介绍整个供电系统的状况,如检修人员在什么地方、检修工作要多长时间等。录音的内容定期更换,反映事件发展变化的情况相当及时。然而,客户还是不断提出意见。而后,该公司改变了这种做法,开始由人工直接答复客户的电话。实际上,无论是及时反映情况,还是提供具体信息,这些专职人员都比不上定期更换内容的录音介绍。但是,该公司的这一做法收到了客户的热情好评!客户所感受到的现实是,值班人员回答时富有同情的口气使顾客能感到一点安慰,而这是录音机所无法做到的。

思考:

你认为太平洋煤气电力公司改善客户服务的情况原因是什么?

【理论学习】

沟通在管理中起着不可忽视的作用。沟通可以实现企业与外部的交流,完成组织者与被组织者的信息传递,搭建领导者与下属之间的感情桥梁,管理者要对人们施加影响,离不开有效的沟通。

一、沟通的目的和特征

沟通是人与人之间、人与群体之间思想与感情的传递和反馈的过程,以求达成思想的一致和感情的通畅,组织的整个管理工作都与沟通有关。

(一)沟通的目的

沟通共有四个目的:

1.控制成员的行为

你的下属员工有没有按照你的意思去做,这件事情不沟通是不会知道的,所以沟通的第一个目的是控制成员的行为。

2.激励员工提升绩效

沟通的第二个目的是激励员工,也就是提升他们的工作绩效。

3.表达情感

何谓情感?在企业管理中,情感指的是工作上的一种满足感或者挫败感。

4.信息流通

沟通可以促进信息的有效流通。

(二)沟通的特征

人与人的沟通具有以下一些特征:

①人与人的沟通主要通过语言(或语言的文字形式)进行;

②人与人的沟通不仅是信息的交流,而且包括情感、思想、态度、观点的交流;

③在人与人的沟通过程中,心理因素有着重要的意义;

④在人与人的沟通过程中会出现特殊的沟通障碍。

二、沟通的过程

沟通过程,是指沟通主体对沟通客体进行有目的、有计划、有组织的思想、观念、信息的交流,使沟通成为双向互动的过程。

综合来看,沟通过程应包括五个要素,即沟通主体、沟通客体、沟通介体、沟通环境、沟通渠道,如图 4-5 所示:

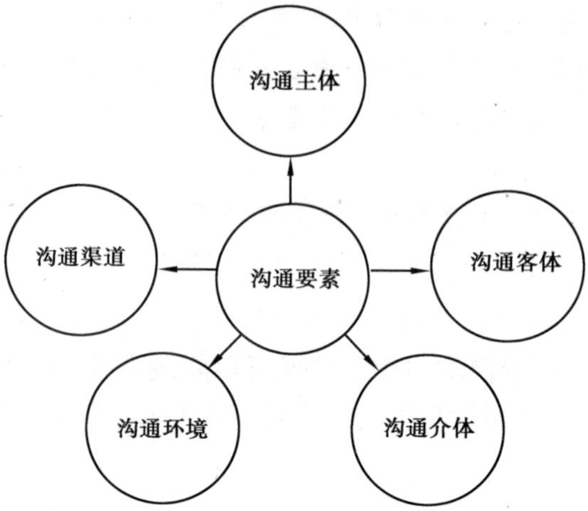

图 4-5　沟通过程的五要素

①沟通主体是指有目的地对沟通客体施加影响的个人和团体,如党、团、行政组织、家庭、社会文化团体及社会成员等。沟通主体可以选择和决定沟通客体、沟通介体、沟通环境和沟通渠道,在沟通过程中处于主导地位。

②沟通客体即沟通对象,包括个体沟通对象和团体沟通对象。团体的沟通对象还有正式群体和非正式群体的区分。沟通对象是沟通过程的出发点和落脚点,因而在沟通过程中具有积极的能动作用。

③沟通介体即沟通主体用以影响、作用于沟通客体的中介,包括沟通内容和沟通方法,是沟通主体与客体间的联系,保证沟通过程的正常开展。

④沟通环境既包括与个体间接联系的社会整体环境(政治制度、经济制度、政治观点、道德风尚、群体结构),又包括与个体直接联系的区域环境(学习、工作、单位或家庭环境等),对个体直接施加影响的社会情境及小型的人际群落。

⑤沟通渠道即沟通介体从沟通主体传达给沟通客体的途径。沟通渠道不仅能使正确的思想观念尽可能全、准、快地传达给沟通客体,还能广泛、及时、准确地收集客体的思想动态和反馈的信息,因而沟通渠道是实施沟通过程、提高沟通功效的重要一环。沟通渠道有很多,如谈心、座谈等。

沟通就是传递信息的过程。在这个过程中至少存在着一个发送者和一个接受者,即发出信息一方和接受信息一方。信息在两者之间的传递过程,一般经历七个环节:

①发送者需要向接受者传递信息或者需要接受者提供信息。这里所说的信息是一个广义的概念,它包括观点、想法、资料等。

②发送者将要发送的信息译成接受者能够理解的一系列符号。为了进行有效的沟通,这些符号必须适应媒体的需要。例如,如果媒体是书面报告,符号的形式应选择文字、图表或照片;如果媒体是讲座,就应选择文字、投影胶片和板书。

③发送的符号传递给接受者。由于选择的符号种类不同,传递的方式也不同。传递的

方式可以是书面的，如信、备忘录等；也可以是口头的，如交谈、演讲、电话等；甚至还可以通过身体动作来表述，如手势、面部表情、姿态等。

④接受者接受符号。接受者根据发送来的符号的传递方式，选择相应的接受方式。例如，如果发送来的符号是口头传递的，接受者就必须仔细地听，否则符号就会丢失。

⑤接受者将接受到的符号译成具有特定含义的信息。由于发送者翻译和传递能力的差异，以及接受者接受和翻译水平的不同，信息的内容和含义经常被曲解。

⑥接受者理解被翻译的信息内容。

⑦发送者通过反馈了解他想传递的信息是否被对方准确地接受。一般来说，由于沟通过程中存在许多干扰和扭曲信息传递的因素（通常把这些因素称为噪声），这使得沟通的效率大大降低。因此，发送者了解信息被理解的程度也是十分必要的。沟通过程中的反馈，构成了信息的双向沟通，沟通的过程如图 4-6 所示。

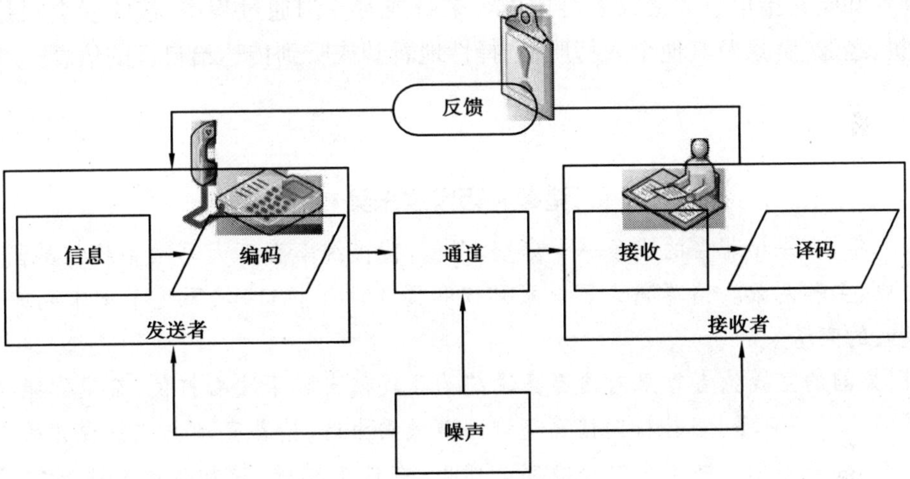

图 4-6 沟通的过程

三、沟通过程中的障碍

人们在沟通的过程中常常会受到各种因素的影响和干扰，使沟通受到阻碍。常见的沟通障碍有语义、过滤、选择性知觉、情绪、文化等。

（一）语义

不同的人对同一词汇会有不同的理解。年龄、受教育程度和文化背景等因素极大地影响着人们的语言风格，影响着人们对于词汇的理解和界定。即使是同一个组织中的不同部门，甚至也会有其独特的“行话”。技术人员惯用的某一个术语，在销售人员听来或许是完全不相干的其他含义。所有的听者对所用的词汇会有同样的理解是一厢情愿的看法。

【案例】

秀才买柴

有一个秀才去买柴，他对卖柴的人说：“荷薪者过来！”卖柴的人听不懂“荷薪者”（担柴的人)三个字,但是听得懂"过来"两个字,于是把柴担到秀才前面。

秀才问他:"其价如何?"卖柴的人听不太懂这句话,但是听得懂"价"这个字,于是就告诉秀才柴的价钱。秀才接着说:"外实而内虚,烟多而焰少,请损之。"(你的木材外表是干的,里头却是湿的,燃烧起来,会浓烟多而火焰小,请减些价钱吧)卖柴的人因为听不懂秀才的话,于是担着柴就走了。

思考:这个故事说明了什么管理学道理?

(二)过滤

过滤指的是人们对信息的故意操纵。组织的层次越多,信息被过滤的可能性就越大。另外,组织的奖励制度会对信息过滤行为产生很大影响。奖励越注重形式和外表,人们就越会有意识地按照上级的偏好来调整和改变信息。

(三)选择性知觉

选择性知觉是指信息的接收者会挑内容来听或看。沟通过程中,接收者会根据自己的需要、动机、经验、背景及其他个人特质,选择性地看到或听到传达给自己的信息。

【案例】

诸葛亮巧辩联东吴

东汉末年,有一场著名的战争——赤壁之战。曹操统率百万大军准备攻打吴国,当时吴国分为主战、主和两派。诸葛亮为了说服孙权和蜀汉联手抗曹军,不远千里来到东吴,企图增加主战派的声势。

这时,吴国的主战论者鲁肃对诸葛亮说:"为了促使孙权下决心打仗,希望你能把曹操的实力说得弱一点。"可是,当孙权向诸葛亮询问曹操兵力时,诸葛亮却说:"据说曹操有一百万的精锐兵力,可是实际上并不止这个数字。所以,在这个时候,求和是比较明智的。"孙权很惊讶地问道:"那为什么兵力比吴国还弱的刘备,敢和曹操打仗呢?"诸葛亮说:"我的主公为了要复兴大汉皇室,所以必须和曹操一战。所谓正义之战,兵力乃是次要的问题。但为了吴国的安全着想,我劝你还是谋和。"听了孔明这番话,孙权也立志要和曹操决一胜负。于是蜀吴两国合力抗曹,终于打胜了赤壁之战,而在历史上写下了辉煌的一页。

思考:这个故事说明什么管理学道理?

(四)情绪

情绪对于信息的发出和接收均具有很大的影响。极端的情绪使人们无法进行客观而理性的思维,从而口不择言、语无伦次,自己都不知道自己说的是什么。就信息的接收者而言,情绪也会影响他对信息的理解。一个人在高兴或痛苦的时候,会对同样的信息产生截然不同的理解。

(五)文化

文化差异会影响管理者的沟通方式,如西方的管理者更偏重于正式的沟通,而在东方文化中非正式的、私下的沟通可能更多。这些差异要是不能被很清楚地认识和对其进行认真的考虑,极有可能成为沟通的障碍。

【案例】

外籍上司与中国下属的职业发展交流

Jason 是一家美资企业派往中国分公司的法籍技术部门经理，近日与具有发展潜力的中国工程师 Michael 进行职业发展交流。

“Michael，我们都看到你在工作上的出色表现，对于自己今后三年的职业发展，你有什么想法吗？”

“是的，我愿意继续从事技术方面的工作，如果亚太区有合适的机会，希望 Jason 可以给予推荐。”

不久，中国籍人力资源经理 Emma 也找到 Michael，和他探讨未来的职业方向，Michael 却表示，目前自己在技术部门的工作还不错，但对市场方面的工作也很感兴趣，如果可以的话，也愿意尝试。

最后，技术部门经理 Jason 与人力资源经理 Emma 坐在一起交流 Michael 的职业发展计划时，发现两个人得到了完全不同的答案。对此，Jason 很是困惑，“如果 Michael 真的这么想，为什么没有直接告诉我呢？如果没有一个明确的奋斗目标或规划，又该如何采取实际行动呢？”Emma 则很释然，他告诉 Jason，“Michael 也许还在犹豫，并没有刻意向你隐瞒他的想法，只是为自己留有一些余地，我们还是多给他一些时间考虑吧，多给他一些选择的机会……”

思考：案例中中美两国在沟通文化上有何差异？

四、沟通的类型

在组织中，沟通的方式和种类有很多，不同的划分标准，有不同类型的沟通（图 4-7）。

- 沟通
  - 语言沟通
    - 口头沟通
    - 书面沟通
  - 非语言沟通
    - 身体语言沟通
      - 身体动作姿态
      - 服饰仪态
      - 空间位置
    - 副语言沟通
    - 物体的操纵
  - 电子媒介沟通

图 4-7 按沟通媒介划分的沟通种类

（一）语言沟通、非语言沟通和电子媒介沟通

按沟通媒介的不同，沟通可以分为语言沟通（verbal communication）、非语言沟通（non-verbal communication）和电子媒介沟通（electronic media communication）。语言沟通是指以语词符号为载体实现的沟通，主要包括口头沟通和书面沟通。口头沟通是指借助语言进行的信息传递与交流。口头沟通的形式很多，如会谈、电话、会议、广播、对话等。书面沟通是指借助文字进行的信息传递与交流。书面沟通的形式也很多，如通知、文件、通信、布告、报刊、备忘录、书面总结、汇报等。

非语言沟通是指通过身体动作、体态、语气语调、空间距离等方式交流信息、进行沟通的过程。人们在沟通中常用的非语言沟通形式主要有身体语言、副语言沟通、物体的操纵等形式。身体语言主要是通过手势、面部表情、说话声调、语气和身体姿态等形式来实现的。如管理者与其下属员工交谈时，常常可以通过其眼神和面部表情来判断所讲的话是否为对方所理解。副语言沟通是通过非词语的声音，如重音、声调的变化，以及哭、笑、停顿来实现的。一句话的含义不仅取决于其字面意思，还取决于它的弦外之音。语音表达方式的变化，尤其是语调的变化，可以使字面相同的一句话具有完全不同的含义。此外，人们还通过物体的运用、环境布置等手段进行沟通。例如，管理过程中的正式交谈活动，人们特别重视交谈环境的布置。选择什么形状的谈判桌，怎样安排会谈人员的座位等都要精心考虑。

（二）正式沟通和非正式沟通

按沟通的途径不同沟通可分为正式沟通（formal communication）和非正式沟通（informal communication），如图4-8 所示。

- 沟通
  - 正式沟通
    - 上向沟通
    - 下向沟通
    - 横向沟通
    - 外向沟通
  - 非正式沟通

图 4-8　按沟通途径划分的沟通种类

1.正式沟通

正式沟通就是通过组织明文规定的渠道进行信息传递和交流。按照古典管理理论，沟通应遵循指挥和层级系统进行。

正式沟通在组织中存在着上向沟通、下向沟通、横向沟通和外向沟通等形式，某物流公司的正式沟通形式如图 4-9 所示：

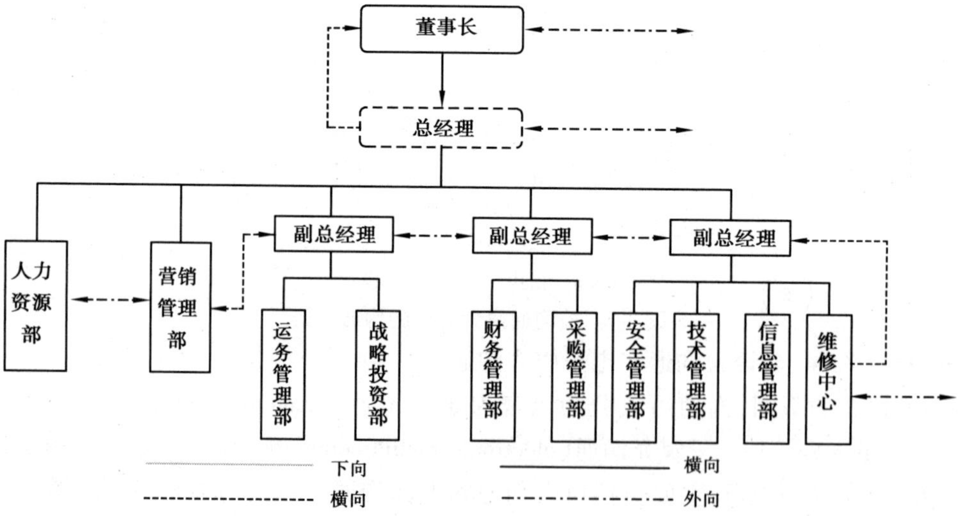

图 4-9　正式沟通的信息流向方式

上向沟通主要是下属依照规定向上级所提出的正式书面报告或口头报告。除此以外，许多机构还采取措施以鼓励向上沟通，如意见箱、建议制度以及由组织举办的征求意见座谈会或态度调查等。有时某些上级主管采取所谓“门户开放”的政策，使下属员工可以不经组织层级向上报告。但是据研究，这种沟通也不是很有效，而且由于人与人之间的利害关系，沟通信息往往发生与事实不符或压缩的情形。

下向沟通是在传统组织内最主要的沟通流向。一般以命令方式传达上级组织或其上级所决定的政策、计划、规定之类的信息，有时发放某些资料供下属使用等。如果组织的结构包括多个层次，通过层层传达后，其结果往往是下向信息歪曲，甚至遗失，而且过程迟缓，这些都是在下向沟通中经常发现的问题。

横向沟通主要是同层次、不同业务部门之间的沟通。在正式沟通系统内，一般机会并不多，若采用委员会和举行会议方式，往往所费时间、人力甚多，而达到的沟通效果并不是很好。因此，组织为顺利推进其工作，必须依赖非正式沟通以补充正式沟通的不足。正式沟通的优点是:沟通效果好，比较严肃，约束力强，易于保密，可以使信息沟通保持权威性。重要的消息和文件的传达及组织的决策等一般都采取这种方式。其缺点在于，因为依靠组织系统层层传递，所以很刻板，沟通速度很慢，此外还存在着信息失真或扭曲的可能。

外向沟通是指组织成员旨在向公司外部收集信息和表现形象的沟通活动。在企业组织日益市场化、跨区域和国际化的条件下，外向性组织沟通成为管理学中新的研究领域。作为开放的管理、技术与经营系统，公司组织需要通过沟通与外界保持持续的交往，建立工作关系网络和新的形象。

正式沟通有几种具体的沟通形态，以 5 个人的群体为例，基本上可分为五种沟通形态，即链式、环式、Y 式、轮式和全通道式，如图 4-10 所示。

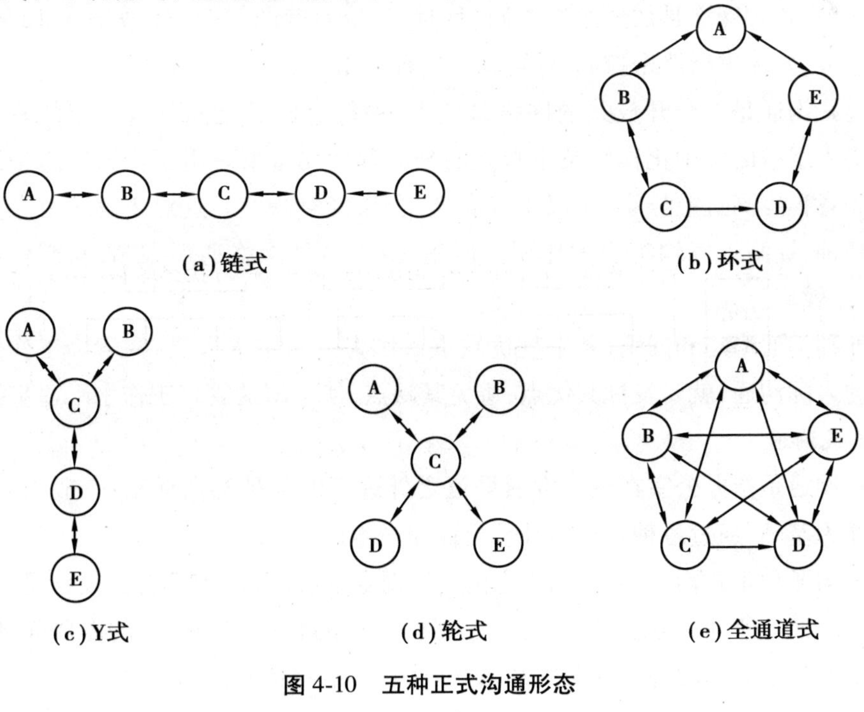

图 4-10　五种正式沟通形态

链式沟通是一个平行网络,其中居于两端的人只能与内侧的一个成员联系,居中的人则可分别与两人沟通信息。在一个组织系统中,它相当于一个纵向沟通网络,代表一个五级层次,逐渐传递,信息可自上而下或自下而上进行传递。在这个网络中,信息经层层传递、筛选,容易失真,各个信息者所接收的信息差异很大,平均满意程度有较大差距。此外,这种网络组织中主管人员和下级员工之间的中间管理者的组织系统,属控制型结构。在管理中,如果某一组织系统过于庞大,需要实行分权授权管理,那么链式沟通网络是一种行之有效的方法。

环式沟通可以看成链式形态的一个封闭式控制结构,表示五个人之间依次联络和沟通。其中,每个人都可同时与两侧的人沟通信息。在这个网络中,组织的集中化程度和领导人的预测程度都较低,畅通渠道不多,组织中的成员具有比较一致的满意度,组织士气高昂。如果在组织中需要创造出一种高昂的士气来实现组织目标,环式沟通是一种行之有效的措施。

Y 式沟通是一个纵向沟通网络,其中只有一个成员位于沟通的中心,成为沟通的媒介。在组织中,这一网络大体相当于组织领导,秘书班子再到下级主管人员或一般员工之间的纵向关系。这种网络集中化程度高,解决问题速度快,组织中领导人员的预测程度较高。除中心人员(C)外,组织成员的平均满意程度较低。此网络适用于主管人员的工作任务十分繁重,需要有人选择信息,提供决策依据,节省时间,而要对组织实行有效的控制。但此网络易导致信息曲解或失真,影响组织中成员的士气,阻碍组织提高工作效率。

轮式沟通属于控制型网络,其中只有一个成员是各种信息的汇集点与传递中心。在组织中,大体相当于一个主管领导直接管理几个部门的权威控制系统。此网络集中化程度高,解决问题的速度快。主管人(C)的预测程度很高,而沟通的渠道很少,组织成员的满意程度低,士气低落。轮式网络是加强组织控制、争时间、抢速度的一个有效方法。如果组织接受紧急攻关任务,要求进行严密控制,则可采取这种网络。

全通道式沟通是一个开放式的网络系统,其中每个成员之间都有一定的联系,彼此了解。此网络中组织的集中化程度及主管人的预测程度均很低。由于沟通渠道很多,组织成员的平均满意程度高且差异小,所以士气高昂,合作气氛浓厚。这对于解决复杂问题,增强组织合作精神,提高士气均有很大作用。但是,由于这种网络通渠太多,易产生混乱,又费时,影响工作效率。

上述五种沟通形态和网络,各有其优缺点。作为一名主管人员,在管理工作实践中,要进行有效的人际沟通,就要发挥其优点,避免其缺点,使组织的管理工作水平逐步提高。

2.非正式沟通

非正式沟通是指办公室在正式沟通渠道之外进行的各种沟通活动,一般以办公室人员之间的交往为基础,通过各种各样的社会交往而产生(图 4-11)。

非正式沟通和正式沟通不同,因为它的沟通对象、时间及内容等各方面都是未经计划和难以辨别的。如上所述,非正式组织是由于组织成员的感情和动机上的需要而形成的。其沟通途径是通过组织内的各种社会关系,这种社会关系超越了部门、单位以及层次。在相当

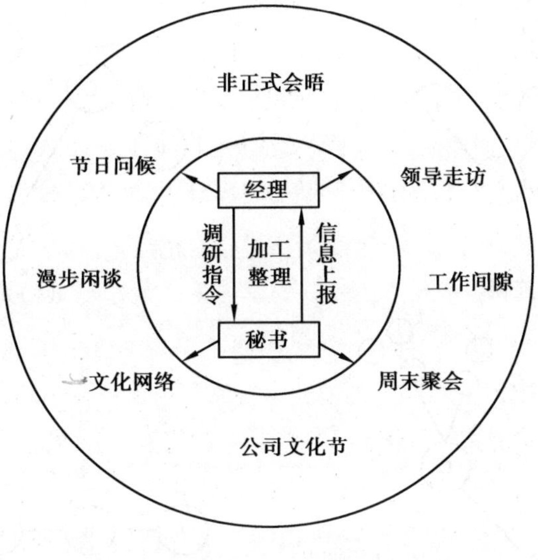

图 4-11 非正式沟通的信息流向方式

程度上,非正式沟通的发展也是配合决策对于信息的需求。这种途径相对于正式途径具有较大弹性,它可以是横向流向,也可以是斜角流向,一般也比较迅速。在许多情况下,来自非正式沟通的信息反而受到接收者的重视。由于传递这种信息一般以口头方式为主,不留证据、不负责任,许多不愿通过正式沟通传递的信息很有可能在非正式沟通中透露。

非正式沟通具有沟通方便、内容广泛、方式灵活、沟通速度快的特点,可用以传播一些不便进行正式沟通的信息。而且由于在这种沟通中比较容易把真实的思想、情绪、动机表露出来,因而能提供一些正式沟通中难以获得的信息。管理者要善于利用这种沟通方式。

但非正式沟通难以控制,传递的信息不确切,容易失真、被曲解,并且它可能导致小集团、小圈子的建立,影响员工关系的稳定和团体的凝聚力。如果能够对企业内部非正式的沟通渠道加以合理利用和引导,就可以帮助企业管理者获得许多无法从正式渠道取得的信息,在达成理解的同时解决潜在的问题,从而最大限度地提升企业内部的凝聚力,发挥整体效应。

研究表明,非正式沟通存在以下四种形态:

①集群连锁(cluster chain)。在沟通过程中,可能有几个中心人物,由他转告若干人,而且有某种程度的弹性。如图 4-12(a)中的 A 和 F 两人就是中心人物,代表两个集群的“转播站”。

②密语连锁(gossip chain)。由一人告知所有其他人,犹如其独家新闻,如图 4-12(b)。

③随机连锁(probability chain)。碰到什么人就转告什么人,并无一定的中心人物或选择性,如图 4-12(c)。

④单线连锁(single-strand chain)。由一人转告另一人,另一个人再只转告一个人,这种情况最为少见,如图4-12(d)。

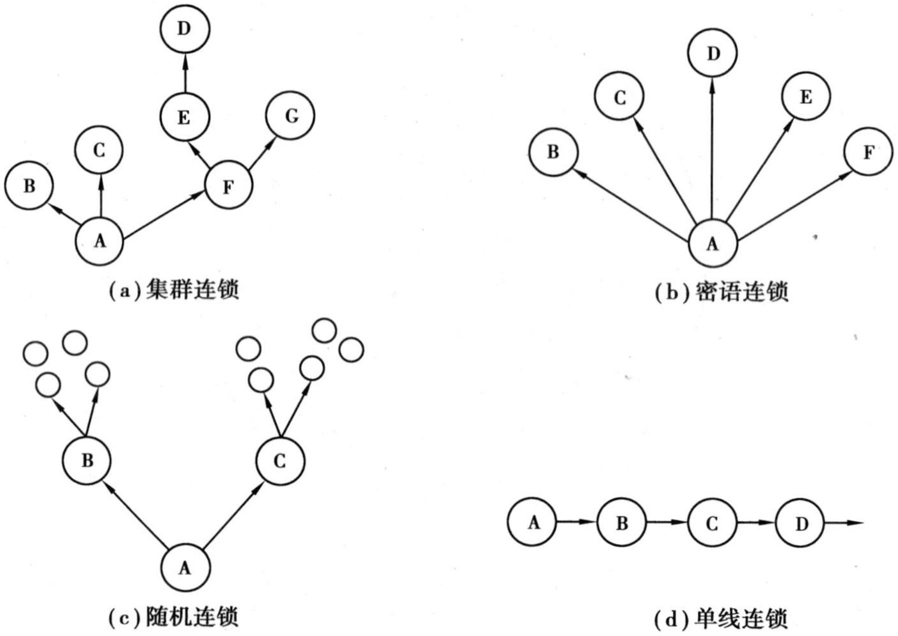

图 4-12 非正式沟通的形态

五、有效沟通的原则

有效沟通是组织管理活动中最重要的组成部分,有效的沟通意味着良好的管理。一般来说,有效沟通的原则可归纳为“积极反馈、控制情绪、学会倾听”的十二字原则。

(一)积极反馈

现实中有许多管理问题都是理解不准确或误解造成的,而通过反馈才能有效改善这些问题。因此,管理者在管理工作中应注重意见反馈,不能唱独角戏,认为自己说的话别人一定能听懂。在工作中可试图问一问对方,让他复述一下,这样可以通过反馈有效地促进理解的准确性。

(二)控制情绪

人在过分激动、焦虑或哀伤的时候,既不能准确地表达自己的意思,又不能很好地理解别人所说的内容,因此,人在情绪不好时会使信息的传递严重受阻或失真。在日常管理中,管理者要善于调节和控制自己的情绪,在一种平和的状态下进行沟通。当情绪激动时,可以先平复自己的情绪,再进行沟通。

(三)学会倾听

对沟通的理解,很多人都存在误区,认为沟通就是说。沟通是信息的交流,是内容的传递,因此,管理者不仅要学会说,更重要的是要学会倾听。西方人经常说:“上帝给我们两只耳朵,一张嘴,目的是让我们少说多听。”这说明了倾听的重要性。

【项目任务】

沟通游戏——撕纸

游戏目标:理解沟通的重要性,培养学生的沟通能力。

过程:

【情境 1】

教师给每位学生发一张纸,然后由教师发出单项指令:

大家闭上眼睛,全过程不许问问题;

把纸对折;

再对折;

再对折;

把右上角撕下来,转 180 度,把左上角也撕下来;

睁开眼睛,把纸打开。

此时大家会发现各种答案。

【情境 2】

教师请一位学生上前来,重复上述指令,唯一不同的是这次大家可以问问题。

大家会发现依然有各种答案。

思考:为什么会有这么多不同的结果?

【课外拓展】

跨文化沟通

随着经济全球化进程的加速,"地球村"的出现,知识经济悄然兴起,跨国、跨文化的交流活动日益频繁,企业原有的组织机构、技术方法、管理模式等内容在跨国经营时越来越多地面临各种诸如语言、价值观念、心理、传统习俗、行为方式等民族文化差异的挑战。要在国际市场上占有一席之地,提高竞争力,实现有效的跨文化沟通是一个重要前提。所谓跨文化沟通是指跨文化组织中拥有不同文化背景的人们之间的信息、知识和情感的互相传递、交流和理解过程。

一、影响跨文化沟通的主要因素

(一)感知。在跨文化沟通过程中,感知对沟通的影响具有十分重要的意义。一方面,人们对外部刺激的反应,对外部环境的倾向性、接受的优先次序是由于文化的不同决定的;另一方面,当感知形成后,它又会对文化的发展以及跨文化的沟通产生影响。人们在沟通过程中存在的种种障碍和差异主要是由感知方式的差异所造成的。要进行有效的沟通,我们必须了解来自不同文化环境中的人们感知世界的不同方式。

(二)种族中心主义。种族中心主义是人们作为某一特定文化中的成员所表现出的优越感。它是一种以自身的文化价值和标准去解释和判断其他文化环境中的群体的观念体系。从一种文化的角度看,假定拥有另一种文化的成员能选择"最好的方式"去行事是不合理的,则早期我们和与我们文化差异很大的人群进行沟通是抱着否定态度的。

（三）缺乏共鸣。缺乏共鸣的主要原因是人们经常站在自己的立场而不是他人的立场理解、认识和评价事物。在正常情况下，设身处地地站在他人立场上想象他人的境地是十分困难的。尤其是当文化的因素加入之后，这个过程就更加复杂了。如果从来没有在国外的企业工作过或从事过管理，也就没有机会了解他国人的文化，我们就很容易误解他国人的行为。

二、跨文化沟通的障碍及改进

各国的价值观和准则的差异，造成了各国人们的思维方式和行为规范的不同。在国际商务中，这些差异很容易导致交往双方的误解。美国著名国际商务学者大卫·里克斯，把许多大公司在国际商务中由于对他国文化不了解而失败的事例编成《国际商务误区》一书，这些失败和教训大部分都是公司高层管理人员不了解其他国家的文化和具体国情造成的。跨文化交际障碍严重时会出现"文化休克"。"文化休克"是指当人们到国外工作、留学或定居时，在一种不熟悉的文化环境中生活，常常会体验到不同程度的心理反应。"文化休克"对刚到新环境中工作的人影响很大。

应对全球化浪潮的关键技能是跨文化无障碍沟通，许多跨国公司早已纷纷为此展开行动。培养跨文化沟通能力的对策主要有以下几个方面：

（一）提高全球意识。人难免用自己的价值观来分析和判断我们周围的一切，比如对方批评几句，就什么都听不进去，总觉得我们的文化比别人的优越，或者有种族偏见和歧视，这些都是严重的跨文化沟通障碍。只有带着虚心和平静的心态与态度才能真正听得进去，有效沟通才可能真正发生。要学会培养接受和尊重不同文化的意识。

（二）培养跨文化的理解力。只有多学习、多接近对方的文化，在行为上不断训练自己和不同文化背景的人交往，才能更了解对方文化的差异。跨文化企业应通过培训，培养目光长远、能适应多种不同文化并具有积极的首创精神的经理人员。

（三）正视差异，保持积极的心态去对待对方的文化。在文化沟通中，各种文化之间的差异是客观存在的，这是我们进行跨文化沟通的前提。为了有效地进行跨文化沟通，避免无谓的价值冲突，正确对待文化差异是一种基本要求。首先要准确地诊断文化冲突产生的原因；其次要洞悉文化的差异以及多样性所带来冲突的表现状态；最后，在明晰冲突根源、个人偏好和环境的前提下，必须能够选择合适的跨文化沟通方法和途径。同时，应尽力总结沟通的经验教训，从中探讨相关的沟通规律。跨文化沟通是个复杂的过程，不同文化差异是巨大的。在日常国际交往中，这些差异很容易导致交往双方的误解行为，多学习沟通对象的文化、习惯、价值观、思维方式、心理特点等内容对于跨文化交往和沟通是大有裨益的。实现有效的跨文化沟通的根本点就是揭开异质文化的隐蔽层，跨越文化障碍，使各个国家和民族顺利进行交流。

任务四 激 励

【任务情境】

林肯电气公司的激励制度

林肯电气公司总部设在克利夫，年销售额为44亿美元，拥有2 400名员工，并且形成了一套独特的激励员工的方法。该公司90%的销售额来自生产弧焊设备和辅助材料。林肯电气公司的生产工人按件计酬，他们没有最低小时工资。员工工作两年后，便可以分享年终奖金。该公司的奖金制度有一整套计算公式，全面考虑了公司的毛利润及员工的生产率与业绩，可以说是美国制造业中对工人最有利的奖金制度。在过去的56年中，平均奖金额是基本工资的95.5%，该公司中相当一部分员工的年收入超过10万美元。近几年经济发展迅速，员工年均收入为44 000美元左右，远远超出制造业员工年收入17 000美元的平均水平。在不景气的年头里，如1982年的经济萧条时期，林肯电气公司员工收入降为27 000美元。这虽然相比其他公司还不算太坏，可与经济发展时期相比就差了一大截。

公司自1958年开始一直推行职业保障政策，从那时起，他们没有辞退过一名员工。当然，作为对此政策的回报，员工也相应要做到以下几点：在经济萧条时他们必须接受减少工作时间的决定；要接受工作调换的决定；有时甚至为了维持每周30小时的最低工作量，而不得不调整到一个报酬更低的岗位上。林肯电气公司极具成本和生产率意识，如果工人生产出一个不合标准的部件，那么除非这个部件修改至符合标准，否则这件产品的绩效就不能计入该工人的工资中。严格的计件工资制度和高度竞争性的绩效评估系统，形成了一种很有压力的氛围，有些工人还因此产生了一定的焦虑感，但这种压力有利于生产率的提高。据该公司的一位管理者估计，与国内竞争对手相比，林肯电气公司的总体生产率是他们的两倍。自20世纪30年代经济大萧条以后，公司年年获利丰厚，没有缺少过一次分红。该公司还是美国工业界中工人流动率最低的公司之一。前不久，该公司的两个分厂被《财富》杂志评为“全美十佳管理企业”。

思考：

1.你认为林肯电气公司使用了何种激励理论来调动员工的工作积极性？

2.为什么林肯电气公司的方法能够有效地激励员工的工作？

3.你认为这种激励制度可能给公司管理当局带来什么问题？

【理论学习】

所谓激励，就是企业根据职位评价和绩效考评结果，设计科学的薪酬管理系统，以一定的行为规范和惩罚性措施，借助信息沟通，来激发、引导和规范企业员工的行为，以有效实现企业及其员工个人目标的系统活动。

这一定义包含以下几方面的内容。

①激励的出发点是满足组织成员的各种需要，即通过系统地设计适当的外部奖酬形式和工作环境，满足企业员工的外在性需要和内在性需要。

②科学的激励工作需要奖励和惩罚并举，既要对员工表现出来的符合企业期望的行为进行奖励，又要对不符合企业期望的行为进行惩罚。

③激励贯穿于企业员工工作的全过程，包括对员工个人需求的了解、个性的把握、行为过程的控制和行为结果的评价等。因此，激励工作需要耐心。正如赫兹伯格所说，如何激励员工？答案是锲而不舍。

④信息沟通贯穿于激励工作的始末，从对激励制度的宣传、企业员工个人的了解，到对员工行为过程的控制和对员工行为结果的评价等，都依赖于一定的信息沟通。企业组织中信息沟通是否通畅，是否及时、准确、全面，直接影响着激励制度的运用效果和激励工作的成本。

⑤激励的最终目的是在实现组织预期目标的同时，能让组织成员实现其个人目标，即达到组织目标和员工个人目标在客观上的统一。

一、人性假设

管理现代化的一个极为重要的问题就是如何科学地管理人，以充分调动人的生产、工作积极性的问题。而对人的科学管理，其理论和实践都必然要建立在对人的科学认识的基础上。因此，管理心理学中的人性理论问题，是管理科学中的一个十分重要的基本理论。

（一）“经济人”假设

“经济人”也被称作“唯利人”或“实利人”。这种人性观产生于早期管理学阶段，当时，管理学者开始从经济的角度寻求人的工作的最主要的动机，不再把人看作完全被动的“工具人”。麦格雷戈在 1957 年提出了两种对立的人性假设，即 X 理论和 Y 理论，其中 X 理论就是对“经济人”假设的管理工作的理论概括，其内容要点有：

①多数人天生是懒惰的，他们都尽量地逃避工作。

②多数人是没有雄心大志的，不愿意负任何责任，而心甘情愿地受别人指挥。

③多数人的个人目标与管理目标是相互矛盾的，必须采取强制的、惩罚的办法，才能迫使他们为达到组织目标而工作。

④多数人工作是为了满足自己的生理和安全的需求，因此只有金钱和其他物质利益才能激励他们努力工作。

⑤人大致可分为两类，多数人具有上述特性，属于被管理者。少数人能够自己鼓励自己，能够克制感情冲动而成为管理者。

“经济人”的人性理论及其相应的管理理论——X 理论，从经济的角度寻求调动工人生产、工作积极性的途径、方法和措施。“经济人”的人性假设的一个显著特点就是注意反映人的经济需求，认为人的经济需求是客观的、基本的，是人劳动工作的根本性动机。这些认识具有很高的科学性。“经济人”的人性假设理论的缺陷在于,它以享乐主义为其哲学基础,其实质是把人看成“自然人”“生物人”,无视和抹杀了人的社会性。在这种人性理论指导下产生的管理措施,不可能真正、持久地调动人的生产工作的积极主动性,激发人的劳动热情和创造精神。

(二)“社会人”假设

“社会人”的人性假设理论认为,工人不是机械的、被动的动物,对工人的劳动积极性产生影响的也绝不只是“工资”“奖金”等经济报酬,工人还有一系列的社会、心理需求。如工人对尊重、对良好的人际关系的需求等。所以,满足工人的社会性需求,往往更能激励工人的劳动积极性。

在“社会人”的人性假设理论影响下产生的管理思想及其管理措施,主要有以下四个特点:

①管理人员不能只注意完成生产任务,而应把注意的重点放在关心人、满足人的需要上。

②管理人员不能只注意指挥、监督、计划、控制和组织,更应该重视员工之间的关系,培养和形成员工的归属感和整体感。

③在实行奖励时,提倡集体的奖励制度,而不主张个人奖励制度。

④管理人员的职能也应有所改变,他们不应只限于制订计划、组织工序、检验产品等,而应在下属员工与上级之间起沟通的作用。一方面,要倾听员工的需求,了解员工的思想感情,另一方面要向上级反映员工的呼声。

“社会人”的人性理论较之“经济人”的人性理论无疑是又前进和深入了一大步,它不仅看到了人具有满足自然性的需要,而且进一步认识到人还有被尊重的需要、社交的需要等其他一些社会需要,后一类需要比前一类需要层次更高。

(三)“自我实现人”假设

“自我实现人”的人性假设理论,其代表人物是美国心理学家马斯洛。“自我实现人”的人性假设理论是建立在马斯洛的“需要层次理论”基础上的。

麦格雷戈总结和概括了马斯洛等人的“自我实现人”的人性假设理论,提出了一种与X理论相对立的理论——Y理论。这种理论认为:

①一般人都是勤奋的,如果环境条件有利的话,人们工作起来就像在玩游戏和休息一样自然。

②控制和处罚不是实现组织目标的唯一方法,人们在执行工作任务中能够自我指导和自我控制。

③在正常情况下,一般人不仅乐于接受任务,而且会主动地寻求任务。

④人群中存在着广泛的和高度的想象力、智谋和创造性。

⑤在现代工业条件下,一般人的潜力只利用了一部分,人们中间蕴藏着极大的潜力。

(四)“复杂人”假设

随着管理心理学的不断成熟,学者发现,人类的需要和动机并非那样简单。不同的情境、不同的年龄,人的需要也是不同的。“复杂人”的人性假设理论是在这些认识的基础上提出的。

“复杂人”的人性假设理论的基本内容主要有以下几点：

①人的需要是多种多样的，随着人的自身发展和社会生活条件的变化而发生变化，需要的层次也不断改组，因人而异。

②人在同一时期内有各种需要和动机，它们相互作用，并结合成一个统一的整体，形成复杂的动机模式。例如，两个人都想得到高额奖金，其动机可能不一样。一个人可能是为了改善物质和文化生活，另一个人可能是把高额奖金看成自己取得高的技术成就的标志。

③一个人在不同单位或同一个单位的不同部门工作，会产生不同的需要。例如，一个人在工作单位可以很不合群，而在业余时间和非正式团体中却可以满足交往的需求。

④人可以依据自己的动机、能力和工作性质适应各种不同的管理方式，但没有一种万能的管理方式适用于各种人。

【案例】

以 X—Y 理论视角看某物流公司的人员激励方式

某公司是国内一家主营公路零担运输业务和航空运输代理的民营物流企业。该企业对内部员工的激励机制已经取得了良好效果，其与众不同的做法也已经显现出对企业发展的长期正面作用。

该公司在内部提高员工工作积极性的方式大体分为五种，即福利、人才培养、表彰、储备干部制度、企业文化。从做法上看，该企业的激励方式 X—Y 理论生动体现了麦格雷戈的 X—Y 理论，是基于对人性本质的不同假设及人的需要层次理论。其认为，建立在“人天生懒惰”基础上的传统的管理方式，如“奖金、允诺、刺激、威胁或其他强制性的方法”不再适用，“管理部门的根本任务是安排组织条件和工作方法，使人们的努力集中于组织的目标，并借此更好地实现他们自己的目的”。根据麦格雷戈的思想，我们审视该物流公司的具体做法。

第一，福利。该企业员工的工资待遇较好，但工作的薪酬不是唯一的经济激励手段。其包括举办员工集体婚礼、向员工父母发放每月一两百元的“补贴”、员工休息室承包给员工配偶的方式，使该公司的福利措施充满了人情味。这样的方式已不仅仅是“奖金刺激”，更是对人被尊重的需求的满足。

第二，人才培养。出于员工素质及企业未来发展的考虑，该物流公司只招聘应届大学毕业生（也有资料显示车队司机除外）。其不仅给新人培训，还给司机、搬运工进行 2 天至 1 个月不等的培训，内容包括技能、安全、企业文化、户外拓展等。为贯彻这一方式，企业给每个参加此类培训的员工每小时 10 元的补助。这些做法给员工创造了更大的发展空间，同时起到了加强内部人员沟通、联络感情的作用，满足了员工的社交需求。

第三，储备干部制度。该基层人员通过自荐和经理推荐成为储备干部，在培训和实践后他们中的前 75%有资格竞聘经理，再次选拔后会进入管理层。储备干部的名额中有 25%是留给司机等非文职人员的。该措施是员工实现价值的重要方式。

第四，表彰。企业内部表彰的典型，不仅能获得物质和精神上的奖励，还能获得提建议、创新的奖励。这样，员工获得被需要、被尊重的感受就能增强他们的主人翁意识。

第五，企业文化。之前所提的四点都可以算在企业文化的范畴内，该公司培育的一个重要观念是：上下级吃饭，上级付款；上级给下级倒水。所有这些重视员工的物质、心理措施都让该公司上上下下彰显了蓬勃的朝气。

思考：公司这些方式产生了哪些良好的影响呢？

二、需求理论

（一）需求层次理论

马斯洛需求层次理论把人的需求由低到高依次分成生理需求、安全需求、社交需求、尊重需求和自我实现需求五类。

①五种需求像阶梯一样从低到高，按层次逐级递升，但这样的次序不是完全固定的，其是可以变化的。

②需求层次理论有两个基本出发点：一是人人都有需求，某层需求被满足后，另一层需求才出现；二是在多种需求未被满足前，首先满足迫切的需求；该需求被满足后，后面的需求才显示出其激励作用。

③一般来说，某一层次的需求相对满足了，我们就会向高一层次需求发展，追求更高一层次的需求就成为驱使行为的动力。相应地，基本需求被满足后就不再是一股激励力量。

④五种需求可以分为两级，其中生理上的需求、安全上的需求都属于低一级的需求，这些需求通过外部条件就可以被满足；而社交、尊重的需求和自我实现的需求是高级需要，他们通过内部因素的作用才能被满足，而且一个人对尊重和自我实现的需求是无止境的。同一时期一个人可能有几种需求，但每一时期总有一种需求占支配地位，对行为起决定作用。任何一种需求都不会因为更高层次需求的满足而消失。各层次的需求相互依赖和重叠，高层次的需求发展后，低层次的需求仍然存在，只是对行为影响的程度会大大降低。

⑤马斯洛和其他的行为心理学家都认为，一个国家多数人的需求层次结构是同这个国家的经济发展水平、科技发展水平、文化和人民受教育程度直接相关的。在发展中国家，具有生理需求和安全需求的人数较多，而具有高层次需求的人数较少；在发达国家，则刚好相反。

（二）各层次需求的特征

1.生理需求

生理需求(physiological needs)，也称级别最低、最具优势的需求，如食物、水、空气、性欲、健康。

未满足生理需求的特征：什么都不想，只想让自己活下去，思考能力、道德观念明显较差。例如，当一个人极需要食物时，会不择手段地抢夺食物。假设人为报酬而工作，企业应以生理需要激励员工。

激励措施：提升员工的工资水平，改善员工的劳动条件，给予员工更多的业余时间和工间休息时间，提高员工的福利待遇。

2.安全需求

安全需求(safety needs),同样属于低层次的需求,其中包括人身安全、生活稳定以及人身免遭痛苦、威胁或疾病等。

缺乏安全感的特征:感到自己受到身边事物的威胁,觉得世界是不公平的或危险的。因为觉得一切事物都是危险的而紧张、彷徨,认为一切事物都是“恶”的。例如,一个孩子,在学校被同学欺负、受到老师不公平的对待,开始变得不相信社会,不敢表现自己,不敢拥有社交生活(因为他认为社交是危险的),借此保护自身的安全。一个成人工作不顺利,薪资微薄,养不起家人,而变得自暴自弃,每天喝酒、吸烟,寻找短暂的安全感。

激励措施:企业制定规章制度,向员工提供职业保障,提高员工的福利待遇,提供医疗保险、失业保险和退休福利,避免员工因收到双重的指令而混乱。

3.社交需求

社交需求(love and belonging needs),属于较高层次的需求,如对友谊、爱情以及隶属关系的需求。

缺乏社交需求的特征:因为没有感受到身边人的关怀,而认为自己活在这个世界上没有价值。例如,一个没有受到父母关怀的青少年,认为自己在家庭中没有价值,所以其在学校无原则地交朋友。如青少年为了让自己融入社交圈,给别人“当牛做马”,甚至吸烟等。

激励措施:为员工创造社交机会,支持与赞许员工寻找及建立和谐的人际关系,开展有组织的体育比赛和集体聚会。

4.尊重需求

尊重需求(esteem needs),属于较高层次的需求,如成就、名声、地位和晋升机会需求等。尊重需求既包括对成就或自我价值的个人感觉,也包括他人对自己的认可。

无法满足尊重需求的特征:很爱面子,或是很积极地用行动让别人认同自己,也很容易产生虚荣心。例如,努力读书让自己成为医生、律师,以证明自己在社会上存在的价值。

激励措施:公开奖励和表扬员工,强调工作任务的艰巨性以及取得成功需要的能力,在公司宣传栏张贴表扬优秀员工的文件。

5.自我实现需求

自我实现需求(self-actualization)是最高层次的需求,包括对真善美至高人生境界的需求,只有前面四项需求都被满足后,最高层次的需求方能产生,其是一种衍生性需求,如自我实现、发挥潜能等。

缺乏自我实现需求的特征:认为自己的生活空虚,要求自己去做一些身为一个“人”在这个社会应该做的事。开始认为价值观和道德观胜过金钱、爱人、尊重和社会的偏见。例如,一个真心帮助他人而捐款的人;一位企业家真心认为自己所经营的事业能为社会带来价值而更好地经营企业。

激励措施:分配工作任务时运用适应性策略,给具有特长的人布置特别任务,在设计工作和执行计划时为员工留有余地。

【案例】

巴斯夫公司激励员工的五项原则

如何有效地生产粮食是人类一直面临的重大问题。据估计,全世界每年竟有1/3的粮食因受到病虫危害而无法被收获。120年前,德国路德维希港创立的巴斯夫公司,一直为发现和生产各种农业化学品而孜孜不倦地工作。目前,巴斯夫公司经营着世界上最大的化工厂,并在35个国家中拥有300多家分公司和合资经营企业及各种工厂,拥有雇员13万人。

巴斯夫公司之所以能在百年经营中兴旺不衰,很大程度上归功于它在长期发展中确立的激励员工的五项基本原则。具体地讲,这五项基本原则如下:

1.给职工分配的工作要适合他们的工作能力

不同的人有不同的工作能力,不同的工作也同样需要有不同工作能力的人。企业家的任务在于尽可能地保证所分配的工作适合每一位员工的兴趣和工作能力。巴斯夫公司采取了四种方法做好这方面的工作:

(1)数名高级经理人共同接见每一位新员工,以对他的兴趣、工作能力有确切的了解;

(2)除公司定期评价工作表现外,公司内部应有正确的工作说明和要求规范;

(3)利用电子数据库贮存有关工作要求和职工能力的资料和数据;

(4)利用"委任状",由高级经理人小组向董事会推荐适合提升到领导职务的候选人。

2.论功行赏

每位员工都对公司的一切成就作出了自己的贡献,这些贡献与许多因素有关,如与员工的受教育水平、工作经验、工作成绩等有关,但最主要的因素是员工的个人表现。

巴斯夫公司的原则是:员工的工资收入必须根据其工作表现而定。他们认为,一个公平的薪酬制度是高度刺激劳动力的先决条件,工作中表现得越好,报酬也就越高。因此,为了激发个人的工作表现,工资差异化是必要的。另外,公司还根据职工表现提供不同的福利,如膳食补助金、住房、公司股票等。

3.通过基本和高级的训练计划,提高职工的工作能力,并且从公司内部选拔有资格承担领导工作的人才

除了适当增加薪酬,巴斯夫公司还提供广泛的训练计划,由专门的部门负责管理,为公司内员工提供本公司和其他公司的教学课程。公司的组织结构十分明确,员工们可以获得关于升职的可能途径的资料,而且每个人都要了解自己在哪个岗位工作。该公司习惯从公司内部选拔经理,这就保护了有才能的员工,因此,他们就有很高的积极性,而且知道自己有真正的升职机会。

4.不断改善工作环境和安全条件

一个适宜的工作环境,对刺激劳动力而言十分重要。如果工作环境适宜,员工们感到舒适,就会有更佳的工作表现。因此,巴斯夫公司在工厂附近设立各种专用汽车设施,并设立弹性的工作时间。公司内有11家食堂和饭店,每年提供400万次膳食。每个工作地点都保持清洁,并为体力劳动者设盥洗室。这些让员工对公司产生了好感。

巴斯夫公司建立了一大批保证安全的标准设施，由专门的部门负责，如医务部、消防队、工厂高级警卫部等。他们都明白预防胜于补救。因此，全部劳动力都要定时接受安全指导，还提供必要的防护设施。公司经常提供各种安全设施，并日夜测量环境污染和噪声。各大楼中每一层都有经过专门训练的员工轮流值班，负责安全。意外事故发生率最低的车间会在年终得到安全奖。所有这些措施，使公司内意外事故发生率降到了较低的水平，使员工有一种安全感。1984 年，巴斯夫公司在环境保护方面耗费了 7 亿芬兰马克，这相当于公司销售净额的 3.5%。

5.实行保持合作态度的领导方法

巴斯夫公司认为，在处理人事关系时，激励员工的主要原则之一是合作态度的领导方法。领导应像自己也被领导一样，积极投入工作，并在相互尊重的氛围中与他人合作。巴斯夫公司给领导者规定的任务是：商定工作指标、委派工作、收集情报、检查工作、解决矛盾、评定下属员工和提高员工的工作水平。

在巴斯夫公司，如果领导者委派了工作任务，其就得亲自检查，员工本身也自行检查中期工作和最终工作结果。在解决矛盾和纠纷时，只有当各单位自行解决矛盾的尝试失败后，才由上一级的领导者解决。

巴斯夫公司要求每一位领导人的主要任务就是根据所交付的工作任务、工作能力和表现评价下属员工，同时应让员工感觉到自己在为企业完成任务的过程中所发挥的作用。如果巴斯夫公司刺激劳动力的整个范畴简单地表达出来，那就是“多赞扬，少责备”。他们认为，一个人工作做得越多，犯错误的机会也就越多，如果不允许其犯错误，甚至惩罚犯错误的人，那么员工就会尽量少做工作，避免犯错误。在这种情况下，最“优秀”的员工当然是什么事情也不做的人。

该公司由于贯彻了上述五项基本原则，近 10 年的销售额增长了 5 倍。

思考：巴斯夫公司的做法有什么特点？

三、双因素理论

双因素理论又称激励保健理论，是美国的行为科学家弗雷德里克·赫茨伯格提出的。赫茨伯格通过考察一群会计师和工程师的工作满意感与生产率的关系，有组织性地进行采访，积累了影响这些人员对其工作感情的各种因素的资料，这些资料表明存在两种性质不同的因素。

第一类因素是激励因素，包括工作本身、认可、成就和责任激励等，这些因素涉及对工作的积极感情，又和工作本身的内容有关。这些积极感情与个人过去的成就、承担过的责任有关，它们的基础在于工作中取得的持久的而不是短暂的成就。

第二类因素是保健因素，包括公司政策和管理、技术监督、薪资、工作条件以及人际关系等。这些因素涉及工作的消极因素，也与工作的氛围和环境有关。也就是说，对工作本身而言，这些因素是外在的，而激励因素是内在的，或者说是与工作相联系的内在因素。

从不同的角度来看，外在因素主要取决于正式组织（如薪资、公司政策和制度）。只有公司承认其具备高绩效时，员工才能获得相应的报酬。而诸如出色地完成任务的成就感等的内在因素，则在很大程度上属于个人的内心活动，组织政策只能对其行为产生间接影响。例如，组织只有通过确定出色绩效的标准才可能影响个人，使他们认为自己已经相当出色地完成了任务。

尽管激励因素通常与个人对他们的工作积极感情相关，但有时也涉及消极感情。而保健因素几乎与积极感情无关，只会带来精神沮丧、脱离组织、缺勤等结果。成就在令人满意的工作经历中出现的概率超过40%，而在令人不满意的工作经历中出现的概率则少于10%。

赫茨伯格的理论认为，满意和不满意并非共存于单一的连续体中，而是分开的，这种双重的连续体意味着一个人可以同时感到满意和不满意，它还暗示着工作条件和薪资等因素并不能影响员工对工作的满意程度，而只能影响对工作的不满意程度。

赫茨伯格的双因素激励理论同马斯洛的需求层次理论有相似之处。他提出的保健因素相当于马斯洛提出的生理需求、安全需求等较低层级的需求；激励因素则相当于受人尊重的需求、自我实现的需求等较高层级的需求。当然，他们的具体分析和解释是不同的。但是，这两种理论都没有把"个人需求的满足"同"组织目标的实现"联系起来。一些西方行为科学家对赫茨伯格的双因素激励理论的正确性表示怀疑。有人做了许多试验，也未能证实这个理论。赫茨伯格及其同事所做的试验，被有的行为科学家批评为是他们所采用的方法本身的产物：人们总是把好的结果归结于自己的努力，而把不好的结果归结于客观条件或他人身上，问卷没有考虑这种一般的心理状态。另外，被调查对象的代表性也不够。事实上，不同职业和不同阶层的人，对激励因素和保健因素的反应是各不相同的。实践还证明，高度的工作满足不一定产生高度的激励。许多行为科学家认为，无论是有关工作环境的因素还是工作内容的因素，都可能产生激励作用，其取决于环境和员工心理因素等。

但是，双因素激励理论促使企业管理人员注意工作内容等因素的重要性，特别是它们同工作丰富化和工作满足的关系，因此其是有积极意义的。赫茨伯格告诉我们，满足各需求所产生的激励程度和效果是不一样的。物质需求的满足是必要的，没有它员工会产生不满情绪，但即使获得了满足感，它的作用往往是有限的、不持久的。要调动人的积极性，不仅要注意物质利益和工作条件等外部因素，更重要的是注意工作的安排、量才录用，注意对员工进行精神鼓励，给予其表扬和认可，注意给人以成长、发展、晋升的机会。随着温饱问题的解决，这种内在激励的重要性越来越明显。

【案例】

小赵的困惑

小赵是某大学物流管理专业管理学学士，在面试了许多公司后，他最终被某知名物流公司所录用，并被公司派到广州办事处。

小赵对所得到的一切——名声显赫的大公司中的一份有挑战性的工作很满意，这也是小赵获得经验的良好机会，小赵的月薪是3 500元，他认为自己在读大学时是班上最出色的学生，获得较高的薪资是意料之中的事。

一年后，小赵的工作仍然像他希望的那样具有挑战性，上级对他的工作很满意，其刚刚得到了500元的加薪。但是小赵最近几周的工作积极性急速下降，原因是办事处刚刚雇用了某学院的毕业生，和小赵相比，此人缺少工作经验，工资每月却有4 200元，比小赵现在还多200元。

除了愤怒，用其他任何语言都无法描述小赵现在的心情，他甚至不想干了，威胁公司说要另找一份工作。

思考：本案例中小赵对公司产生不满情绪的原因是什么？

四、期望理论

期望理论（expectancy theory）又称作"效价—手段—期望理论"，是由北美著名心理学家和行为科学家维克托·弗鲁姆提出的。期望理论是以三个因素反映需求与目标的关系的，要激励员工就必须让员工明确：工作能提供给他们真正需要的东西；他们欲求的东西是和绩效联系在一起的；只要努力工作就能提高他们的绩效。

弗鲁姆认为，人总是渴求满足一定的需要并设法达到一定的目标。这个目标在尚未实现时表现为一种期望，这时目标反过来对个人的动机又是一种力量，而这种激发力的大小，取决于目标价值（效价）和期望概率（期望值）的乘积。用公式表示就是：

$$M = V \times E$$

M 表示激发力，是指调动一个人的积极性，激发人内部潜力的强度。

V 表示目标价值（效价），是一个心理学概念，是指达到目标对于满足个人需求的价值。同一目标，由于个人所处的环境不同、需求不同，其需要的目标价值也就不同。同一个目标对每一个人可能有三种效价，即正效价、零效价、负效价。效价越高，激励力量就越大。某一客体如金钱、地位、汽车等，如果个体不喜欢、不愿意获取，目标效价就低，对人的行为的拉动力就小。举个简单的例子，对于幼儿来说，糖果的目标效价就要大于金钱的目标效价。

E 是期望值，是人们根据过去的经验判断自己达到某种目标的可能性，即能够达到目标的概率。目标价值的大小直接反映人的需要动机的强弱，期望概率反映人实现需要和动机的信心强弱。如果个体相信通过努力肯定会取得优异的成绩，其期望值就高。

这个公式说明：假如一个人把某种目标的价值看得很大，估计该目标能实现的概率就很大，那么这个目标激发动机的力量就越强烈。

弗鲁姆认为，期望的东西不等于现实，期望与现实的关系一般有三种，即：期望小于现实，期望大于现实，期望等于现实。这三种情况对人的积极性的影响是不同的。

①期望小于现实即实际结果大于期望值。一般来说，在正强化的情况下，如奖励、升职、加薪、分房子等，当现实大于期望值的时候，有助于提高员工的积极性，这种情况能增强员工的信心，激发其上进心。而在负强化的情况下，如惩罚、灾害、祸患等，期望值小于现实，这就会使人感到失望，因而产生消极情绪。

②期望大于现实即实际结果小于期望值。一般地说，在正强化的情况下，会产生挫折感，削弱激发作用。如果在负强化的情况下，期望值大于现实，则有利于调动员工的积极性，因为这时员工做了最坏的打算和准备，结果比预想的却好得多，这自然会激发其积极性，起激发作用。

③期望等于现实即人们的期望变为现实，所谓期望的结果，是人们预料之中的事。在这种情况下，一般地说，也有助于提高人的积极性。如果此后没有继续给予其激励，人的积极性就只能维持在期望值的水平上。

【案例】

工资浮动失灵

宅急送成立于1994年，以跨越式的发展在全国建立起庞大的直营快递网络，形成华北、华东、华南、东北、西北、西南六大区域的全国性网络格局。内陆地区网点遍及市县，沿海地区网点深入乡镇，共计可为全国超过2 000多个城市和地区提供快捷、可靠的快递服务。

但近两年来，宅急送的经营业绩有所下滑，经调查，原来是公司的薪酬体系不够合理，不能对员工起到激励作用，几个分区均出现有些员工消极怠工的现象。为此，总公司决定进行一次薪酬改革，实行工资全额浮动政策，以达到调动员工积极性的目的，并率先将华东区作为试点。

公司在华东区一线工人和经营人员中率先实行工资全额浮动政策，收到了不错的效果。为了进一步激发二线工人及管理干部的积极性，该区域宣布全面实行工资全额浮动政策。决定宣布后，连续两天，业务组几乎无人工作，大家议论纷纷，抵触情绪很大。经过区域领导多次做思想工作，业务组最终被迫接受了事实。

实行工资全额浮动政策后，业务人员的月收入在基本生活补贴的基础上，按当月完成营销任务的产值提取提成。如本月完成价值为100万的营销任务，基本上按营销额的0.27%提成，即提成2 700元。当然，业务人员除了要完成基本业务额，还必须指导和协调部门之间的工作。分配政策的改变使营销组每日完成的工作量有较大幅度的提高。组员主动加班加点，过去个别人“磨洋工”的现象不见了。然而，随之而来的是，小组里出现了争抢任务的现象，大家都想搞产值高、难度小的项目，而难度大或短期内难见效益的客户开发项目则备受冷落。

老彭原来主动要求开发与某世界500强企业的合作项目，但实行工资全额浮动政策三个月后，他向经理表示，自己能力有限，希望放弃这个项目，要求经理重新给他布置设计任务。

老李58岁，多年从事营销工作。实行工资全额浮动政策后，他感到了沉重的工作压力。当年9月份，他作为某项目的业务代表赴某市洽谈，因种种复杂的原因，该项目未能中标。他出差了20多天，刚接手的另一个项目尚处于准备阶段，故当月无业务，仅得到基本生活补贴的780元。虽然在随后的10月份，他因较高的业务额而得到3580元的工资，但他依然难以摆脱强烈的失落感，他向同事们表示：他打算提前申请退休。

尽管业务经理总是尽可能公平地安排项目任务，平衡大家的利益，但意见还是一大堆。小组内人心浮动，好几个人有跳槽的意向，新分配来的大学生小王干脆不辞而别。经理感到自己越来越难做人了。

思考：根据弗鲁姆的期望理论，分析该家公司存在的问题。

五、公平理论

公平理论又称社会比较理论，是由美国心理学家约翰·斯塔西·亚当斯于1965年提出的。该理论是研究人的动机和知觉关系的一种激励理论。

公平理论的基本观点是：当一个人取得了成绩并获得报酬后，他不仅关心自己所得报酬的绝对量，而且关心自己所得报酬的相对量。因此，他要进行种种比较来确定自己所获报酬是否合理，比较的结果将直接影响其今后工作的积极性。比较有两种：一种比较被称为横向比较，一种比较被称为纵向比较。

（一）横向比较

横向比较是指，一个人要将自己获得的"报偿"（包括金钱、工作安排以及获得的赏识等）与自己的"投入"（包括教育程度、努力、用于工作的时间、精力和其他无形损耗等）的比值与组织内其他人进行比较，只有其相等时他才认为公平。如下式所示：

$$\frac{OP}{IP}=\frac{OC}{IC}$$

其中：

OP 表示自己对所获报酬的感觉；

OC 表示自己对他人所获报酬的感觉；

IP 表示自己对个人投入的感觉；

IC 表示自己对他人投入的感觉。

当上式为不等式时，可能出现以下两种情况：

①一种是前者小于后者，即 $OP/IP<OC/IC$。第一种办法是其可能要求增加自己的收入或降低自己今后的努力程度，以便左方增大，两者相等；第二种办法是其可能要求组织减少比较对象的收入或让其今后加大努力以便右方减小，使两者趋于相等。此外，他还可能另外找人作为比较对象以达到心理上的平衡。

②另一种是前者大于后者，即 $OP/IP>OC/IC$。其可能要求降低自己的报酬，或在开始时自动多做些工作，久而久之其会重新估计自己的技术和工作情况，觉得自己确实应当得到那么高的待遇，于是产量便又会回到过去的水平。

（二）纵向比较

纵向比较是指，把自己目前投入的努力与目前所获得报偿的比值，同自己过去投入的努力与过去所获报偿的比值进行比较，只有两者相等时才认为是公平的，如下式所示：

$$\frac{OP}{IP}=\frac{OH}{IH}$$

其中：

OH 表示自己对过去所获报酬的感觉；

IH 表示自己对个人过去投入的感觉。

当上式为 $OP/IP<OH/IH$ 时，人也会有不公平的感觉，这可能导致其工作积极性下降。

当上式为 OP/IP>OH/IH 时，人不会因此产生不公平的感觉，但也不会感觉自己多拿了报酬进而主动地做些工作。调查和实验的结果表明，不公平感绝大多数是由于对两者比较后认为自己目前的报酬过低而产生的，但少数情况下也会由于对两者比较后认为自己的报酬过高而产生。

当一个人感到被不公平对待时，其心里会产生苦恼，表现为紧张不安，行为动机不足，工作效率下降，甚至出现逆反行为。个体为了消除不安，一般会出现以下一些行为措施：通过自我解释达到自我安慰，产生一种公平的假象，以消除不安；更换对比对象，以获得主观的公平；采取一定行动，改变自己或他人的得失状况；发泄怨气，制造矛盾；暂时忍耐或逃避。

公平与否的判定受个人的知识和修养的影响，即使是外界氛围，也是要通过个人的世界观以及良好的价值观才能起作用。

【案例】

一定要留住韦尔奇

通用电气公司是一个伟大的企业，因为其造就了一些伟人，其中就有后来成为其首席执行官的杰克·韦尔奇。1961 年，杰克·韦尔奇已经以工程师的身份在通用电气公司工作了一年，年薪是 10 500 美元。看到他表现不错，他的第一位老板给他涨了 1 000 美元，韦尔奇很高兴。可是不久，他发现他们办公室四个人的薪酬是完全一样的，于是其就高兴不起来了。他认为自己的贡献比他们都大，应该得到比他们多的报酬。这件事让韦尔奇发现，通用电气公司也不像传说中的那样好。他去和老板谈，要求增加工资，老板没同意，他就萌生了跳槽的想法。不久，他找到了一份体面的工作，是在一家设在芝加哥的国际矿物和化学公司的工作，离他岳母的住所不远。听说韦尔奇要走，这可急坏了韦尔奇的上司——当时年轻的经理鲁本·古托夫。韦尔奇这个自命不凡的年轻人给他留下了深刻印象，可第二天就要举行他的欢送会了，于是古托夫当晚就邀请韦尔奇夫妇共进晚餐。吃饭的时候古托夫苦口婆心地劝韦尔奇留下，但 4 个小时的晚宴没有说服一颗要走的心，古托夫还是不甘心，在回家途中，在路边的电话亭旁他继续对韦尔奇游说。他对韦尔奇说："我给你涨一点工资，在科普兰给你涨 1 000 美元的基础上，再涨 2 000 美元。我知道，钱不是主要原因。"当时已经是半夜一点钟了。在黎明后的几个小时里，韦尔奇出席了为他举行的欢送会，但他决心留下来。古托夫很高兴地说："这是我人生中一次最成功的推销活动。"

思考：这个故事体现了激励中的什么理论？

【项目任务】

情景模拟——公平理论

训练目标：培养学生对激励理论的认识能力。

情景模拟要求：共六个角色，即小母鸡、牛、鸭、猪、鹅、村长；随机抽取六名学生通过角色扮演的形式模拟以下场景：

【场景1】 小母鸡在谷场上扒食物,直到扒出几粒麦子,她叫来邻居说:"假如我们种下这些麦子,我们就有面包吃了。谁来帮我种下它们?"

牛说:"我不种。"

鸭说:"我不种。"

猪说:"我不种。"

鹅说:"我也不种。"

"那我种吧。"这只小母鸡说,然后自己种下了麦子。

【场景2】 眼看麦子长成了,小母鸡又问:"谁来帮我收麦子?"

鸭说:"我不收。"

猪说:"这不是我们应该做的事。"

牛说:"那有损我的资历。"

鹅说:"不做虽然饿一点,但也不至于饿死。"

"那我自己收。"小母鸡说着就自己动手收麦子。

【场景3】 终于到了烤面包的时刻,"谁帮我烤面包?"小母鸡问。

牛说:"那得给我加班工资。"

鸭说:"那我还能享受最低生活补偿吗?"

鹅说:"如果让我一个人帮忙,那太不公平了。"

猪说:"我太忙,没时间。"

"我仍要做。"小母鸡说。

【场景4】 小母鸡做好5块面包并拿给她的邻居们看,邻居们都要求分享劳动成果,他们说小母鸡之所以种出麦子,是因为其在地里找出了种子,这应该归大家所有,再说土地也是大家的。但小母鸡说:"不,我不能给你们,这是我自己种的。"

牛叫道:"损公肥私!"

鸭说:"简直像资本家一样。"

鹅说:"我要求平等。"

猪只管嘀嘀咕咕,其他人忙着告状,要求给个说法。

【场景5】 村长到了,他对小母鸡说:"你这样做很不公平,你不应太贪婪。"小母鸡说:"怎么不公平?这是我的劳动所得。"村长说:"确切地说,那只是理想的自由竞争制度。我们大家是一个团队,为了体现团队精神,在谷场的每个成员都应该有其该得的一份,在目前的现实制度下,必须共同分享劳动成果。"

从此以后他们都过着和平的生活,但小母鸡再也不烤面包了。

每个成员就下列问题写出自己的感受和观点,由小组汇总为书面报告并提交。

(1)针对这个故事,你如何看待"公平与不公平"?

(2)你如何看待自己遭遇的类似问题?

【课外拓展】

激励机制

一、激励机制的内容

激励机制是通过一套理性化的制度来反映激励主体与激励客体相互作用的方式。激励机制的内涵就是构成这套制度几个方面的要素。根据激励的定义,激励机制包含以下几个方面的内容。

(一)诱导因素集合

诱导因素就是用于调动员工积极性的各种奖酬资源。对诱导因素的提取,必须建立在对成员个人需要进行调查、分析和预测的基础上,然后根据组织所拥有的奖酬资源的实际情况设计各种奖酬形式,包括各种外在性奖酬和内在性奖酬(通过工作设计来实现)。需求层次理论可用于指导对诱导因素的提取。

(二)行为导向制度

它是组织对其成员所期望的努力方向、行为方式和应遵循的价值观的规定。在组织中,诱导因素诱发的个体行为可能会朝向各个方向,即不一定都是指向组织目标。同时,个人的价值观也不一定与组织的价值观相一致,这就要求组织在员工中间树立统驭性的主导价值观。行为导向一般强调全局观念、长远观念和集体观念,这些观念都是为实现组织的各种目标服务的。M.勒波夫博士在《怎样激励员工》一书中指出,世界上最伟大的原则是奖励;受到奖励的事会做得更好,在有利可图的情况下,每个人都会干得更漂亮。他还列出了企业应该奖励的10种行为方式:(1)奖励彻底解决问题的,而不是仅仅采取应急措施。(2)奖励冒险的,而不是躲避风险的。(3)奖励可行的创新行为的,而不是盲目跟从的。(4)奖励果断的行动,而不是无用的分析。(5)奖励出色的工作而不是碌碌无为的行为。(6)奖励简单化,反对不必要的复杂化。(7)奖励默默无声的有效行动,反对哗众取宠。(8)奖励高质量的工作,而不是草率的行动。(9)奖励忠诚,反对背叛。(10)奖励合作,反对内讧。勒波夫所列举的这些应该奖励的行为方式,对于很多企业来说,都可作为员工的行为导向。

(三)行为幅度制度

它是指对由诱导因素所激发的行为在强度方面的控制规则。根据弗鲁姆的期望理论公式($M=V\times E$),对个人行为幅度的控制是通过改变一定的奖酬与一定的绩效之间的关联性以及奖酬本身的价值来实现的。根据斯金纳的强化理论,按固定的比率和变化的比率来确定奖酬与绩效之间的关联性,会对员工行为产生不同的影响。前者会带来迅速的、非常高的且稳定的绩效,并呈现中等速度的行为消退趋势;后者将带来非常高的绩效,并呈现非常慢的行为消退趋势。行为幅度制度可以将个人的努力程度调整在一定范围内,以防止一定奖酬对员工的激励效率的快速下降。

(四)行为时空制度

它是指奖酬制度在时间和空间方面的规定。这方面的规定包括特定的外在性奖酬和特定的绩效相关联的时间限制,员工与一定的工作相结合的时间限制,以及有效行为的空间范围。这样的规定可以防止员工短期行为的出现和地理无限性,从而使所期望的行为具有一定的持续性,并在一定的时期和空间范围内发生。

(五)行为归化制度

行为归化是指,对成员进行组织同化和对违反行为规范或达不到要求的成员进行处罚和教育。组织同化(organizational socialization)是指把新成员带入组织的一个系统的过程。它包括对新成员在人生观、价值观、工作态度、合乎规范的行为方式、工作关系、特定的工作技能等方面的教育,使他们成为符合组织风格和习惯的成员,从而具有一个合格的成员身份。关于各种处罚制度,要在事前向员工交代清楚,即对他们进行负强化。若违反行为规范和达不到要求的行为发生了,在给予其适当的处罚的同时要加强教育,教育的目的是提高当事人对行为规范的认识和行为能力,即再一次的组织同化。所以,组织同化实质上是组织成员不断学习的过程,对组织具有十分重要的意义。

以上五个方面的制度和规定都是激励机制的构成要素,激励机制是五个方面构成要素的总和。其中诱导因素发挥激发行为的作用,其他四个方面起导向、规范和制约行为的作用。一个健全的激励机制应是完整的,其包括以上五个方面、两种性质的制度。只有这样,企业才能进入良性的运行状态。

二、激励机制作用的性质

激励机制一旦形成,就会作用于组织系统本身,使组织机能处于一定的状态,并进一步影响着组织的生存和发展。激励机制对组织产生的作用具有正反两面性,即推动性或阻碍性,也就是说,激励机制对组织具有推动作用或阻碍作用。

(一)激励机制的推动作用

激励机制的推动作用是指一定的激励机制对员工的某种符合组织期望的行为具有反复强化、不断增强的作用,在这样的激励机制下,组织不断发展壮大,不断成长。我们称这样的激励机制为良好的激励机制。当然,在良好的激励机制之下,肯定有负强化和惩罚措施对员工的不符合组织期望的行为进行约束。激励机制对员工行为的推动作用给管理者的启示是:管理者应能找准员工的真正需要,并将满足员工需要的措施与组织目标的实现有效地结合起来。

(二)激励机制的阻碍作用

激励机制的阻碍作用表现在:由于激励机制中存在去激励因素,组织对员工所期望的行为并没有表现出来。尽管激励机制设计者的初衷是希望通过激励机制的运行有效地调动员工的积极性,实现组织的目标。但是,无论是激励机制本身不健全,还是激励机制不具有可行性,都会对一部分员工的工作积极性产生削弱作用,这就是激励机制的致弱作用。在一个组织中,当对员工工作积极性起阻碍作用的因素长期起主导作用时,组织的发展就会受到限制,直到走向衰败。因此,对于存在致弱作用的激励机制,必须将其中的去激励因素根除,代之以有效的激励因素。

三、激励机制的运行模式

激励机制运行的过程就是激励主体与激励客体之间互动的过程，也就是激励工作的过程。下图是一个基于双向信息交流的全过程激励运行模式。

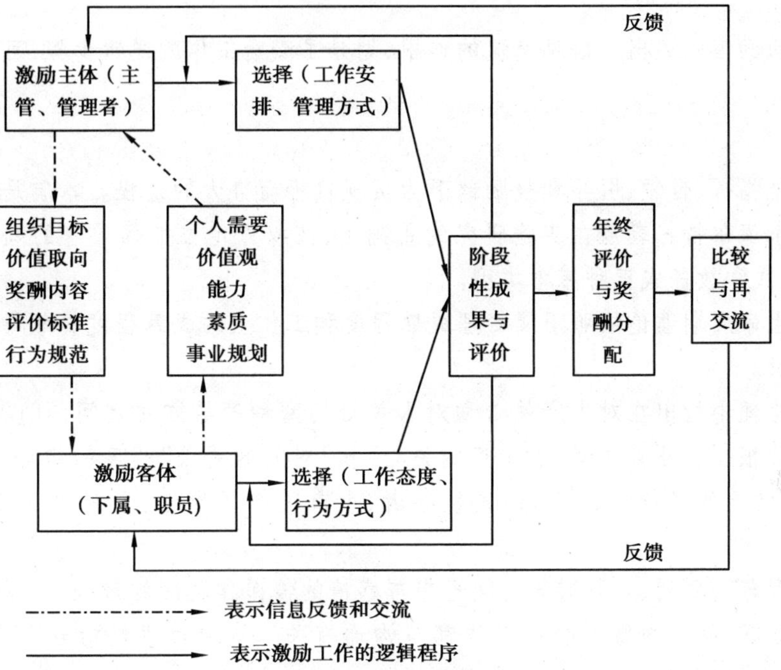

激励机制的运行模式

这种激励机制运行模式，是从员工进入工作状态之前开始的，贯穿于实现组织目标的全过程，故又称全过程激励模式。

这一激励模式应用于管理实践中可分为5个步骤，其工作内容分别如下：

第一，双向交流。这一步的任务使管理人员了解员工的个人需要、事业规划、能力和素质等，同时向员工阐明组织的目标、组织所倡导的价值观、组织的奖酬内容、绩效考核标准和行为规范等；而员工个人则要把自己的能力和特长、个人的各方面要求和打算恰如其分地表达出来，同时员工要把组织对自己的各方面要求了解清楚。

第二，各自选择行为。通过前一步的双向交流，管理人员将根据员工个人的特长、能力、素质和工作意向给他们安排适当的岗位，提出适当的努力目标和考核办法，采取适当的管理方式并付诸行动；而员工则采取适当的工作态度、适当的行为方式和努力程度开始工作。

第三，阶段性评价。阶段性评价是对员工已经取得的阶段性成果和工作进展及时进行评判，以便管理者和员工双方再做适应性调整。这种阶段性评价要选择适当的评价周期，可根据员工的具体工作任务确定为一周、一个月、一个季度或半年等。

第四，年终评价与奖酬分配。这一步的工作是在年终进行的，员工要配合管理人员对自己的工作成绩进行评价并据此获得组织的奖酬资源。同时，管理者要善于听取员工自己对工作的评价。

第五，比较与再交流。在这一步，员工将对自己从工作过程和任务完成后所获得的奖酬与其他人进行比较，以及与自己的过去相比较，看一看在工作中所得到的奖酬自己是否满意，是否公平。通过比较，若员工觉得满意，将继续留在原组织工作；若不满意，可再与管理人员进行建设性磋商，以达成一致意见。若双方不能达成一致的意见，双方的契约关系将中断。

全过程激励模式突出了信息交流的作用，划分了激励工作的逻辑步骤，可操作性强。

【项目小结】

领导就是指挥、带领、引导和鼓励部下为实现目标而努力的过程。本质是影响力。

心理学家库尔特·勒温在实验研究的基础上，按权力定位把领导者的领导作风划分为专制式、民主式和放任式三种基本类型。

领导的生命周期理论依照下属心理成熟程度和工作上的成熟程度将领导者的领导周期分为四个阶段。

管理方格理论指出在对生产关心和对人关心的两种领导方式之间，可以进行不同程度的互相结合。根据企业管理者“对生产的关心”和“对人的关心”程度的组合，可以将领导分为五种类型：贫乏的领导者、俱乐部式领导者、小市民式领导者、专制式领导者、理想式领导者。

沟通是人与人之间、人与群体之间思想与感情的传递和反馈的过程，以求达成思想的一致和感情的通畅，组织的整个管理工作都与沟通有关。沟通过程包括五个要素，即沟通主体、沟通客体、沟通介体、沟通环境、沟通渠道。

有效沟通的原则：积极反馈、控制情绪、学会倾听。

激励，就是企业根据职位评价和绩效考评结果，设计科学的薪酬管理系统，以一定的行为规范和惩罚性措施，借助信息沟通，激发、引导和规范企业员工的行为，以有效实现企业及其员工个人目标的系统活动。

马斯洛需求层次理论把需求分成生理需求、安全需求、社交需求、尊重需求和自我实现需要五类，依次由较低层次到较高层次排列。一般来说，某一层次的需求相对满足了，就会向高一层次发展，追求更高一层次的需求就成为行为的驱动力。相应地，获得基本满足的需要就不再是一股激励力量。

双因素理论将激励因素分为激励因素和保健因素，前者包括工作本身、认可、成就和责任，后者包括公司政策和管理、技术监督、薪水、工作条件以及人际关系等。

期望理论是以三个因素反映需要与目标之间的关系的，要激励员工就必须让员工明确：工作能提供给他们真正需要的东西；他们欲求的东西是和绩效联系在一起的；只要努力工作就能提高他们的绩效。

公平理论的基本观点是：当一个人取得佳绩并获得报酬以后，他不仅关心自己所得报酬的绝对量，而且关心自己所得报酬的相对量。因此，他要进行种种比较来确定自己所获的报酬是否合理，比较的结果将直接影响今后工作的积极性。

【项目实训】

1.将全班学生按6~8个人分组。每个小组都要确定主持会议时应该做和不应该做的事情。为了使得会议有成效,领导者必须:

做下列事情	不做下列事情

2.一家便利店持续被偶尔的现金短缺所困扰,请每个小组为该便利店制订一份行动方案。在制订行动方案的决策过程中,每个小组选出一位学生担任小组会议负责人。

行动方案:

a.

b.

c.

d.

e.

f.

3.十分钟后,小组负责人讲述当组长是什么感觉。然后,各小组向组长反馈意见,注意利用前面列举的应该做和不应该做的事情。

4.小组组员轮流主持会议,并分享感受。

【项目练习】

一、单选题

1. 以下各项不属于积极倾听的技能是(　　)。

A.在别人说话时,注视对方

B.用自己的话复述对方的话

C.通过提问以保证理解

D.不时打断对方的发言,以便及时表达自己的观点,形成沟通

2.(　　)人性假设认为:人生来就是懒惰的,只要可能就会逃避工作。

A.X 理论　　B.Y 理论　　C.Z 理论　　D.超 Y 理论

3.管理方格理论提出了五种最具代表性的领导类型,(　　)领导方式对生产和工作的完成情况很关心,却很少关心人的情绪,属于任务式领导。

A.1-1 型　　B.9-1 型　　C.1-9 型　　D.5-5 型

4.根据领导生命周期理论,对成熟度很高的下属应采取何种领导方式?( )

A.高工作、高关系　　B.高工作、低关系

C.低工作、高关系　　D.低工作、低关系

5.双因素理论中的双因素指的是( )。

A.人和物的因素　　B.信息与环境的因素

C.保健因素与激励因素　　D.自然因素和社会因素

6.领导方式可以分成专制、民主、放任三种,其中民主型领导方式的主要优点是( )。

A.纪律严格,管理规范,赏罚分明

B.组织成员具有高度的独立自主性

C.按规章管理,领导者不运用权力

D.员工关系融洽,工作积极主动,富有创造性

7.如果发现一个组织中小道消息很多,而正式渠道的消息很少,这意味着该组织( )。

A.非正式沟通渠道中信息传递很通畅,运作良好

B.正式沟通渠道中消息传递存在问题,需要调整

C.其中有一部分人特别喜欢在背后乱议论,传递小道消息

D.充分运用了非正式沟通渠道的作用,促进了信息的传递

8.张先生是一家快递企业的经理,创业初期,公司里只有 12 名员工,每个人都由张先生直接管理。随着规模的扩大,张先生聘请了一位副经理,由他处理公司的具体管理事务,自己专心于企业的战略经营,有什么事情都由副经理向其汇报。则公司的沟通网络( )。

A.由轮型变成了 Y 型　　B.由 Y 型变成了轮型

C.由轮型变成了链型　　D.由链型变成了星型

9.根据马斯洛需要层次理论,可得如下结论( )。

A.对于具体的个人来说,其行为主要受主导需求的影响

B.越是低层次的需求,其对人们行为所产生的影响就越大

C.任何人都有五种不同层次的需要,而且各层次的需求程度相等

D.层次越高的需求,其对人们行为产生的影响也就越大

10.下述对于信息沟通的认识中,哪一条是错误的?( )

A.信息传递过程中所经过的层次越多,信息的失真度就越大

B.信息量越多,就越有利于有效的沟通

C.善于倾听,能够有效改善沟通的效果

D.信息的发送者和接受者在地位上的差异也是一种沟通障碍

二、多选题

1.管理方格图中 9.9 型管理(团队式管理)的特点包括( )。

A.主管人员非常关心人　　B.主管人员极少关心人

C.主管人员非常关心生产　　D.主管人员极少关心生产

2.内容型激励理论包括( )。

A.马斯洛需要层次理论　　B.亚当斯的公平理论

C.奥德费的ERG理论　　D.麦克利兰的成就需要理论

3.戴维斯发现,非正式的沟通网络可以归纳为以下几种类型?(　)

A.单串式　B.饶舌式　C.随机式　D.集合式　E.链式

4.梅奥等人对霍桑试验的材料总结后得出的结论主要有四点,它们是(　)。

A.职工是“社会人”　B.职工是“经济人”

C.企业中有“非正式组织”　D.新型领导能力在于提高职工满足度

E.存在着霍桑效应

5.下列关于非正式沟通的说法正确的是(　)。

A.非正式沟通传播的是小道消息,准确率较低

B.非正式沟通经常将信息传递给本不需要它们的人

C.非正式沟通信息交流速度较快

D.非正式沟通是配合决策对于信息的需要

6.领导的内涵包含以下(　)方面。

A.领导的本质是影响力

B.产生领导和被领导关系

C.领导者一定要有下属或追随者,即被领导者

D.领导具有目的性

7.管理方格理论把领导者分为(　)种类。

A.贫乏的领导者　B.俱乐部式领导者　C.小市民式领导者

D.专制式领导者　E.理想式领导者

8.按沟通媒介的不同,可以将沟通分为(　)。

A.语言沟通　B.非语言沟通　C.电子媒介沟通

D.正式沟通　E.非正式沟通

9.在“社会人”的人性假设理论影响下产生的管理思想及其管理措施,主要有以下特点(　)。

A.管理人员不能只注意完成生产任务,而应把注意的重点放在关心人、满足人的需要上

B.管理人员更应该重视员工之间的关系,培养和形成员工的归属感和整体感

C.在实行奖励时,提倡集体的奖励制度,而不主张个人奖励制度

D.管理人员不应只限于制订计划、组织工序、检验产品等,而应在职工与上级之间起联络人的作用

E.“社会人”的人性理论不仅看到了人具有满足自然性的需要,并且进一步认识到人还有被尊重的需求、社交的需求等其他一些社会需求,后一类需求比前一类需求层次更高。

10.以下各项属于双因素理论中的保健因素的有(　)。

A.工作本身　B.工作认可与责任　C.公司政策和管理

D.技术监督　E.人际关系

三、判断题

1.阿吉利斯认为，领导方式会影响人的成熟过程，如果让职工长期从事简单的重复性工作会产生依赖心理，从而阻碍其向成熟发展。（　）

2.表彰和奖励能起到激励作用，批评和惩罚不能起到激励作用。（　）

3.权变理论亦称随机制宜理论，强调领导无固定模式，领导效果因领导者、被领导者和工作环境的不同而不同。（　）

4.期望理论是美国心理学家佛鲁姆于 1964 年在《动机与人格》一书中提出来的。（　）

5.梅奥认为，在共同的工作过程中，人们相互之间必然发生联系，产生共同的感情，自然形成一种行为准则或惯例，要求个人服从，这就构成了“人的组织”。（　）

6.沟通是人与人之间、人与群体之间思想与感情的传递和反馈的过程，以求达成思想的一致和感情的通畅，组织的整个管理工作都与沟通有关。（　）

7.放任式领导的主要特点是极少运用其权力影响下属，而是给予下级高度的独立性，以致达到放任自流的程度。（　）

8.人在同一时期内有各种需要和动机，它们发生相互作用，并结合成一个统一的整体，形成复杂的动机模式。（　）

9.轮式沟通是一个开放式的网络系统，其中每个成员之间都有一定的联系，彼此了解。（　）

10.斯托格第的领导者品格理论提出八种个性特征和五种激励特征。（　）

四、简答题

1.简述沟通的目的和特征。

2.简述正式沟通和非正式沟通的形态。

3.简述领导方格理论五种典型的领导方式。

4.梅奥人际关系理论的主要观点是什么？

5.领导权变理论的基本观点是什么？并列举几种代表性的理论。

五、案例分析题

案例一

助理工程师黄大佑，一个名牌大学高才生，毕业后工作已 8 年，于 4 年前应聘到一家大厂工程部负责技术工作，工作勤恳负责，技术力强，很快就成为厂里有口皆碑的“四大金刚”之一，名字仅排在一号种子厂技术部主管陈工之后。然而，工资却同仓管人员不相上下，夫妻小孩三口尚住在来时住的那间平房。对此，他心中时常有些不平。

黄厂长，一个有名的识才老厂长，“人能尽其才，物能尽其用，货能畅其流”的孙中山先生名言，在各种公开场合不知被他引述了多少遍，实际上他也是这样做的。4 年前，黄大佑调来报到时，门口用红纸写的“热烈欢迎黄大佑工程师到我厂工作”几个不凡的颜体大字，是黄厂长亲自吩咐人秘部主任落实的，并且交代要把“助理工程师”的“助理”两字去掉。这确实使黄大佑当时春风不少，工作更卖劲。

两年前，厂里有指标申报工程师，黄大佑属有条件申报之列，但名额却让给了一个没有文凭、工作平平的老同志。他想问一下厂长，谁知，他未去找厂长，厂长却先来找他了："黄工，你年轻，机会有的是。"去年，他想反映一下工资问题，这问题确实重要，来这里其中一个目的就是想有高一点的工资，提高一下生活待遇，但是几次想开口，都没有勇气讲出来。因为厂长不仅在生产会上大夸他的成绩，而且，曾记得，有几次外地人来取经，黄厂长当着客人的面赞扬他："黄工是我们厂的技术骨干，是一个有创新的……"哪怕厂长再忙，路上相见时，总会拍拍黄工的肩膀说两句，诸如"黄工，干得不错""黄工，你很有前途"。这的确让黄大佑兴奋，"黄厂长确实是一个伯乐"。此言不假，前段时间，他还把一项开发新产品的重任交给他呢，大胆起用年轻人，然而……

最近，厂里新建好了一批职工宿舍，听说数量比较多，黄大佑决心要反映一下住房问题，谁知这次黄厂长又先找他，还是像以前一样，笑着拍拍他的肩膀："黄工，厂里有意培养你入党，我当你的介绍人。"他又不好开口了，结果家没有搬成。

深夜，黄大佑对着一张报纸招聘栏出神。第二天一早，黄厂长办公台面上压着一张小纸条：您是一个懂得使用人才的好领导，我十分敬佩您，但我决定走了。

问题：

1.根据马斯洛需求层次理论，住房、评职称、提高工资和入党对于黄工来说分别属于什么需要？

2.根据公平理论，黄工的工资和仓管员的不相上下，是否合理？

3.根据有关激励理论分析，如果你是黄厂长，如何留住黄工？

案例二　哪种领导类型最有效？

ABC 公司是一家中等规模的汽车配件生产集团。最近，对该公司的三个重要部门经理进行了一次有关领导类型的调查。

安西尔对他本部门的产出感到自豪。他总是强调对生产过程、出产量进行控制的必要性，坚持下属人员必须很好地理解生产指令以得到迅速、完整、准确的反馈。当遇到小问题时，安西尔会放手交给下级去处理，当问题很严重时，他则委派几个有能力的下属人员去解决问题。通常情况下，他只是大致规定下属人员的工作方针、完成怎样的报告及完成期限。安西尔认为只有这样才能实现更好的合作，避免重复工作。安西尔认为对下属人员采取敬而远之的态度对一个经理来说是最好的行为方式，所谓的"亲密无间"会松懈纪律。他不主张公开谴责或表扬某个员工，相信他的每一个下属人员都有自知之明。据安西尔说，在管理中的最大问题是下级不愿意接受责任。他认为他的下属人员有机会做许多事情，但他们并不会很努力地去做。

鲍勃认为每个员工都有人权，他偏重于管理者有义务和责任去满足员工需要的学说，他说，他常为他的员工做一些小事，如给员工两张下月在伽利略城举行的艺术展览的入场券。他认为，每张门票才 15 美元，但对员工和他的妻子来说却远远超过 15 美元。这种方式，也是对员工过去几个月工作的肯定。鲍勃说，他每天都要到工厂去一趟，与至少 25%的员工交谈。鲍勃不愿意为难别人，他认为艾的管理方式过于死板，艾的员工也许并不那么满意，但除了忍耐别无他法。鲍勃说，他已经意识到在管理中有不利因素，但大都是生产压力造成的。他的想法是以一种友好、粗线条式的管理方式对待员工。他承认尽管在生产率上不如其他单位，但他相信他的雇员有高度的忠诚与士气，并坚信他们会因他的开明领导而努力工作。

查里说他面临的基本问题是与其他部门的职责分工不清。他认为不论是否属于他们的任务都安排给他的部门，似乎上级并不清楚这些工作应该谁做。查里承认他没有提出异议，他说这样做会使其他部门的经理产生反感情绪。他们把查里看成朋友，而查里却不这样认为。查里说过去在不平等的分工会议上，他感到很窘迫，但现在适应了，其他部门的领导也不以为意了。查里认为纪律就是使每个员工不停工作，发现各种问题。他认为作为一个好的管理者，没有时间像鲍勃那样握紧每一个员工的手，告诉他们正在从事一项伟大的工作。他相信如果一个经理声称为了决定将来的提薪与晋职而对员工的工作进行考核，那么，员工则会更多地考虑他们自己，由此而产生很多问题。他主张，一旦给一个员工分配了工作，就让他以自己的方式去做，取消工作检查。他相信大多数员工知道自己怎样做好自己的工作。如果说存在问题，那就是他的工作范围和职责在生产过程中产生混淆。查理的确想过，希望公司领导叫他到办公室听听他对某些工作的意见。然而，他并不能保证这样做不会引起风波而使事情有所改变。他说他正在考虑这些问题。

问题：

1.你认为这三个部门经理各采取什么领导方式？

2.这些领导模式都是建立在什么假设的基础上的？

3.试预测这些模式各将产生什么结果？

4.是否每一种领导方式在特定的环境下都有效？为什么？

参考答案请扫描下方二维码。

项目四练习答案

项目五　控制职能

本项目主要通过组成管理和学习团队,采用情境模拟方式,分析实际企业管理案例,了解控制的概念和控制的方法,掌握企业的预算控制、财务控制和内部控制的实际应用。

学习目标

知识目标:

1.了解控制的概念、重要性及作用;

2.了解控制的类型;

3.理解控制的要求;

4.掌握控制的过程;

5.理解控制与计划等其他管理职能之间的关系。

技能目标:

1.掌握危机和管理控制;

2.能够灵活运用控制的各种方法进行管理实践活动。

任务一　控制概述

【任务情境】

海尔 OEC 管理制度

海尔集团经过多年的探索，有效地解决了员工惰性这一难题，并不断发展完善形成了其独特的制度体系——日清管理系统（OEC 管理）。

OEC 是下列英文单词的缩写：

O——overall，海尔称其为全方位；

E——①everyone，指每个人；②everything，指每件事；③everyday，指每一天；

C——①control 控制；②clear 清理。

OEC 管理即企业全方位地对每人每天所做的每件事进行控制和管理，做到"日事日毕，日清日高"。具体地讲，就是企业每天所有的事都有人管，做到控制不漏项；所有的人均有管理控制内容，并依据工作标准按计划执行各自所控制的事项；每日把实施结果与计划指标进行对照、总结、纠偏，达到对事物发展过程自控和事事控制的目的，确保企业计划目标的实现。

比如，在海尔的日清体系有一个看板管理。看板管理把海尔所有的事和物都按照一定的模式分成非常细微的目标，然后每一件事情、每一个物品都分到人管理。例如在海尔制造冰箱的车间，一共有两千多块玻璃，每一块玻璃的右下角都贴着一块小纸条，写着两个名字，第一个是由谁来负责清理这一块玻璃，第二个是由谁来检查。这个小纸条就是海尔的看板管理的一个体现。与小纸条配套的制度就有：负责的人应该怎样对玻璃进行清理，多长时间清理一次；检查的标准也定得非常清楚，多长时间来检查一次，如果检查结果不好，应该出具什么样的整改清单。在这样一种管理体制下，海尔整个厂区内非常清洁、整齐。同时在企业的生产环境里还有积极向上的环境布置。例如，车间最外面有一块大的日清栏，里面有表扬栏目，所有的员工都在三工动态的转换过程中。所谓"三工并存、动态转换"，是指全体员工分为优秀员工、合格员工、试用员工三种，分别享受不同的三工待遇（包括工龄补贴、工种补贴、分房加分等），并根据工作业绩和贡献大小进行动态转换，全厂覆盖。每个月都表扬优秀员工，当月表现最差的员工也要上榜。在这样的体系下，海尔建设了一个非常优秀的企业环境，走进海尔处处可以感受到一种企业的活力，一种奋发向上的、创新的企业文化。

当前，各类组织都很重视管理工作。为了向管理要效益，组织管理者明确了企业的经营理念，制订了组织发展战略，设计并规范了组织结构和岗位设置，明确了业务流程，形成了一整套规范的管理制度。但在实际运作中，却常常发现一些好的设想难以落实下去；组织文化理念仅仅停留在领导人的口头和组织宣传上，却难以转化为行动，组织手册、业务流程和规章制度被束之高阁,耗费心血设计的计划和制度流于空谈而没有对组织发展起到实际的推动作用。

为什么会出现这种情况呢?一个主要原因就是组织没有加强控制工作。控制是实现计划的保障,有目标和计划而没有控制,人们可能知道自己做了什么,但无法知道自己做得怎样,存在哪些问题,哪些地方需要改进。组织需要通过控制工作来对具体的组织活动进行检查和调整,以保证计划的落实。

控制是为了保证企业计划与实际作业动态适应的管理职能。控制工作的主要内容包括确立标准、衡量绩效和纠正偏差。有效的控制不仅要求选择关键的经营环节,确定恰当的控制频度,收集及时的信息,而且要求合理运用预算或非预算的控制手段。

思考:管理活动为什么需要控制职能?

【理论学习】

一、控制的含义

"控制"(control)一词最早起源于希腊语"掌舵术",意思就是领航者通过向下属发号施令将偏离航线的船只拉回正常轨道上。从这一起源来看,控制最核心的含义是维持既定的航向,或者说是维持能够达成目标的正确行动路线。自诺伯特·维纳 1948 年创立控制论以来,许多研究学者都试图将控制论运用于他们研究的各个学科领域,以丰富某一学科的理论和方法体系,管理学便是其中之一。管理学家们关于控制的含义,有许多不同的见解。古典管理理论的先驱法约尔认为,控制就是监视人们是否在按照计划、命令及原则工作;霍德盖茨认为,控制就是管理者将计划的实际执行情况和制定的目标对照,并针对计划执行过程中的偏差,采取措施加以纠正,以确保计划目标的实现;孔茨则认为,控制就是按照计划标准衡量计划完成情况和纠正计划执行中的偏差,以确保计划目标的实现。

因此可以认为,所谓控制,是指按照既定的标准,监督检查计划的执行情况,发现偏差,找出原因,采取措施,进行纠正;或者根据已变化的情况对原计划进行调整,以确保组织目标的实现。

依据控制的概念可以发现,控制包含以下几层含义。

①控制具有目的性。控制并不是漫无目的地指挥,控制是对照组织制定的战略目标进行的。无论采取何种形式的控制方式,都是为了保证组织中各项活动按计划标准进行,以有效达成组织的特定目标。

②控制是通过"监督"和"纠偏"来实现的。对照组织既定的目标,通过对组织活动及其效果进行监控,及时发现组织活动中产生的偏差,分析偏差产生的原因,并采取相应的"纠偏"措施,以保证组织目标的实现。

③控制是一个过程。管理控制不是一次性的行为,而是一个循环的过程。它通过检查、监督并掌握组织活动的进展情况,对实际工作与计划之间的逆差进行纠正,以确保组织目标的顺利实现。管理的目的不是一次性行为的结果,需要一段时间才能实现。因此,一段时间内,要对组织进行控制,并在目标实现后为下一次的组织活动提供一些控制反馈信息。

二、控制的构成要素及前提

(一)控制的构成要素

通过上述定义,不难发现控制的构成要素。概括起来,控制的构成要素有三点:控制标准、偏差信息、纠正措施。

1.控制标准

控制标准是开展控制工作的依据,没有控制标准,控制工作也就无章可循,无据可依。制订控制标准的依据是计划、组织目标以及具体工作的专业规范,这些标准包括质量标准、利润标准、时间标准、消耗标准等。只有产生了这些标准之后,监督及纠正等控制活动才有据可依,控制工作才能保证组织计划实施按照预定的方向进行。

2.偏差信息

偏差信息就是指实际工作情况或结果与控制标准之间的偏离情况。只有了解、掌握了偏离信息,才能决定是否应该采取纠正措施以及采取怎样的纠正措施。

3.纠正措施

纠正措施是根据偏差信息及偏差原因采取的一系列措施,其目的是消除偏差、保证计划的顺利进行。纠正措施应建立在对偏差原因进行正确分析的基础上,并不是一有偏差就立即采取纠正措施,而是偏差超过一定界限时纠正措施才成为必要。

(二)控制的基本前提

事实上要想实施有效控制,除了构成控制的三个要素外,还离不开一些重要的前提条件,具体有以下几点。

1.明确、完整的计划

计划与控制都是管理的重要职能,它们是唇齿相依的关系,没有控制的计划是"水中月",没有计划的控制是"无头蝇"。计划是控制的依据,没有计划,就没有控制的标准,也就无法进行控制。计划制订得越详细、越全面、越完整,控制工作也就越有成效,所以说,要做好控制工作,前提之一就是做好计划工作。

2.明确的组织结构

控制工作就是发现偏差、纠正偏差,进而保证组织目标的实现,那么谁来发现偏差,谁来纠正偏差呢?必须明确一个组织中应由谁来对计划执行中的偏差负责,应由谁来采取纠正措施。通过建立专门的组织机构,配备专门的人员并规定其权力和责任,即可解决由谁来控制的问题。所以,明确的组织结构是控制工作的一个前提,组织工作越明确、越完善,控制工作就越有效。

3.有效的信息

控制工作实质上是一个施控者向受控者传递指挥和决策信息,受控者反馈执行信息的过程。没有信息的传递和反馈,控制就不能进行。控制工作本身也必须依据有效的信息。如果没有准确、全面和及时的信息,就难以保证控制的有效性。为保证获得有效的信息,必须在组织中建立完善的信息传递网络和机制,从而保证信息的畅通。

三、控制的特点

控制是贯穿于其他管理活动之中,是存在于管理活动的全过程的。管理中控制的特点主要体现在以下几个方面。

(一)整体性

控制的整体性主要体现在两个方面:一方面,完成组织既定的目标是全体组织成员共同的责任,因此,为实现目标而实施的管理控制也是全体组织成员的共同职责,而不仅仅是各级管理者的责任。另一方面,从控制的对象来看,控制覆盖组织活动的各个方面,既包括人力、财力、物力、信息等资源,也包括组织各个层次、各个部门、各个工作阶段,甚至每个人的工作,通过控制了解和掌握组织中各个部门和单位的工作情况,并加以控制,以确保其在正常轨道上工作,顺利实现组织目标。因此,从控制涉及的责任主体和控制工作覆盖范围来看,控制具有整体性。

(二)全程性

控制的全程性是指控制职能贯穿于管理活动的全过程中。尽管管理工作可以通过制订有效的计划、建立有效的组织结构、充分调动员工的积极性来促进计划目标的实现,但这些工作都不能保证所有的行动都按照计划实施,不能保证组织计划目标一定能够达到,还必须依靠控制工作在管理的各个阶段通过监督与纠偏的行为来保证计划按照既定的路线实施。控制职能存在于管理活动的全过程,整个计划实施过程都要受到控制行为的监控,它不仅能维持其他管理职能的正常活动,而且在必要的时候可以改变其他管理职能的活动。

(三)目的性

控制的根本目的在于,保证组织活动的开展能够与预定的组织目标和计划实施,保证组织目标的最终实现。管理控制无论是着眼于纠正执行中的偏差还是适应环境的变化,都是紧紧地围绕组织的目标进行的,所以说,控制具有目的性。

(四)动态性

组织处于社会环境中,而社会环境本来就是一个动态环境,因此,组织的外部环境和内部条件随时都在发生变化,这就决定了控制标准和方法不可能是固定不变的,要随着环境的改变而及时调整。为了提高控制的适应性和有效性,适当调整控制标准,采用灵活有效的控制方法,都体现了控制的动态性。

(五)人本性

管理控制本质上是由人来执行的,而且主要是针对人的行为进行控制。即便是对非人为因素进行控制,也需要通过人来判断和执行,管理控制不可忽视其中的人性方面因素。一方面,控制不仅仅是监督计划实施过程中的各种偏差,更重要的是指导和帮助员工。通过控制工作,管理者可以帮助员工分析偏差产生的原因,端正员工的工作态度,并指导他们在工作中采取纠正措施。这样,既能达到控制的目的,又能提高员工的自我控制能力。另一方面,管理者制订的偏差纠正计划,也要靠员工去实施。只有当员工认识到纠正偏差的必要性并具备纠正偏差的能力时,偏差才有可能被纠正。

四、控制的重要性

在组织的实际工作中，一旦没有了控制，组织计划实施过程很容易偏离正常的轨道，从而导致组织的目标无法实现。因此，控制工作在管理活动中起着非常重要的作用。

控制工作的重要性主要可以从以下几个方面来理解。

（一）组织环境的变化性

组织所处的是一个复杂、多变的环境，在组织实现目标和计划的过程中，各种环境因素随时都可能发生变化，如政治环境的变化、市场制度的变化、企业外部市场的变换、替代产品的出现、产品供需的改变、顾客消费心理的变化等，这些环境因素的变化使得组织原来建立的目标和制订的计划无法执行和实现。环境的变化给组织带来了更多的机会，同时带来了更多的挑战。组织要想实现既定的目标，就必须建立有效的控制系统，帮助管理者监督组织计划实施过程中对组织有重大影响的变化，并制订相应的措施。

（二）组织的复杂性

在当今企业规模越来越大和企业发展越来越多元化的现实情况下，每个组织要实现自身的目标，就必须完成系列复杂多样的工作，而每一项工作又都可能涉及组织多个不同的部门。为了保证组织计划目标的顺利实现，组织就必须针对各部门及其活动制订周密的计划，并确立严密有效的控制系统。越是复杂的组织，控制活动越重要，因为相对于简单的组织，复杂的组织要处理的工作更复杂，计划实施过程中出现偏差的可能性也就越大，控制也就尤其重要。

（三）管理工作中的失误

任何组织在其发展过程中都难免犯些错误，而控制是发现错误、纠正错误的有效手段。通过建立有效的控制系统，对实际活动的预警和反馈，管理者可以及时发现即将产生的和已经产生的错误。对偏差产生的原因进行分析可以从以下两方面着手，一方面立即采取相应的针对性措施，防止失误带来的严重后果；另一面，对后续工作提出指导性意见，做到防微杜渐。因此，控制是改进工作、推动工作不断前进的有效手段。

（四）授权中责任的体现

组织的各项工作是由各阶层的管理者共同完成的，管理者在授权过程中所承担的责任，并不会因为授权而被解除或减轻，而要为下属人员的失误承担相应的责任。因此，在授权过程中应建立一个控制系统以控制工作的进程。要使人们负责，就必须明确地知道他们的职责是什么，他们的绩效是如何考核的，以及评估过程中的绩效评估标准是什么。如果没有一个有效的控制系统，管理者就无法检查下属员工工作的进程和结果，就可能失控。

（五）控制与其他职能的关系

控制工作的重要性还表现在它和管理工作的其他职能之间的关系上。控制工作通过纠正计划、组织、领导过程中产生偏差的行动与其他四个职能紧密地结合在一起，使管理过程形成一个相对的闭环。在这个系统中，计划职能选择和确定了组织的目标、计划以及实现它们的程序。然后，通过组织工作、人员配备、指导与领导工作等职能去实现这些计划。要保证计划的目标能够实现,就必须在计划实施的不同阶段,检查计划的执行情况。这就是说,计划工作虽然先于控制活动,但其目标是不会自动实现的,它必须通过后续的行动以保证它的实现,一旦计划付诸实施,控制工作就必须穿插其中。控制工作对于衡量计划的执行进度,揭示计划执行中的偏差以及指明纠正措施等都是非常必要的。同时,要进行有效的控制,还必须制订计划,必须要有组织保证,必须要配备合适的人员,必须给予正确的领导。所以说,控制工作存在于管理活动的全过程中,它不仅可以维持其他职能的正常行使,而且在必要时,还可以通过采取纠正偏差的行动来改变其他管理职能活动。有时这种改变可能是很简单的,如在指挥中稍做变动即可。但在许多情况下,正确的控制工作可能需要确立新的目标,提出新的计划,改变组织机构,改变人员配备以及在指导和领导方法上进行重大改革,如现代信息技术的发展,使很多人为控制工作被信息系统所取代,那么,信息系统的应用会使原有的人员结构、组织结构都发生改变。

任务二　控制的类型及过程

【任务情境】

扁鹊的医术

魏文王问名医扁鹊:"你们家兄弟三人都精通医术,到底哪一位医术最好呢?"

扁鹊答:"长兄最好,中兄次之,我最差。"

文王再问:"那为什么你最出名呢?"

扁鹊答道:"长兄治病,是治病于病情发作之前。一般人不知他事先能铲除病因,所以他的医术无人知晓;长兄治病,是治于病情初起时,一般人以为他只能治小病,所以他的名气只及本乡里。而我是治病于病情严重之时,一般人都看到我在经脉上穿针管放血,在皮肤上敷药等大手术,所以以为我的医术高明,名气因此响遍公国。"

启示:事后控制不事中控制,事中控制不如事前控制,可惜大多数企业并未体会到这一点,等到错误的决策造成了重大损失后才去弥补。而往往即使请了名气很大的"空降兵",结果也往往于事无补。

思考:管理的控制职能有哪些类型?

【理论学习】

管理控制涉及组织活动的方方面面。由于管理控制的对象不同、目标不同、范围和重点不同,所运用的控制方式也有所不同。管理中的控制是组织管理实践过程中的重要组成部分。控制活动是一个过程,无论哪种控制对象,其所采用的控制过程都是相同的。本节将对控制的类型及控制的过程进行重点阐述。

一、控制的类型

在实际管理过程中,根据不同的标准,控制可以被分成不同类型。最常见的包括:根据控制信息获取方式和时间的不同,可以将控制分为前馈控制、现场控制和反馈控制;根据控制的性质,可以将控制分为预防性控制和更正性控制;根据有无反馈,可以将控制分为开环控制和闭环控制;根据控制的主体不同,可以将控制分为直接控制和间接控制;根据控制的来源不同,可以将控制分为正式组织控制、群体控制和自我控制。

(一)前馈控制、现场控制与反馈控制

控制职能可以按照控制活动实施的位置,即侧重控制事物进程的阶段,划分为三种类型,即前馈控制、现场控制与反馈控制。

1.前馈控制

前馈控制也称为事前控制、预先控制,是指管理人员在工作正式开始之前预测和估计可能产生的偏差,并采取防范措施,将可能产生的偏差消除于产生之前。前馈控制能够将偏差消灭在萌芽状态就是人们常说的未雨绸缪、三思而后行,在事前根据各种因素制订的方案,是专业技术部门根据实践经验、技术参数为依据提出的一种可行性引用和借鉴的方法。

前馈控制是控制的最高境界,是对整体运行的统筹规范,涵盖整个管理过程。它首先规划出一个大的方向,提示执行者需要注意哪些问题,或者需要提供哪些方面的支持,在对风险程度和不确定性加以评估后确定对策。要求执行者在深入了解事前预测情况中,根据环境的变量加强过程控制的依据。所以前馈控制能起到预警作用,使执行者在执行过程中有预知心理,从而想出多种可选方案。

前馈控制不针对任何具体人员,易于被员工接受并付诸实施,如管理部门制定的规章制度和操作流程等。前馈控制对信息的及时性和准确性要求较高,要求管理人员能够充分了解前能控制因素与计划工作的关系,这点往往会给管理者工作带来较大的困难。

2.现场控制

现场控制是在计划的执行过程中同步进行控制,也称为同步控制或实时控制。现场控制是一种管理者与被管理者面对面进行的控制活动,其目的主要在于及时纠正工作中出现的偏差。它是指在某项活动或者工作过程中,管理者在现场对正在进行的活动或行为给予必要的指导、监督,以保证活动和行为按照规定的程序和要求进行的管理活动。它是一种主要为基层管理者所采用的控制方法,它能做到偏差及时发现、及时了解、及时解决。

现场控制主要包括以下内容:管理者直接向下属员工提出适当的工作方法和工作过程;在现场监督下属员工的工作,以确保计划目标的顺利实现;发现偏差立即采取措施,予以纠正;发现以前未曾出现过的新问题,果断采取措施,予以纠正,或者及时向其他部门和人员上报情况等。

现场控制的优点在于纠正偏差的即时性,由于指导及时,因而可减少损失;此外,由于在

工作过程中，控制者面对面对被控制者进行控制、指导，这种指导可提高受控者的工作能力及自我控制能力。但同时，运用现场控制也受到一定的限制，它会受到管理者的时间、精力和业务水平的制约，且现场控制容易在控制者与被控制者之间形成对立情绪，影响被控制者的积极性。另外，现场控制的应用范围较小。

最常见的现场控制方式是直接观察。管理者通过对下属员工工作的直接观察，及时发现问题并马上予以纠正。例如，销售经理无意中听到一名销售员没有获得客户订单，他就应该知道销售员如何能够获得订单：一名车间主任在监督车间员工工作时发现员工没有按照公司制度佩戴相应的安全防护工具，他就应该监督该员工穿戴相应的安全防护设备。

随着现代信息技术的发展和计算机技术的广泛运用，实时信息可以在两地之间迅速传输，这就使得实时控制得以在异地之间实现，而突破了现场的限制。例如，一些超市和供应商之间进行信息共享，能将商品的库存信息马上反映到供应商那里，以便及时得到货源；一些医院能进行远程手术，在手术中通过信息网络将病人的各项生理指标传送给异地专家小组，使得专家小组能够控制手术的进行。

3.反馈控制

反馈控制，也称事后控制，是控制中最常见的控制类型。反馈控制是指管理人员分析以前的工作的执行结果，将它与控制标准相比较，发现偏差并找出出现偏差的原因，制订纠正措施以防止偏差发展或继续存在，为下一轮作业奠定控制的依据。

反馈控制的对象可以是行动的最终结果，如企业的产量、销售额、利润等，也可以是行动过程中的中间结果，如工序质量、库存水平等。前者可称为端部反馈，后者称为局部反馈。反馈控制的目的不是改进本次行动，而是力求总结经验教训，以便改进下一次的行动结果。

反馈控制方法的特点是管理人员根据输出的结果以及时滞信息来开展控制工作。例如进行产品质量控制，往往是先制定产品的质量标准，再对生产的产品进行检验，将检验结果与质量标准进行比较分析，并采取相应的措施。在这一流程中，检验结果是计划执行过程中的反馈信息，属于时滞信息，将统计结果与预先制定的标准比较，才能发现产品生产过程中有无偏差产生，如出现偏差才能进一步采取纠正措施。而统计结果包含两种可能：一种是生产的产品符合质量标准，这些产品可直接投入使用；另一种情况是生产的产品没达到质量标准，此时产品已经大量生产出来了，即便是检验的结果出现偏差，但已生产的不合格产品已经给企业带来了损失。

显然，反馈控制并不是一种最好的控制方法，但目前它仍被广泛使用，因为在管理过程中，管理人员所能得到的信息，大部分都是需要经过一段时间才能得到时滞信息。控制工作中，为减少反馈控制带来的损失，应该尽量缩短获得反馈信息的时间，及时确定反馈控制方法，使损失降至最低。

以上三种控制方法虽然各有特点，但在实际运用过程中往往是交叉使用的。前馈控制虽然可以事先做好准备，防患于未然，但有些突发事件是防不胜防的，这时必须辅之以现场控制，否则，前馈控制无法发挥应有的作用。同样，无论是前馈控制还是现场控制，都要用反馈控制来检验,因为计划是否按预定执行,不是仅有感性认识就行了,必须有真实的业绩支持。

(二)预防性控制与更正性控制

按照控制的性质不同,可以将控制划分为预防性控制和更正性控制。

1.预防性控制

预防性控制是为了避免产生错误或尽量减少今后的更正性活动,是为了防止资金、时间或其他资源的损耗而采取的一种预防保证措施。预防性控制是在错误产生之前的一种控制手段。

实施预防性控制的优点在于可以促使管理者更多地进行自我控制,从而主动对潜在的问题采取纠正措施;在向管理者个体委派任务时,有着较强的针对性,也为管理者经常性的评价以及组织的培训提供了依据;可以获得下属更多的信任与支持;会有效地减少组织运行中的种种偏差,节约经费开支,是一种非常有效的控制方法。但要运用好预防性控制方法,还需要管理者对组织运行的整个流程有比较深刻的理解,能准确地预见问题。一般说来,组织的法律法规、规章制度、作业规范、人员培训计划等,在管理活动中起着重要的预防控制的作用,前馈控制就是一种预防性控制措施。

2.更正性控制

更正性控制是指为了发现工作中存在的问题以便进行纠正而进行的控制。

更正性控制是为了发现行为产生的偏差并使行为或实施进程回预先确定的或者管理者所希望的水平。更正性控制因异常事项产生,如错误、漏失、未经授权使用等,经由其他控制发现,更正性控制更正此错误。例如,计算机档案受损,能够更正为原来未受损的档案。更正性控制往往在出现偏差后,使行为或实施进程重回到预先确定的或所希望的水平。它的产生是由于管理者没有预见问题,或管理者认为某些事情出现错误之后再进行控制强化会更好。在实践中,这种控制用得也较为广泛。如审计制度增强了管理部门采取迅速更正措施的能力,因为定期对企业进行检查,有助于及时发现问题、解决问题。

(三)开环控制与闭环控制

根据有无反馈,可以将控制分为开环控制和闭环控制。

1.开环控制

开环控制是施控系统作用于受控系统,而受控系统不将结果信息反馈到原输入端并形成再控制的直链式控制方式。开环控制是由首尾不相连的一连串环节组成,其后面的环节对前面的环节没有任何影响。

开环控制是系统按照既定的控制程序来实现控制目的。因此,在开环控制条件下,输入是固定的,与输出有无偏差无关,就像自动交通信号灯一样,无论有无车辆经过都会按时传播相应的信号。

在管理中采用开环控制,具有作用时间短、控制成本低、控制效率较高等优点,在外界干扰较小且变化不大的情况下,有一定的控制作用。但开环控制适用性较差,没有反馈机制,无法发现和纠正计划与决策的实施与预定目标之间的偏差,缺乏抗干扰能力,适用于那些基本不受外界干扰且变化不大的组织活动。

2.闭环控制

闭环控制是根据反馈原理对系统进行调节的一种控制方式,也就是施控系统根据反馈信息,通过调节受控系统的输入来实现控制目的。闭环控制与开环控制的根本区别在于增加了反馈环节,通过反馈环节使整个控制过程形成一个双向环形的闭合回路。其反馈控制过程是,施控系统将输入信息变成受控信息,控制信息作用于受控系统后产生的结果再被输送到原输入端,并对信息的再输出产生影响,从而起到控制作用。

闭环控制在管理中被广泛应用,因为组织运作流程中增设了一个反馈机构,能把造成偏离目标的原因以及干扰目标实现的因素及时彻底地反馈给控制者,使决策控制层进行正确决策,随时修正目标或行动。例如,为激励组织成员的积极性,根据组织成员的劳动成果实施奖励,使用的就是闭环控制。

(四)直接控制与间接控制

根据控制的主体不同,可以将控制分为直接控制和间接控制。

1.直接控制

直接控制是施控者与受控对象直接接触而进行控制。在直接控制中,控制的主体就是直接责任人,它着眼于培养更优秀的管理者,使他们能够熟练地运用管理技术和原理,能以系统的观点来进行和改善他们的管理工作,从而防止出现因管理不善而造成的不 良后果。因此,直接控制是一种最简单、最直观 、能获得直接效果的控制方法。

直接控制方法的合理性是基于以下四个较为可靠的假设:

①合格的主管人员所犯的错误最少。

②管理工作的成效是可以计量的。

③在计量管理工作成效时,管理的概念、原理和方法是一些有 用的判断标准。

④管理基本原理的应用情况是可以评价的。

直接控制的优点主要表现在以下几点:

①有利于提高控制效率。由于直接控制注重对管理人员的遴选、培训和考核,使委派任务时有较大的准确性,并使管理者具有较高的素质和较强的管理能力,从而提高了控制的效率。

②有利于发挥管理者的聪明才智。直接控制明确了管理者的职责,充分发挥了管理者的主观能动性,使他们能自觉地纠正错误,从而有效地培养了管理者的自我管理能力和主人翁精神。

③有利于减少控制成本。直接控制提高了管理者的素质和能力,使工作偏差发生的次数减少,同时直接控制又强调自我控制,因此能减少控制系统所需要的人力和物力。

④有利于适应快速变化的环境。任何组织都要受到快速多变的环境的影响,而且这种影响往往是很难准确预测和把握的。这就要求管理者要有较强的创新意识和应变能力,而

这些来自人的主观能动性。直接控制强调人的重要性，强调人的主观能动性的充分发挥，因而提高了管理者的创新意识和应变能力。

在实际管理活动中，直接控制的办法往往不能使整个系统效果最优。这是由于几个方面的原因：信息反馈引起时滞现象；信息太多以致在现有的技术条件下无法全面地科学处理；直接控制忽略了企业中人的因素，不利于激发下属的积极性、创造性，人的潜力和能动性无法发挥出来。如上所述，直接控制的应用存在着某些界限，超出这个界限，势必会引起副作用。

2.间接控制

间接控制是指根据计划和标准考核工作的实际结果，分析出偏差的原因，并追究责任者的个人责任以使其改进未来工作的一种控制方法，多见于上级管理者对下属员工工作过程的控制。

间接控制的优点是对规范化、程序化的工作较为有效，能调动员工的积极性，帮助管理人员总结经验教训，提高管理水平。但间接控制也存在一些缺点，主要有以下几点。

①控制指标单一。间接控制只考核工作业绩，忽视了其他因素，如外部环境因素、人的非智力因素等。

②控制费用支出较大。间接控制是在已经出现偏差且造成了损失之后，才采取措施纠正偏差，所以它的费用支出比较大。

③应变能力差。间接控制对复杂多变的环境反应较慢，所制定的标准实际在执行时较为困难。

④可能导致管理者对控制产生消极情绪。如成员间相互推卸责任或当事者固执己见，不愿意纠正错误等。

在控制过程中，应将直接控制和间接控制结合起来运用，这样才能取得较好的控制效果。

（五）正式组织控制、群体控制和自我控制

按照控制来源不同，可以将控制分为正式组织控制、群体控制和自我控制。

1.正式组织控制

正式组织控制是由管理人员设计和建立起来的一些机构或规定来进行控制，规划、预算和审计部门是正式组织控制的典型例子。组织可以通过规划指导组织成员的活动，通过预算来控制消费，通过审计来检查各部门或各个人是否按照规定进行活动，并提出更正措施。例如，按照规定对在禁止吸烟的员工进行罚款，以及对违反操作规程者给予纪律处分等，都属于正式组织控制的范畴。正式组织控制是保证目标实现的重要手段。

正式组织控制的内容通常包括以下几个方面：

①实施标准化。即制定系统的规章制度、制定标准的工作程序以及生产计划等。

②保护组织的财产不受侵犯。如防止偷盗、浪费等，包括设备使用记录、审计作业程序以及责任的分派等。

③质量标准化。包括产品的质量及服务的质量，主要采取的措施有职工培训、工作检查、质量控制以及激励政策。

④防止滥用权力。这可以通过明确的权责制度、工作说明、指导性政策以及严格的财务制度来实现。

⑤对员工的工作进行指导和考核。这可以通过评价系统、产品报告、废品消耗、对员工工作进行直接观察和指导等方式来完成。

2.群体控制

群体控制是基于非正式组织成员之间的不成文的价值观念和行为准则进行的控制。一些非正式组织存在于正式组织内，这些非正式组织都有自己的一套行为约定，这些行为约定对成员的思维和行为有着明显的制约作用。因为，组织成员都十分清楚这些规范的内容，都知道如果自己遵守这些规范，就会得到其他成员的认可，强化自己在非正式组织中的地位；反之，则会受到惩罚，甚至会被驱逐出组织。因此，群体控制在某种程度上影响着员工的行为，处理得好会有助于达成组织目标，处理得不好会给组织带来很大危害。

3.自我控制

自我控制是指个人有意识地去按某一规范开展活动。员工实行自我控制是提高控制有效性的根本途径。自我控制有助于发挥员工的积极性和创造性；可以减轻管理人员的负担，减少企业控制费用的支出；有助于提高控制的及时性和准确性。自我控制能力取决于个人本身的素质。具有良好修养的人一般具有较强的自我控制能力，顾全大局的人比看重个人局部利益的人具有更强的自我控制能力，具有较高层次需求的人比具有较低层次需求的人具有更强的自我控制能力。

正式组织控制、群体控制和自我控制有时是一致的，有时又是相互抵触的。这取决于组织对其成员的教育和吸引力，或者说取决于企业文化。有效的管理控制系统应该综合利用这三种控制类型，并使它们尽可能和谐，防止发生冲突。

二、控制的过程

控制就是在管理实践活动中，根据实践目标和要求，提前确定控制标准，衡量工作成效并将它与标准进行对比，对出现的偏差进行必要的纠正，从而实现组织活动目标的过程。虽然控制的类型各异，但不同类型的控制实施过程都相同。

（一）确立控制标准

标准是一种作为规范而建立的测量尺度。控制标准是整个管理活动中对有关绩效进行评价的关键指标。怎么知道事情是否按照原计划进行？以身体健康为例，怎么锻炼身体才能保持身体健康呢？通常身体健康可看作一种计划，那么怎么可以看出身体是否健康呢？通过体检就能知道，如血压、血糖、血脂等指标是否正常，血压、血糖、血脂等这些指标就是标准。管理也是如此，要有一个判断事情是否按计划进行的尺度，控制首先要从设定相应的尺度和标准开始，这个环节叫作建立控制标准。

1.控制标准的类型

控制标准是为了保证计划和组织目标的实现,所以,控制标准的确定必须以计划和组织目标为依据,但又不能简单地照搬计划目标,而应找出关键指标并加以量化和细化。常见的标准类型有以下几种。

①实物量标准。如产量、物资消耗量等。

②价值量标准。如销售额、成本、利润、资金标准等。

③时间标准。如工期、交货期、工时定额等。

④质量标准。如产品合格率、顾客满意率等。

⑤程序标准。如作业规范、业务流程等。

2.确定控制标准的步骤

(1)确定控制对象

标准的具体内容涉及需要控制的对象。那么,组织中哪些事情需要加以控制呢?如对企业而言,经营活动的成果是需要控制的重点对象。控制工作的最初始动机就是要促进企业有效地取得预期的活动结果。因此,要分析企业需要什么样的结果。这种分析可以从营利性、市场占有率等多个角度进行。确定了企业活动需要的结果类型后,要对它们进行明确的、尽可能定量的描述,也就是说,要规定需要的结果在正常情况下希望达到的状态和水平。要保证企业取得预期的结果,必须在成果最终形成以前进行控制,纠正与预期成果的要求不相符的活动。因此,需要分析影响企业经营结果的各种因素,并把它们列为需要控制的对象。

(2)选择关键控制点

无论是从经济性角度还是从可行性角度考虑,组织无力、也无必要对所有成员的所有活动进行控制,只能在影响组织目标的众多因素中选择若干关键因素与环节作为重点控制对象。例如,美国通用电气公司在分析影响和反映企业绩效的众多因素的基础上,选择了对企业经营成败起决定作用的八个方面,并为它们建立了相应的控制标准,起到了良好的效果。

对关键点的选择,一般应考虑以下三个方面:会影响整个工作运行过程的重要操作与事项;能在重大损失出现之前显示出差异的事项;若干能反映组织主要绩效水平的时间与空间分布均衡的控制点。

(3)拟定控制标准

在确定了控制对象和选择了关键控制点后,就需要根据计划和组织目标拟定控制标准。控制对象不同,为它们建立正常水平标准的方法也不一样。一般包括以下三种方法:

①数据统计分析法。数据统计分析法是以组织的历史数据资料或是业内其他组织的数据作为参考基础,运用统计学的相关方法进行分析,用以确定组织目前工作的控制标准和尺度。

②技术分析法。技术分析法是在对具体工作进行客观评价和分析的基础上,制定相应的技术参数和数据作为控制的标准。这种方法一般是采用工作写实法或时间计量法进行实

际测算。

③经验估计法。经验估计法的使用主要是在缺乏充分数据和资料的情况下，由有经验的管理者采用定性的方法进行估算而确立相应的控制标准。

（二）衡量工作绩效

标准一旦确立，控制的第二个步骤就是衡量实际工作的绩效，也就是用标准去衡量工作的成效，揭示偏差，为纠正偏差提出要求和指明方向。在衡量工作绩效时，衡量什么以及如何衡量是这一阶段需要解决的核心问题。

衡量什么这一问题一般是在具体的衡量工作开始之前就应该被明确的问题。一般来说，管理者在确定控制标准时，就已经确定需要衡量的指标。管理者不需要去观测所有的活动，而是选择在上一阶段确定的关键控制点，通过这些关键控制点来对全部活动进行控制。另一个最需要解决的问题就是如何衡量的问题。

1.衡量绩效的方法

衡量绩效常用的方法有个人观察、统计报告、口头汇报、书面报告和抽样检查。

（1）个人观察

个人观察是一种最简单、最直接、最普遍的测度方法，它提供了关于实际工作的最直接和最深入的一手资料。观察的目标可以是作业方法或工作的质与量，也可以是组织成员的工作态度及工作情况。个人观察可以包括非常广泛的内容，因为任何实际工作的过程总是可以观察到的。个人观察的显著优势是可以获得面部表情、声音语调以及各种情绪等，它是常被其他来源忽略的信息。例如，销售经理每年由推销员陪同拜访两次客户，以观察推销员的成绩。又如，财务部门的经理以个人观察的方式，了解下属员工的实表现。个人观察是一种非常有效且无法被替代的衡量方法，尤其是在对基层工作人员工作绩效的控制上。

（2）统计报告

统计报告是书面报告的一种主要形式。随着计算机的广泛应用，统计报告的制作日益方便，在衡量组织实际工作绩效时，也日益成为一种重要手段。统计报告不仅包括计算机输出文字，还包括许多图形、图表，并且能够按照管理者的要求列出各种数据，形象直观。尽管统计数据可以清楚有效地显示各种数据之间的关系，但它们对实际工作提供的信息是有限的。统计报告的应用价值受到两个因素的制约：一是真实性，即统计报告所采集的原始数据是否正确、使用的统计方法是否恰当，管理者往往难以判断；二是全面性，即统计报告中是否全部包括了涉及工作衡量的重要方面，是否遗漏或掩盖了其中一些关键点，难以确定。

（3）口头汇报

信息也可以通过口头汇报的形式来获得。口头汇报的内容主要是说明工作的现状或成果，使上级了解真实情况，如会议、电话交谈或视频会议等。例如，推销员在每日工作完毕之后向上级汇报，各部门经理在会议上汇报过去一个时段内各自部门的工作进展及所遇到的困难等。口头汇报与个人观察相似，但口头汇报具有实地观察和口头传递信息的双重性质，比实地观察能够获得更广泛、更完整的信息。尽管这种信息是经过过滤的，但是它快捷、容易获得反馈，同时可以通过语言词汇和身体语言来扩大信息，还可以录制下来，像书面文字一样能够永久保存。

(4)书面报告

书面报告是一种正规的文字报告,对具体问题的控制很有用。统计报表能够提供大量的必要信息,但它只能提供一般的表面情况,无法提供特定业务的信息。例如,统计报告只能统计出某种产品的月销售量,但它无法统计出市场上同质商品的月销售量以对组织的销量做一些横向对比分析。因此,还需要针对某些关键的或重要的问题进行调研分析,做出专题分析报告。专题报告可以随管理人员高度重视而揭示对改善效率有重大意义的关键问题。书面报告相对于统计报告,要显得慢一些,与口头汇报相比要显得正式些。这种形式比较精确和全面,且易于分类存档和查找。

(5)抽样检查

管理者随机抽取一部分工作进行深入细致的检查,以此来推测全部工作的质量。这种方法一般应用于工作量较大且工作质量又比较平均的情况,其中典型的是产品质量检验。在产品数量极大或产品检验具有破坏性时,这是唯一种可以选择的衡量方法。此外,对一些日常事务性工作的检查来说,这种方法也是有效的。

以上五种方法各有其优缺点,管理者在控制活动中往往综合地使用这些方法,以增加信息的来源并提高信息的可信度。

2.分析衡量结果

分析衡量结果是要将标准与实际工作的结果进行对比,并分析其结果,为进一步采取管理行动、做好准备,其会出现两种情况:一种是存在偏差;另一种是不存在偏差。需要说明的是,并非与标准不符合的结果都归结为偏差,往往有一个与标准有一定出入的允许行动范围。如果实际工作结果不在允许范围内,就可认为其发生了偏差。这种偏差有两种:一种是正偏差,即实际结果比标准要好;另一种是负偏差,即结果没有达到标准。如果出现负偏差,就要进一步分析其产生的原因:如果出现正偏差,也要分析产生的原因,即是标准定得太低,还是员工很努力,或是运气较好。

一般来说,偏差产生的原因主要有三种:一是计划或标准本身存在偏差;二是组织内部因素的变化,如工作组织不力、员工工作懈怠等;三是组织外部环境的影响,如宏观经济的调整等。分析衡量结果是控制过程中需要理智处理的环节,组织是否要采取管理行动纠正偏差,取决于对衡量结果的分析。

(三)纠正偏差

纠正偏差是控制工作的关键环节。对实际工作绩效衡量后,将衡量的结果与标准进行对比,可以发现计划执行中出现的偏差,这项工作使得控制过程得以完整,并将控制与管理的其他职能相互联结。通过纠偏,我们能使组织机构和人事安排得到有效调整,能使领导活动更加完善。

1.分析偏差产生的原因

有人讲,事情没有按计划进行,存在偏差,消除偏差就可以了。但是消除偏差这个说法实际上是不恰当的。一定意义上,偏差是不可消除的,应当消除的是造成偏差的原因。根据前面讨论的过程概念,各种各样的绩效指标实际上是过程的输出,要调整输出的指标,仅仅在输出的地方努力是不够的,正确的态度是经过衡量发现偏差,分析偏差的原因,只有把偏差的原因消除掉了,问题才能得到解决,事情才能回到原来的轨道上。

产生偏差的原因是多方面的,有的是人为的,有的是外部条件的突然变化造成的,有的甚至是计划预测和决策失误所致,等等。因此,首先要探寻偏差的主要原因。纠正措施的制订是以对偏差原因的分析为依据的。而同一偏差则可能是不同的因素造成的。如销售利润的下降可能是因为销售量的降低,也可能是生产成本的提高。前者既可能是因为市场上出现新产品,也可能是由于竞争对手采取了某种竞争策略,或是企业产品质量下降;后者既可能是原材料、劳动力消耗和占用数量的增加,也可能是由于购买价格的提高。不同的原因要求采取的纠正措施不同。要通过评估反映偏差信息,分析影响偏差的因素,透过表面现象找出偏差的深层次原因,在众多的深层次原因中找出最主要的因素,为纠正偏差措施的制订指明方向。

2.选择恰当的纠偏措施

控制过程的最后一个步骤就是采取正确的纠偏行动。通常采取以下三种方法中的一种或几种进行纠偏:维持原状;改进实际工作;修订标准。当绩效衡量结果令人满意时,可采取第一种方法。如果发现偏差,就要分析偏差产生的原因,根据其原因采取不同的更正行动。在此,重点讨论后两种。

(1)改进实际工作

如果原因是工作能力不足而产生的偏差,管理者就应该采取行动改进实际工作。这种行动的具体措施包括管理策略、组织结构、薪酬制度或培训计划的调整,也可以是重新分配员工的工作任务或解雇员工。

管理者在采取纠正行动之前,首先要决定应该采取直接纠正行动还是彻底纠正行动。直接纠正行动是指立即将出现的问题进行纠正,使之回到正确的轨道上;而彻底纠正行动则首先要弄清工作中的偏差是如何产生的,为什么会产生,然后再进行纠正行动。许多管理者常常以没有时间为借口而不采取彻底纠正行动,并因此而满足于不断的救火式的直接纠正行动。然而事实证明,作为一个有效的管理者,对偏差进行认 真的分析,并花一些时间永久性地纠正实际工作与标准之间的偏差是非常有益的。

(2)修订标准

工作中的偏差也有可能来自不现实的标准,也就是说标准定得太高或太低。在这种情况下,需要重新修订标准,而不是关注实际工作的表现。

但是应该注意的是,当某个员工或某个部门的实际工作绩效与目标之间的差距非常大时,他们往往首先想到的是标准本身的问题。例如,学生会抱怨扣分太严格,导致分数太低;销售人员会抱怨定额任务太高,导致他们没有完成销售计划。人们不太愿意承认绩效不足是自己努力不够的结果,而管理者对此应当保持十分清醒的认识,在修订标准、降低标准之前,谨慎考虑标准的现实性,或坚持标准或适当修改标准。

【课外拓展】

窗帘拉上了吗?

窗帘拉上了吗?美国首都华盛顿广场的杰弗逊纪念馆大厦日久失修,建筑物墙面出现斑驳,后来竟然出现裂纹,采取很多措施,耗费不少财力仍无法遏制。政府非常担忧,派专家们调查原因并拿出办法。后来的调查报告结果让人出乎意料。

最初以为蚀损墙面的原因是酸雨。研究表明,墙面受损是酸性物质腐蚀造成的。但该地区酸雨并不严重,而且附近建筑物也无类似问题。后查明是冲洗墙壁的清洗剂所致,该大厦经常清洗外墙,导致墙面受酸损毁严重。

但是,为什么要经常冲洗呢?

因为大厦每天被大量鸟粪弄脏,为什么这栋大厦有那么多鸟粪?

因为大厦周围聚集了特别多的燕子,为什么燕子喜欢聚集在这里?

因为墙上有燕子最喜欢吃的蜘蛛,为什么这里蜘蛛特别多?

因为墙上有蜘蛛最喜欢吃的飞虫,为什么这里飞虫特别多?

因为飞虫在这里繁殖特别快,为什么?

因为这里的尘埃最适宜飞虫繁殖,为什么?

尘埃本无特别,只是配合了窗帘打开后从窗户照进来的阳光,形成了特别刺激飞虫繁殖的温床,大量的飞虫聚集在此,以超常的效率繁殖,于是给蜘蛛准备了充足的美餐,大量的蜘蛛又吸引燕子聚集流连,燕子吃饱了就在墙壁上"方便"……

解决问题的途径是拉上窗帘!

真简单!以后我们遇到问题时,是不是该问一问:"窗帘拉上了吗?"

三、有效控制的实施

(一)有效控制的特征

在管理实践中,要使控制工作发挥作用,取得预期的成效,管理者在设计控制系统或实行控制过程中,必须考虑控制的有效性。有效的控制必须具备以下几个特点。

1.明确的目的性

控制系统都是针对具体任务,并按实际情况由控制者与受控对象共同设计。控制系统的存在是为了促使组织目标和计划的达成。因此,控制系统具有明确的目的性。一个有效的控制系统必须以组织的目标为设计前提。

2.信息的准确性

准确性是指信息的客观性,这是收集信息材料的基础。在搜集过程中特别要注意材料中的时间、地点、人名、数字、引文等容易出现问题的关键点,对这些地方要认真加以核实,以免出错。在信息的收集中,最容易出现问题的是数字信息,所以对数字信息一定要特别注意交叉检验。

3.反馈的及时性

无论是管理者还是普通员工,在完成自己的工作之后,除了自我总结外,都希望能够得到及时的反馈，希望知道自己这样做是对还是不对、效果如何。如果领导能根据对其工作的分析，指出产生结果的原因，是指导思想问题还是程序问题，是计划问题还是执行问题等，这样对下属员工的进步非常有利。

4.经济性

任何控制都需要一定的费用。因此，控制工作也需要进行成本效益分析，选择合理的控制点、控制频率、控制范围等，要将控制重点和例外情况相结合，使控制成本和控制带来的收益尽量平衡，控制净收益最大化。

5.灵活性

控制系统本身应该具有足够的灵活性或弹性，以适应各种变化，组织的环境往往出于多种因素而且不断变化。当条件发生变化时，有效的控制系统应该能够跟得上这种变化，使组织的行为仍然在可控范围内。

6.可理解性

任何控制系统都需要被所涉及的员工理解的。一个难以理解的控制系统即便确实有，也往往会因为得不到员工的理解而无法有有效运行。

（二）有效控制的实施步骤

有效控制的实施除了以上特点，还必须遵循以下三个步骤。

1.建立控制系统

有效控制系统应该考虑将潜在的利益最大化，并将可能的损失降至最低。为了达到这一目标，管理者在设计控制系统时应注意的事项有以下几点。

（1）建立有效的控制标准。有效的控制系统必须建立在有效的绩效标准上，一般来说，最有效的标准是量化的标准，它具有客观性。除此之外，控制系统还应该包括衡量企业绩效的所有重要方面。如考核在控制中很重要，但要适度，因为过度的考核会引发员工的反感情绪，并导致其对考核的抵制。

（2）提供充足的信息。管理者必须将控制系统的重要性传达给全体员工，使员工认识到控制的重要性，自觉地接受控制管理。在控制过程中，管理者应当及时将员工工作绩效反馈给员工本人，激励员工的工作热情。同时，员工也可以根据自己的绩效对自己的行为进行调整，使之适应企业工作要求。

（3）保证员工能够接受。任何的管理措施都要得到员工的支持，这样管理活动才能顺利进行。控制活动也不例外，至少要使员工能够接受。一般而言，员工能够接受的是有用的、适度的控制。如果一位正常的员工怎么努力都达不到工作标准，那么这一标准就不能被员工接受。

在控制的过程中，还要注意以强化正面行为为主，引导和鼓励员工，让员工更多地参与控制决策也有利于员工接受管理控制。

（4）使用多种方法进行控制。多种控制方法可以互相弥补各自的不足，形成有效的控制，多种控制方法也有利于调动员工参与控制的积极性。

2.确定控制点

实施控制时，管理者要从两个方面进行考虑：一是稳定性；二是目标的实现。组织目标的实现有赖于研发、采购、生产、销售,以及人力、财力、物力等各个方面是否被全面调控。

3.选择控制方法

组织在实施控制的过程中需要根据组织的实际情况选择不同的控制方法,预算控制、财务控制、生产控制、人员控制和综合控制等方法都在企业的控制活动中发挥不同的作用。有关各种控制方法的选择和运用将在第三节进行详细阐述。但总体来说,企业在实施控制的时候一般要遵循由简单到复杂的原则:简单控制、自动化控制、操作员控制监督控制和信息控制。

任务三　控制的方法

【任务情境】

最"人道"的船主

大洋洲从前只有土著人,后来英国把这里当作流放犯人的地方。在运送犯人的途中,发生了这样的一个故事,承担运送犯人任务的是私人船主,他们接受政府委托,自然也收取相应的费用。开始,英国政府按上船人数付给费用。于是,船主们为了牟取暴利,想尽种种办法虐待犯人,克扣犯人食物,甚至把犯人活活扔下海,导致运输途中犯人的死亡率高达94%。后来英国政府改变付款规则,按照活着到达目的地的人数付费。于是,船主们又想尽办法让更多犯人活着到达大洋洲,甚至有船主还聘请随船医生,犯人的死亡率最低降到1%。

思考:如何使用有效的控制方法?

【理论学习】

组织中的所有活动都是企业控制的对象。控制的主要内容涉及组织中的人、财、物等。企业管理中可以运用多种控制方法。管理人员除利用现场巡查、监督或分析下属员工的工作报告等手段进行控制外,还经常借助预算控制、财务控制、生产控制、人员控制、综合控制等方法进行控制。

一、预算控制方法

组织特别是企业的各项业务活动,几乎都是伴随着资金运动进行的。因此,预算是一种应用很广泛的控制方法。

(一)预算控制的概念

预算就是用数字,特别是财务数字的形式来描述企业未来的活动计划,预估了企业在未来时期的经营收入和现金流量,同时为各部门或各项活动规定了在资金、劳动、材料、能源等方面的支出额度。在我国,预算一般是指经法定程序批准的组织在一定时期内的收支预计,而西方的预算概念则是指计划的数量说明,不仅仅是金额方面的反映,也包括实物量的反映。

预算控制就是根据预算目标制订的收入与支出标准,检查和监督各个部门的生产经营活动,以保证各种活动或各个部门完成既定目标、实现利润的过程中对经营资源的利用,并使费用支出受到严格的约束,确保预算目标的实现。

预算的内容可以简单地概括为以下三个方面。

①“多少”——为实现计划目标的各种管理工作的收入(或产出)与支出(或投入)各是多少。

②“为什么”——为什么必须收入(或产出)这么多数量,以及为什么需要支出(或投入)这么多数量。

③“何时”——什么时候实现收入(或产出)以及什么时候支出(或投入),必须使得收入与支出取得平衡。

(二)预算控制的种类

预算在形式上是一整套预计的财务报表和其他附表。以企业为例,按照不同的内容,可以将预算分为经营预算、投资预算和财务预算三大类。

1.经营预算

经营者预算是指企业日常发生的各项基本活动的预算。它主要包括销售预算、生产预算、直接材料采购预算、直接人工预算、制造费用预算、单位生产成本预算、推销及管理费用预算等。

在经营预算中,最基本的就是销售预算,它是销售预测的详细说明。由于销售预测是计划的基石,企业主要靠销售产品和提供服务的收入维持经营费用的支出,因此,销售预算是预算控制的基础。

生产预算是根据销售预算中预计销售量,按产品品种和数量分别进行的。在生产预算确定好后,还应根据分季度的预计销售量,经过对生产能力平衡,制订分季度的生产进度日程表(生产计划大纲)。

在生产预算和生产进度日程表的基础上,可以进行直接材料采购预算、直接人工预算(即直接工资及其他直接支出预算)和制造费用预算。这三项预算构成企业生产成本的总和。

销售及管理费用预算包括制造业务范围以外预计发生的各种费用明细项目,如销售费用、广告费、运输费等。

对于实行标准成本控制的企业,其还需要进行单位生产成本预算。其中最基本、最关键的是销售预算,其他各项预算都是在销售预算的基础上确定的。

2.投资预算

投资预算是对企业各类投资活动进行的预算,一般包括新建厂房、购买机器设备、上新的产品项目以及其他方面的投资预算等。投资活动,无论是长期的还是短期的,都将涉及企业最为主要的投资限制因素——资本支出,因而对于这种涉及企业资本的预算计划必须做到具体和明确,尤其是长期投资预算应当与企业战略以及长期计划联系起来。

3.财务预算

财务预算是指企业在计划期内反映有关预计现金收支、经营成果和财务状况的预算。它主要包括现金预算、预计收益表和预计资产负债表。必须指出的是,前述的各种经营预算和投资预算中的资料,都可以折算成金额反映在财务预算中。这样,财务预算就成为各项经营业务和投资的整体计划,所以也称“总预算”。

(1)现金预算

现金预算主要反映计划期间预计的现金收支的详细情况。在完成初步的现金预算后,就可以知道企业在计划期间需要多少资金,财务管理人员就可以预先安排和统筹,以满足资金的需求。为了有计划地安排和筹措资金,现金预算的时间应越短越好。西方国家有不少企业以周为单位,逐周进行预算,甚至还有按天进行的。我国最常见的是按季和按月进行。

(2)预计收益表(又称预计利润表)

预计收益表是用来综合反映企业在计划期间生产经营的情况,并作为预计企业经营活动最终成果的重要依据,是企业财务预算中最主要的预算表之一。

(3)预计资产负债表

预计资产负债表主要用来反映企业在计划期末那一天预计的财务状况。它的制订需要以计划期间开始日的资产负债表为基础,然后根据计划期间各项预算的有关资料进行必要的调整。

经营预算、投资预算、财务预算相互联系,其共同构成了企业的预算体系。

(三)预算控制的一般程序

在进行预算之前,应首先建立一套预算制度。规章制度的建立,为预算的指导和执行提供保障;同时,选择预算的类型,确定预算的期限、分类等。在此基础上,可以采用以下几个步骤进行预算控制。

①深入了解组织在过去财政年度的预算执行情况和组织在未来年度的战略规划,并以此作为企业进行预算的重要依据。

②围绕组织的发展战略规划和组织内部环境条件,进行组织总预算,主要包括收入总预算、支出总预算、现金流量总预算、主要产品产量和销售总预算等,并粗略制订组织的预算资产负债表。

③将组织总预算中确定的任务层层分解,由各部门、基层单位以及个人参照制订本部门、本岗位的预算,上报组织高 层管理部门。

④组织高层决策者在综合组织内的各个部门上报的预算后,调整部分部门预算,甚至调整总预算。

⑤组织贯彻落实预算确定的各项目标,在实施过程中予以监控,及时发现问题并采取相应的措施。

二、财务控制方法

财务控制是指按照一定的程序与方法,确保组织及其内部机构和人员全面落实和实现财务预算的过程。财务控制的主要特点是以价值形式为控制手段,以不同岗位、部门和层次的不同经济业务为综合控制对象，以控制日常现金流量为主要内容。前文所说的预算控制就是最典型的财务控制方法。下面主要介绍财务分析、审计控制和盈亏平衡分析三种常见的财务控制方法。

（一）财务分析

财务分析包括财务比率分析及财务损益分析。

财务比率分析即通过计算实际的财务比率将其与目标值相比较来发现问题，及时采取提高或降低比率的措施。财务比率分析常用的指标有以下几个。

1.流动比率

流动比率是企业的流动资产与流动负债之间的比率，它反映了企业偿还需要付现的流动债务的能力。一般来说，企业资产的流动性越大，偿债能力就越强，反之，偿债能力则越弱，这样会影响企业的信誉和短期偿债能力。因此，企业资产应具有足够的流动性。如果资产以现金形式表现，则其流动性最强。但同时要防止为追求过高的流动性而导致财务资源的闲置，使企业失去本应得到的利益。

2.负债比率

负债比率是企业总负债与总资产之比，它反映了企业所有者提供的资金与外部债权人提供的资金的比率关系。只要企业全部资金的利润率高于借入资金的利息，且外部资金不在根本上威胁企业所有权的行使，企业就可以充分地向债权人借入资金以获取额外利润。确定合理的债务比率是企业成功地举债经营的关键。

3.盈利比率

盈利比率是企业利润与销售额或全部资金等相关因素的比例关系，它们反映了企业在一定时期从事某种经营活动的盈利程度及其变化情况。常用的比率有销售利润率和资金利润率。

销售利润率是销售净利润与销售总额之间的比例关系，它反映了企业从一定时期的产品销售中获得利润的能力。将企业不同产品、不同经营单位在不同时期的销售利润率进行比较分析，能为企业经营控制提供更多信息。资金利润率是指企业在某个经营时期的净利润与该期占用的全部资金之比，它是衡量企业资金利用效果的一个重要指标，反映了企业利用全部投入资金来实现净利润的能力。同销售利润率一样，资金利润率也要同其他经营单位和其他年度的情况进行比较。一般来说，要为企业的资金利润率规定一个最低的标准。同样一笔资金，投入到企业运营后所获得的净利润收入，至少不应低于其他投资形式（如购买短期债券或长期债券）的收入。

财务损益分析的基本方法是损益平衡法（盈亏平衡法），后面将详细介绍。

（二）审计控制

审计是一种常用的控制方法，审计是对反映企业资运动过程及其结果的会计记录及财务报表进行的审核、鉴定，以判断其真实性和可靠性，从而为控制和决策提供依据。审计本质上具有两个方面的含义：其一，审计是种经济监督活动。经济监督是审计的基本职能。其二，审计具有独立性。独立性是审计监督的本质特征，是区别于其他经济监督的关键。

根据审查主体和内容的不同，审计可划分为三种类型：外部审计、内部审计和管理审计。

1.外部审计

外部审计是指由外部机构(如会计师事务所)选派的审计人员对企业财务报表及其反映的财务状况进行独立评估。为了检查财务报表及其反映的资产与负债的账面情况与企业真实情况是否相符,外部审计人员需要抽查企业的基本财务记录,以验证其真实性和准确性,并分析这些记录是否符合公认的会计准则和记账程序。

外部审计实际上是对企业内部虚假、欺骗行为的一个重要而系统的检查,所以它能起到一种鼓励诚实、约束违规和违法行为的作用。

2.内部审计

内部审计是由企业内部机构或由财务部门的专职人员来独立进行的审计。内部审计不仅要像外部审计那样核实财务报表的真实性和准确性,而且要分析企业的财务结构是否合理;不仅要评估财务资源的利用效率,而且还要检查和分析企业控制系统的有效性;不仅要检查目前的经营状况,而且要提供改进这种状况的建议。

3.管理审计

管理审计是利用公开记录的信息,从反映企业管理绩效及其影响因素的若干方面,将企业与同行其他企业或其他行业的著名企业进行比较,以判断企业经营与管理的水平。管理审计是对企业所有管理工作及其绩效进行全面系统评价和鉴定的一种方法,它比内部审计和外部审计的范围还要广泛。管理审计虽然也可以组织内部和有关部门进行,但为了保证某些敏感领域得到客观的评价,企业通常聘请外部专家来进行管理审计。

管理审计通过对一个组织的管理绩效进行评价,为指导企业在未来改进管理系统的结构、工作程序和结果提供了依据。但管理审计过多地评价组织过去的努力和结果,而不注重预测和指导未来的工作,这点需要在实际工作中不断改进与完善。

(三)盈亏平衡分析

盈亏平衡分析,是指通过对业务量(产量、销售量、销售额)、成本、利润三者相互制约关系的综合分析,以预测利润、控制成本的一种分析方法。它是利用成本特性即成本总额与产量之间的依存关系,指明企业获利经营的业务量界限,从而达到控制的作用。企业中任何产品的成本都是由部分组成的,一部分为固定成本;另一部分为变动成本。固定成本包括生产该产品所需要的管理费用、基本工资、设备的折旧费用等,这些费用基本上是固定的,不随产量的变化而变化。变动成本包括原材料费、能源费等,这些费用的增长与产品的产量成正比。在激烈竞争的市场上,产品的价格不由一个企业决定,只能根据市场的价格来销售产品。由此就产生一个问题,即当产量很少时,该企业单个产品的成本就很高,这是因为固定成本不随产量变化,产量少则固定成本占总成本的比重就大,这时成本可能高于市场价格,企业会产生亏损。只有当产量达到一定的水平时,才能收支相抵,超过这个水平企业方可获得利润。

盈亏平衡分析在管理中有许多应用,具体如下:

①指导决策。确定企业的临界产量,使管理者针对实际情况对扩大产品的生产还是减少生产的规模进行决策。

②预测实现目标利润的销售量。根据盈亏平衡分析,可以确定在不同的产量水平时企

业的盈亏情况如何,要实现既定的利润目标企业需要达到的产量和销售量。

③进行成本控制。通过分析固定成本和变动成本中某些因素的变化对盈亏平衡点的影响,可以用来控制成本。

④判断企业经营的安全率。经营安全率是指企业的经营规模(通常指销售量)超过盈亏平衡点的程度,以此可以粗略地判断企业的经营状况。经营安全率越高越安全,若在10%以下则比较危险。但需要注意的是,这种盈亏平衡分析的方法具有一定的局限性,它假定各种费用、产量和收入之间存在着一种线性关系,而实际上只有在产量变动范围很小时此假定才成立。此外,它假定固定成本不变,是一个静态模型,因此仅在相对稳定的情况下才有价值。

三、作业控制方法

一个组织的成功,很大程度上取决于它在生产产品或提供服务的能力上的效率和效果。作业控制方法就是用来评价一个组织的转换过程的效率和效果的。作业控制方法主要包括生产控制、库存控制、成本控制、质量控制等。

(一)生产控制

生产控制是生产管理的重要职能,是实现生产计划和生产作业计划的重要手段。尽管生产计划和生产作业计划对日常生产活动已做了周密而具体的安排,但随着时间的推移,市场需求往往会发生变化,加上由于生产准备工作不全或受生产现场偶然因素的影响,计划产量和实际产量之间会产生差距。因此,必须及时检查,发现偏差,对生产活动进行调整,这就是生产控制。

生产控制的内容包括生产计划制订与实施间的整个过程,具体有以下四个方面的内容:

①作业安排。生产计划和生产作业一旦确定,就要按照计划安排人力、机器、物资供应等方面的准备工作,以保障生产顺利进行。

②测定偏差。在生产过程中,按预定的时间及顺序监测计划的执行情况,掌握实际完成量与计划完成量之间的偏差。生产过程是否产生偏差,可通过各种活动信息的收集与分析来获知。

③纠正偏差。根据偏差产生的原因及其严重程度采取相应的处理方法,并及时将偏差情况向生产管理部门反映,以便管理人员及时调整生产计划。

④提供信息。将生产过程和完成的情况进行汇总,为质量控制、库存控制、成本控制等工作提供必要的信息。

不同生产类型,生产控制的过程大致相同,一般主要包括以下几个步骤:制订生产工作标准;分配生产任务,维持生产系统正常运行;收集、记录与传递生产信息;评价成果,即通过个人观察、分析统计报告和分析生产记录等形式进行评估;进行短期或长期调整。

(二)成本控制

1.成本控制的概念

组织内的各个作业系统在正常运转过程中,必然会发生各种成本费用,而成本费用的高低直接决定了组织各项活动的效率及效益。在作业系统的产出确定的情况下,成本费用越高,企业利润越低。对营利性组织来说,降低成本是提高组织经济效益或获取价格优势的基本途径。因此,各级管理者必须树立成本意识,把组织运转过程中产生的各种成本费用作为重要的控制对象,并通过有效的成本控制、提高组织的运作效率和效益。

成本控制是在企业生产经营过程中,根据一定的控制标准,对产品成本形成的整个过程进行经常性的监督和控制,从而将各种费用支出和劳动消耗限制在规定的标准范围内,以达到企业预期的目标。

2.成本控制的原则

成本控制应遵循以下几个基本原则:

①经济原则。这是指因推行成本控制而发生的成本不应超过因缺少控制而丧失的收益。

②因地制宜原则。这是指成本控制系统必须个别设计,适合特定企业、部门、岗位和成本项目的实际情况,不可完全照搬照抄别人的做法。

③领导重视与全员参与原则。这是指成本控制要培养领导干部、管理人员、工程技术人员和广大员工的质量意识,使其认识到成本控制的重要意义,从而积极参与成本的控制活动。

3.成本控制的过程

成本控制的目的是要将组织运营成本控制在一定范围内,并持续地降低成本水平,提高组织利润水平。成本控制需要按定的程序有步骤地进行。成本控制包括事前控制、事中控制和反馈控制三个阶段。

①事前控制。事前控制就是在设计阶段的成本控制。产品设计阶段应配合企业的总目标和战略计划,确定目标成本,制定标准成本并进行预算,将指标层层分解到各责任单位。对成本控制的目标进行宣传,提高广大员工成本控制的自觉性和积极性。

②事中控制。事中控制是指执行过程中的成本控制。其要有专人进行实地考察,根据分解的指标记录差异,时时进行信息反馈。由于成本支出遍及企业的各车间、各部门,必须由各车间、各部门从全局观念出发,努力做好成本控制工作。

③反馈控制。反馈控制即执行以后就实际成本提出报告,对实际成本与目标成本之间的差异进行分析,说明原因和责任归属,决定下次需要改进的地方。有时随着情况的发展还应修订原定的限额。

总之,成本控制包括以下几个方面的内容:确定目标成本;将实际发生的成本与目标成本进行比较;分析差异,查明原因,进行信息反馈;把目标成本加减脱离目标的差异;计算产品的实际成本。

(三)质量控制

随着市场经济的发展,“ 质量是企业的生命”这句话已经成为现代企业的共识。因此,企业对质量的控制已经完全深入采购供应、车间生产、销售发货、售后服务的各个环节,对企业的业务影响深远。

1.质量控制的含义

顾客对组织所提供产品或服务的满意程度,称为产品或服务的质量。为达到质量要求所采取的作业技术和活动被称为质量控制。也就是说,质量控制是为了通过监视质量形成过程，消除质量环节产生不合格结果的因素，以达到质量要求、经济效益所采用的各种质量作业技术和活动。

在企业的经营管理活动中，质量具有两个方面的内涵：一是产品质量；二是工作质量。

产品质量是指产品“反映实体满足明确和隐含需要的能力和特性的总和”。工作质量就是按一定的作业标准完成的劳动量，在产品生产中没有达到规定的作业标准就是不合格产品，即没有达到规定所要求的产品就不能上市销售，因而就没有质——没有质的保证，所以也就没有量；在服务行业，没有按规范化的服务，未能令顾客满意，就是不合格的服务。

产品质量与工作质量是既不相同又密切联系的两个概念。产品质量取决于工作质量，工作质量是保证产品质量的前提条件。产品质量是企业各部门、各环节工作质量的综合反映。因此，实施质量管理既要搞好产品质量，又要搞好工作质量，而且应该把工作重点放在工作质量上，通过保证和提高工作质量来保证产品质量。

2.全面质量管理

进行质量控制，首先应掌握全面质量管理方法。国内外企业的大量实践表明，全面质量管理方法是对质量实施控制的行之有效的方法。全面质量管理是指一个组织以质量为中心、以全员参与为基础，目的在于通过顾客满意和本组织所有成员及社会受益而实现长期成功的管理途径。也就是说，为了能够在比较经济的水平上考虑充分满足顾客要求的条件下进行市场研究、设计、制造和售后服务，把企业内各部门的研制质量、维持质量和提高质量的活动构成一体的有效体系。

与传统的质量管理相比较，全面质量管理有其个性化特点，主要表现为以下几点：

①实行全过程管理。这种质量控制方法的基本思想是：优质产品是设计和制造的而不是检验出来的；越是处于开始阶段的问题，对产品质量的影响就越大。基于这样的思想，全面质量管理强调将质量思想贯穿于从用户调查产品开发直至生产、销售、售后服务的全过程，实行全过程管理。

②全部工作保证产品质量是由系列工作完成的。对产品质量的控制不能只着眼于产品本身，还应着眼于产品赖以形成的全部工作，对工作质量进行全面控制。这就要建立一个包括全部相关的工作过程或阶段在内的质量保证体系。

③全员参与。全民参与即企业的全体员工都要参与质量管理。质量控制绝不仅仅是质量部门的事，它跟每一个人都有关系。只有每一个员工树立了质量思想，积极参与全面质量管理，其才能收到成效。

全面质量管理在具体的推行过程中，可以从以下步骤进行实施。

步骤一：通过培训教育，使企业员工牢固树立“质量第一”和“顾客第一”的思想，营造好的企业文化氛围，采取切实行动，改变企业文化和管理形态。

步骤二：制定企业人、事、物及环境的各种标准，这样才能在企业运作过程中衡量资源的有效性和高效性。

步骤三：推动全员参与，对全程进行质量控制与管理。以人为本，充分调动各级人员的积极性，推动全员参与。只有全体员工充分参与，企业才能产生效益，企业才能真正实现全过程质量控制与管理，并且确保企业在进行全面质量管理方法过程中，采用系统化的方法进行管理。

步骤四:做好计量工作。计量工作包括测试、化验、分析、检测等,是保证计量的量值准确和统一,确保技术标准的贯彻执行的重要方法和手段。

步骤五:做好质量信息工作。企业根据自身的需要,应当建立相应的信息系统,并建立相应的数据库。

步骤六:建立质量责任制,设立专门的质量管理机构。全面质量管理要求企业员工自上而下地执行质量责任制度。从企业最高领导者开始,逐步向下实施。全面质量管理方法的推行必须获得企业最高领导者的支持,否则难以长期推行。

四、人员控制方法

管理控制中最主要的内容就是对人员的行为进行控制,这是因为任何组织中最关键的资源是人,而且其他几个方面的控制都要靠人去实现。然而,人的行为是由人的思想、性格、经验、社会背景等多因素综合作用的结果,而这些因素本身又很难用精确的方法加以描述,这就使对人员的行为控制成为管理控制中相当复杂和困难的一部分。

人员控制方法包括直接监督、人事调整、培训、报酬、绩效考评、文化建设等。下面重点介绍人员控制方法中人员配备和人事调整、培训、授权和工作汇报几种主要的人员控制方式。

(一)人员配备和人事调整

管理者为了使组织的计划得以有效执行,首先要让合适的执行者执行任务,人员安排不合理,会不可避免地影响计划的正常执行。因此,人员配备必须坚持以任务需要为出发点,遵循因事择人、因材起用、用人所长和动态平衡等原则。

人事比率控制是人员控制的一种重要方法。该方法通过分析组织内部各种人员的比率来判断人员队伍的合理性。常用的指标有:管理人员与普通员工的比率、后勤服务人员与生产工人的比率、正式员工与临时工的比率、人员流动率等。这些指标只有保持在一个合理的水平上,才能保证组织的正常运转和计划的顺利执行。

如果执行者不适合当前的岗位或任务,不能有效地开展工作,管理者就需要进行人事调整。在人事调整中,竞争上岗的方式往往十分有效,既可以实现双向选择,又可以给被任用者施加一定的压力。

(二)培训

员工培训作为直接提高经营管理者能力和水平与员工技能,为企业提供新的工作思路、知识、信息、技能,提升员工才能和创新精神的根本途径和重要方式,是重要的人力资源开发方式,即比物质资本投资更重要的人力资本投资,很多著名企业在培训方面的投入已占到其工资总额的3%~5%。

采用各种方式对员工进行有目的、有计划的培养和训练管理,可以不断地更新员工的知识,开拓员工的技能,改进员工的动机、态度和行为,使其适应新的要求,更好地胜任工作或担负更高级别的职务,从而促进组织效率的提高和组织目标的实现。

员工培训是一项复杂的工作,为了达到培训目标,企业必须建立有效的培训体系,使培训工作有计划、有步骤地进行。在培训工作程序中,首先要确定培训需求和技术发展的需求量等多个方面对培训需求进行预测和评估，将需求转化为计划。然后，将总体培训需求细化，确定具体的培训对象、培训方式和培训内容。培训过程结束后，为了掌握培训效果，组织应做好以下四个方面的工作：

①收集培训对象对培训项目的意见；

②分析学习成绩或测试结果；

③研究受训员工在工作绩效或行为方面的变化；

④检查培训目标的完成情况。

（三）授权

授权是管理者通过向员工提供更多的自主权，以实现组织目标的过程。为了使授权取得良好的效果，管理层在授权时，合理把握授权的"度"至关重要，建立授权控制时要注意授权的范围、授权的层次与责任。做到既能保证经营决策有效运作、管理制度有效执行，又能保证权力制衡得到落实。

在许多组织中，上级不愿意授权，其可能出现以下三个方面的原因：一是上级担心授权后对工作会失去控制；二是上级对下级的不信任；三是管理者具有独裁型管理风格。因此，可以看出上下级之间的相互信任是有效授权的重要基础。为了建立信任关系，管理者首先必须加强与下属的沟通，从而了解其工作动机、工作态度及工作中存在的问题等。其次，管理者应灵活使用奖惩行为。奖励应在公共场合进行，而批评最好在人少的场合进行，以表示对被批评者的尊重。

（四）工作汇报

在类似跨国公司的海外分支机构这样的组织中，让上级对每一个员工的工作进行连续的监督是不现实的。这就要求下属员工定期或不定期地递交工作汇报，这是一种普遍的人员控制方法。

工作汇报是工作人员向上级汇报工作的书面材料，它是对一定时期内的工作经验和教训进行总结、分析和评价，并肯定成绩，找出问题。工作汇报可以帮助管理者全面了解下属的工作情况，为其控制工作提供依据；同时，撰写工作汇报的过程有助于下属员工正确认识以往工作中的优缺点，从而明确下一步工作的方向，少走弯路，少犯错误，提高工作效率。因此，要求下属员工撰写工作汇报，有助于下属员工的进行自我控制。值得注意的是，员工在撰写工作汇报时要保证汇报的客观性、典型性、指导性和证明性。

【项目练习】

一、单选题

1.一般而言，预算内容不涉及(　　)。

A.收入预算　　B.现金预算

C.资金支出预算　　D.人员编制预算

2.对于供应商的控制，说法不正确的是(　　)。

A.供应商供货及时与否、质量的好坏、价格的高低，都对本企业最终产品产生重大影响

B.大型跨国公司多采用的做法是在全球范围内选择供应商

C.持有供货商一部分或全部股份是一种控制供应商的方法

D.为了降低供应商对企业的影响,企业应该与供应商签订短期的合同,激发供应商的服务意识

3.经济订购批量模型中,企业在一定期间内总需求量或订货量为一定时,如果每次订购的量较少,则订购成本较(　　),但保管费用较(　　)。

A.高、高　　B.高、低　　C.低、高　　D.低、低

4.下列指标中,(　　)可衡量企业资产流动性。

A.速动比率　　B.负债比率　　C.盈利比率　　D.经营比率

5.(　　)是销售总额与固定资产之比。

A.固定资产周转率　　B.资产收益率

C.投资回报率　　D.库存周转率

6.亡羊补牢体现的是(　　)。

A.前馈控制　　B.同期控制

C.反馈控制　　D.预防型控制

7.质量控制过程中,质量的含义是(　　)。

A.产品质量　　B.工作质量

C.产品质量和工作质量　　D.设备质量

8.全面质量管理说法不正确的是(　　)。

A.开始于20世纪60年代　　B.以保证产品质量和工作质量为中心

C.企业全体员工参与的质量管理体系　　D.以产品质量为中心

9.注重对已经发生的错误进行检查改进属于(　　)。

A.预先控制　　B.现场控制

C.事后控制　　D.直接控制

10.下列不属于审计控制类型的是(　　)。

A.内部审计　　B.科学审计　　C.外部审计　　D.管理审计

二、多选题

1.支出预算包括(　　)。

A.直接材料预算　　B.直接人工预算

C.附加费用预算　　D.分项销售预算

2.流动比率是(　　)。

A.企业的流动资产与流动负债之比

B.反映了企业偿还需要付现的流动负债的能力

C.流动资产和存货之差与流动负债之比

D.反映了企业所有者提供的资金与外部债权人提供的资金的比率关系

3.盈利比率是(　　)。

A.企业总负债与总资产之比

B.反映了企业所有者提供的资金与外部债权人提供的资金的比率关系

C.企业利润与销售额或全部资金等相关因素的比例关系

D.反映了企业在一定时期从事某种经营活动的盈利程度及其变化情况

4.存货周转率说法错误的是(　　)。

A.销售总额与固定资产之比

B.销售收入与销售费用的比率

C.销售总额与库存平均价值的比例关系

D.销售总额与库存最高价值的比例关系

5.下列属于 JIT 特点的是(　　)。

A.JIT 是一种直接面向需求的采购模式

B.用户需要什么品种、质量、数量、时间、地点都需要符合顾客要求

C.JIT 追求零库存,是比较科学、理想的采购模式

D.JIT 使用户库存量最小,无法保证企业的生产要求

6.防止供应商控制的方法体现在(　　)。

A.全球化采购　　B.扩大供应库

C.与其他用户联手　　D.协商长期合同

7.按照标杆的来缘分,标杆管理分为(　　)。

A.战略标杆　　B.内部标杆

C.外部标杆　　D.职能性标杆

8.平衡积分卡的"平衡性"表现在(　　)方面。

A.财务与非财务平衡　　B.长期与短期平衡

C.内部与外部平衡　　D.结果与动因平衡

9.现代质量管理的发展经历了(　　)三个阶段。

A.质量检验阶段　　B.统计质量阶段

C.质量改进　　D.全面质量管理

10.下列属于采购的 5R 原则的是(　　)。

A.适质　　B.适量　　C.适价　　D.适地

三、判断题

1.质量有狭义和广义之分,广义的质量除了涵盖产品质量外,还包括工作质量。(　　)

2.全面质量管理的思想是管理者高度集权,把控好整体产品和工作质量。(　　)

3.准时制的思想是企业不储备原材料,一旦需要,就立即向供应商订货。(　　)

4.预算控制能保证各种活动和各个部门达成既定目标,合理利用资源达成利润。(　　)

5.预算是一种可据以执行和控制管理活动的、最为具体的计划。(　　)

6.JIT 采购采用较多的供应商。(　　)

7.平衡积分卡的"平衡性"表现在财务与非财务平衡、长期与短期平衡、内部与外部平衡和结果与动因平衡。(　　)

8.全面质量管理的概念最早在1945年提出。 ( )

9.安全库存管理追求的是最大限度的零库存，以减少浪费。 ( )

10.控制是管理中最重要的职能，没有控制，企业的计划和目标无法顺利地开展。 ( )

四、简答题

1.简单介绍经济订购批量法。

2.什么是预算控制？

3.简述ABC法的内容。

4.内部审计的概念。

5.JIT采购的概念。

6.标杆管理的概念。

五、案例分析

案例一 西湖公司的控制系统

西湖公司是由李先生靠3 000元创建起来的一家化妆品公司。开始只是经营指甲油，后来逐步发展成为颇具规模的化妆品公司，资产已达6 000万元。李先生于1994年发现自己患上癌症后，对公司的发展采取了两个重要措施：(1)确定公司要向科学医疗卫生方面发展的目标；(2)高薪聘请雷先生接替自己的职位，担任董事长。

雷先生上任后采取了一系列措施，推行李先生为公司制订的进入医疗卫生行业的计划：在特殊医疗卫生业方面开辟一个新行业，同时开设一个凭处方配药的药店，并开辟上述两个新部门所需产品的货源、运输渠道。与此同时，他在全公司内建立了一条严格的控制措施：要求各部门制定出每月的预算报告，要求每个部门在每个月初都要对本部门的问题提出切实的解决方案，每月定期举行一次由各部门经理和顾客代表参加的管理会议，要求各部门经理在会上提出自己本部门在当月的主要工作目标和经济往来数目。同时他特别注意资产回收率、销售边际及生产成本等经济动向，他也注意人事、财务收入和降低成本费用方面的工作。

由于实行了上述措施，该公司获得了巨大的成功，到20世纪末期，年销售量提高24%，到2000年达到20亿元。然而，进入21世纪以来，该公司逐渐出现了问题：2002年出现了公司有史以来第一次收入下降、产品滞销、价格下跌。主要原因有：(1)化妆品市场的销售量已达到饱和状态；(2)该公司制造的高级香水一直未打开市场，销售情况没有预测的那样好；(3)国外公司挤占了本国市场；(4)公司在国际市场上出现了不少问题，推销员的冒进得罪经销商，公司形象没有很好地树立等。

雷先生也意识到公司存在的问题，准备采取有力措施以改变公司目前的处境。他计划要对国际市场方面进行总结和调整，公司开始研制新产品。他相信用了大量资金研制的医疗卫生工业品不久就可以进入市场。

问题：

1.雷先生在西湖公司里采取了哪些控制方法？

2.假设西湖公司原来没有严格的控制系统,雷先生在短期内推行这么多控制措施,其他管理人员会有什么反应?

3.就西湖公司的目前状况而言,怎样健全控制系统?

案例二 PP 公司的库存控制

PP 公司是一家中型的汽车部件生产商。多年来,PP 公司很多客户向 PP 公司发出订单,订购的产品品种很多,尽管各品种订购批量比较小,但需求量都比较稳定。PP 公司采用备货生产模式来追求生产规模效益。为了保证生产的持续进行,生产经理的权力很大,包括采购经理、仓储经理都需向其汇报工作。

最近,PP 公司营销部门成功地与几家新汽车制造商签订了几个大合同。新客户订单订购批量都很大,由于技术变化较快,这些新客户希望 PP 公司采用快速送货模式。

为了降低零部件质量不佳或供应商供货延迟而造成缺货的风险,PP 公司囤积大量原材料与零部件库存。所有库存采用再订货点控制模式。除非出现意外因素,再订货点通常保持不变。PP 公司根据 EOQ(经济订货批量)决定向其供应商发出订购批量。为了满足新客户的大合同,PP 公司采用了双供应源策略,两个供应商按 40/60 的比率分配订单。

问题:

如何评价 PP 公司现存的双供应源策略?在进行存货管理时,PP 公司应注意什么?

参考答案请扫描下方二维码。

项目五练习答案

项目六　管理创新

管理内容的核心是维持与创新，任何组织系统的任何管理工作，无不体现维持或创新，维持和创新是管理的本质内容，有效的管理在于适度的维持与适度的创新的组合。

本项目主要通过学习创新的内容、特点和种类，了解组织创新的目的、内容及组织创新应具备的能力，形成组织创新的意识。

学习目标

知识目标：

1.陈述创新的内容和特点；

2.熟悉创新的种类；

3.熟记管理创新的内容；

4.明确管理创新所需的各项能力要求。

技能目标：

1.培养管理创新的能力；

2.学会运用管理创新的不同模式，提升创新理念和能力。

任务一　创新认知

【任务情境】

微博的核心技术的设计思路与 Twitter 相似,其思路其实特别简单——关注与被关注。用户关注他们感兴趣的人,只要这些人发送了新信息,用户就会收到通知。被关注者不必作出回应,这使得 Twitter 的网络连接成为定向的。Twitter 使用价值的大小取决于用户所选择关注的人的品质高低。Twitter 的其他机制,如“@ +twitter”账户名、回复、转推、私信等,使得基于 Twitter 的对话得以发生。在这些基本机制之下,中国的微博服务又有所创新。首先是微博评论,这是新浪微博对 Twitter 的一个改进,而这个改进是刺激微博使用人数在中国爆炸性增长的重要原因之一。这一改进符合中国用户的“扎堆聊天”习惯。如果你发了一条微博,突然之间有成百上千人对你所写的内容进行评论,你就会觉得很兴奋,因为你写的东西别人在传递,产生了社会影响,可能对事情有推动。如果没有微博评论,可能很多微博事件不会像今天这样广泛传播。中国微博的发展意外地与汉字在信息时代的独特优势相融合。Twitter 最早因考虑到手机短信传输的限制,规定使用 Twitter 的人必须在 140 个字符的容量内进行写作,后来这一应用被引入中国,微博也对使用者进行 140 个汉字的限制。然而,同为 140 个字符,中文所含信息是英文的 3 倍以上。由于这样的优势,微博在中国被作为一种媒体被大量使用,如用来报道新闻和评论新闻,并由此形成很多公共讨论。这些简单的功能,使微博的普及率及影响力迅速提高。

思考:

1.创新对生产方式和企业发展有何种作用?

2.根据案例所述,创新的过程是如何发展的?

【理论学习】

一、管理创新的思维导图

经济学家约瑟夫·阿洛伊斯·熊彼特于 1912 年首次提出了“创新”的概念。通常而言,创造是指以独特的方式综合各种思想或在各种思想之间建立起独特的联系的一种能力。能激发创造力的组织,可以不断地开发做事的新方式以及解决问题的新办法。当管理者说到要将组织变革成更富有创造性时,他们通常指的就是要进行创新。

创新包括以下五种情况:

①引入一种新产品或者新的特性,即产品创新。

②采用一种新的生产方法，即工艺创新或生产技术创新。

③开辟一个新市场，即市场创新。

④获得原料或半成品新的供给来源，即开发新的资源，不管这种资源是已经存在的还是首次出现的。

⑤建立新的企业组织形式，即组织管理创新，如电子商务的出现、形成新的产业组织形态、建立或打破某种垄断等。当然，随着科技进步和社会的发展，管理者对创新的认识也在不断变化。管理创新思维导图如图 6-1 所示。

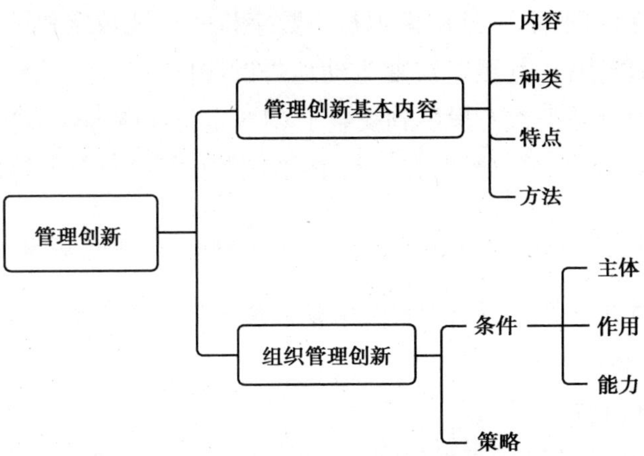

图 6-1 管理创新的思维导图

管理创新是指企业把新的管理要素（如新的管理方法、新的管理手段、新的管理模式等）或要素组合引入企业管理系统以更有效地实现组织目标的创新活动；也是组织形成创造性思想并将其转化为有用的产品、服务或作业方法的过程；还是富有创造力的组织能够不断地将创造性思维转化为某种有用的结果。

管理创新包括管理思想、管理理论、管理知识、管理方法、管理工具等的创新。按业务组织的系统，创新可分为战略创新、模式创新、流程创新、标准创新、观念创新、风气创新、结构创新、制度创新。就企业职能部门的管理而言，企业管理创新包括研发管理创新、生产管理创新、市场营销和销售管理创新、采购和供应链管理创新、人力资源管理创新、财务管理创新、信息管理创新等。

本书主要从七个方面介绍管理创新，分别是观念创新、产品（服务）创新、工艺创新、组织与制度创新、管理创新、营销创新、文化创新。

二、管理创新的种类

（一）观念创新

观念创新的精髓是永不存在固定的思维模式。世界著名管理大师德鲁克曾经指出："当今社会不是一场技术也不是软件、速度的革命，而是一场观念的革命。"

企业管理观念创新就是企业为了取得整体优化效益，打破陈规陋习，克服旧有思想的束缚，树立全新的管理观念。管理观念创新是一种管理思维和管理理念的综合性创新，它对管理决策、管理执行、管理监督等一系列环节具有重大的指导价值。

（二）产品（服务）创新

产品（服务）创新是指在产品功能、原理方面有显著变化或在现有产品的功能方面进行了显著改进的商品或服务。其改进可以是采用新的材料、应用新的技术规范、配置新的软件、开发更友好的用户界面或其他特色功能等方面的重大改进。这种创新对于工业企业来说是产品创新，而对于服务企业而言主要是服务创新。

例如，在短短几年时间，手机已从模拟机—数字机—可视数字机—可以上网的手机，发展到如今的多功能智能手机，其更新演变生动地告诉我们——产品的创新是多么迅速和深层次。又比如，汽车已从普通汽车发展到安装了 GPS 定位导航等众多智能电子设备的汽车，以及不断升级的 Windows 系统、分期付款、京东白条销售方式的引入等，都是产品（服务）创新的例子。

（三）工艺创新

工艺创新是指，在生产技术、操作程序、方法和规则体系等方面进行革新，从而改进现有产品的生产质量或提高产品的生产效率。

（四）组织与制度创新

组织与制度创新的理论基础是系统理论、情景理论和行为理论。

①系统理论。组织是一个开放、有机和动态的系统，由三个子系统组成，即技术系统、管理和行政系统、文化系统。其特点是相互联系，一处改变，其他处也会跟着改变。

②情景理论。在企业中没有一成不变、普遍适用的管理理论和方法。

③行为理论。企业中人的行为是企业与个人相互作用的结果。企业通过组织变革和创新来改变人的行为风格、价值观念、熟练程度，同时能改变管理人员对其的认识方式。

（五）管理创新

管理创新是一种有目的的能动性实践活动，是管理者根据内、外部环境的变化而采用的一种新的、更有效的资源整合和协调范式，以促进企业管理系统综合效率和效益目标实现的过程。这个定义包含以下基本含义。

①管理创新是一种有目的的实践活动，不是一种自发性的随机事件，人们完全能够根据客观情况的变化和自身的实际，有计划、有步骤地开展管理创新活动。

②无论是高层管理者、中层管理者，还是基层管理者，都是管理创新的主体。管理创新贯穿于管理者的所有管理活动。

③管理创新的实质是创立一种新的、更有效的资源整合和协调范式，包括提出一种新的管理理论、采用一种新的管理方法、实施一种新的管理措施等。这种新的资源整合和协调范式能够使管理活动更加有效，其都属于管理创新。

④管理创新的目的在于能动性地适应环境的变化，达到提高企业整体效率和效益的目的。环境变化是客观的，它不以人们的意志为转移。企业要在动态多变的环境中发展壮大，

就必须适应环境的变化，而管理创新正是企业主动适应环境变化的基本途径。

（六）营销创新

营销创新是指根据营销环境的变化情况，并结合企业自身的资源条件和经营实力，寻求营销要素在某一方面或某一系列的突破或变革的过程，其主要是在营销策略、渠道、方法、广告促销策划等方面的创新。

营销创新的主要特征是以消费者和市场为导向，以期提高销售水平和市场份额，如化妆品销售首次采用直销方式，大件商品的分期付款方式的引入，借助微博、微信、抖音等进行营销，即企业在产品的分销渠道方面进行了创新。再比如，书店采用知名人士签名方式售书，电子商务网站根据用户的购买习惯主动推送产品，在房地产销售中采用“老带新”提供折扣方式，以及体验营销、视觉营销、饥饿营销等促销方式的创新，等等。

（七）文化创新

文化创新是指企业文化的创新。在管理学中，企业文化普遍指企业在生产经营实践中逐步形成的、为全体员工所共同认同并遵守的、带有本组织特点的使命、愿景、宗旨、精神、价值观和经营理念，以及这些理念在生产经营实践、管理制度、员工行为与企业对外形象的体现的总和。

三、管理创新的特点

（一）新颖性

创新不是模仿、再造，新颖性是创新的首要特征。具体来说，新颖性包括三个方面：一是世界新颖性或绝对新颖性；二是局部新颖性；三是主观新颖性，即只是对创造者个人来说是前所未有的。

（二）价值性

创新可以重新组合生产要素，从而改变资源产出，提高组织价值。而对于企业来说，创新的利润是最重要、最基础的部分，也只有创新的利润才能够反映企业的特性。

（三）目的性

创新特别强调效益的产生，它不仅仅要知道“是什么”“为什么”，还要知道“有什么用，怎样才能产生效益”。所以创新是一个创造财富、产生效益的过程。

（四）风险性

创新可能成功，也可能失败，这种不确定性就构成了创新的风险。因此，在创新过程中，要求只准成功、不许失败是不切实际的。企业只有通过科学的设计与严格的计划，才能尽可能地降低创新的风险。

（五）动态性

创新是一个动态的过程。在知识经济条件下，唯一的不变就是一切都在变，而且其变化得越来越快。任何创新都不可能一劳永逸，因此，只有不断变革和创新才能适应时代的要求（图 6-2）。

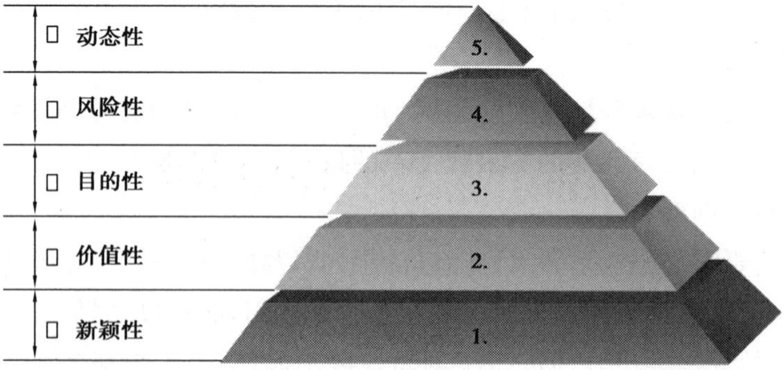

图 6-2　管理创新的特点

四、管理创新的方法

（一）头脑风暴法

头脑风暴法是美国创造工程学家 A.F.奥斯本于 1939 年提出的一种创新方法。这种创新方法是指通过一种别开生面的小组畅谈会，在较短时间内充分发挥群体的创造力，从而获得较多的创新设想。当一位与会者提出一个新的设想时，这种设想就会激发小组内其他成员的联想。

（二）综摄法

综摄法是由美国麻省理工学院教授威廉·戈登于 1952 年发明的一种开发潜在创造力的方法。它是以已知的东西为媒介，把毫不相关、互不相同的知识要素结合起来创造出新的设想，也就是吸取各种产品的精华，创造出新产品。

（三）逆向思维法

逆向思维法是顺向思维法的对立面。逆向思维法是一种反常规、反传统的思维方法。逆向思维方法由于是反常规、反传统的，因而它具有与一般思维不同的特点：突破性、新奇性、普遍性。

（四）检核表法

检核表法几乎适用于任何类型与场合的创造活动，因此又被称作“创造方法之母”。它是用一张一览表对需要解决的问题逐项进行核对，从各个角度诱发多种创造性设想，以促进创造发明、革新或解决工作中的问题。检核表法是一种多渠道的思考方法，包括以下创造技法：迁移法、引入法、改变法、添加法、替代法、缩减法、扩大法、组合法和颠倒法。

（五）信息交合法

信息交合法是若干类信息在一定方向上的扩展和交合，激发创造性思维，提出创新性设想。

（六）模仿创新法

人类的发明创造大多是由模仿开始的，然后再进入独创。勤于思考就能通过模仿进行创造发明，当今许多物品模仿了生物的一些特征，以致产生了仿生学，模仿被用于工程技术、艺术，也被应用于管理。

任务二 组织管理创新

【任务情境】

尹明善:力帆摩托创新无敌

作为国内摩托车行业的领军人物——力帆摩托的创始人尹明善对自主创新有着独特的见解,以下是他的一篇自述。

"创业之初有人说:尹明善连摩托车轮子怎么转都搞不清,居然也来赶浑水。但我铁了心,我知道自己的优势——创新的优势。"

走创新之路是企业一开始就确立的目标。企业要靠什么生存,靠什么发展,在这一点上我们坚定不移。1992 年,我们只有几个人,就开始想要造全中国没有的发动机,最后因资金短缺,无疾而终。1994 年,我们有了 500 多万元资金,狠狠心拿出 50 万元来搞开发。三个月后,居然大功告成,全中国独一无二的 100 毫升四冲程发动机终于成了我们的专利。

消息刚一传出,浙江省钱江集团找上门来,要求包销:1995 年你们一台都不准卖给别人,我保证买你们 8 万台。1994 年我们总共生产发动机两万台,一听 8 万这个数字,差点昏了过去。1995 年我们实实在在地卖了 8 万台发动机给钱江,每一台赚 200 元,这个品种共赚了 1 600 万元。

尝到甜头以后,这一年我们又投入 100 万元,差不多花了五六个月,搞出了 100 毫升的电启动发动机。当年投放市场,从 9 月到 12 月,共销售 6 万台,又赚了 1 500 万元。这一年是我们突飞猛进的一年,我们搞出了两个"全国没有",一下子就用 500 万元搏回了 3 100 万元——常常午夜梦回,忍不住会感到不太真实。

创新的动力从此一发不可收拾,我开始大张旗鼓组建技术中心,每年拿出销售收入的 4%投入新产品开发。这样的手笔在摩托车行业绝无仅有。如果开发部门用不完这笔钱,我会骂他们无能。

另外我还发现,创新里面也有制度设计问题,比如某些国营企业,开发部门十个人设计了一个新品种,却有 100 个人跑来领奖金,开发者的积极性必然受挫。所以他们常常是认识不到位,开发速度很慢。于是我规定谁开发谁得奖,谁出大力谁获重奖。

从那以来,我们几乎每半年推一个新机器,现在是每个月就能推一个全国没有甚至全世界没有的新机器。比如 110 毫升立式发动机,过去全世界没有,我们把它开发出来,去年一年就卖了 40 万台。最火爆的时候,厂商几个月前就打来预付款,货却发不出去,以致每个星期我们都得到机场去包几架飞机发货。

创新带来的惊喜告诉我一个道理:你要想把一件事情做好,就一定要搞出大家没有的新产品。所以有时候我和手下开玩笑：你哪怕是做馒头，也总得在形状上、花色上想点办法，最好是市面上没有卖过的馒头，可能一下子引起轰动。1998年以后，我提出了"摩托车时装化"，认识到创新不一定局限在高科技，有时候摩托车或发动机仅仅改一下外观，就如同时装改一下领或袖，就会好卖。比如我们一款发动机边盖改了改形状，成本只增加了两元，却在市场上多卖了50元。

投资的力度等于创新的速度。拿破仑为什么打胜仗？是因为他的军队行军速度是130步/分钟，其他欧洲军队是70步/分钟。近年来我们在技术开发上每年都投入近一个亿资金，因此我们推出的一个个崭新技术，将是别人很难在短时间内消化和赶上的。投入更大，技术含量更高，企业更上台阶，这恐怕就是"强者愈强，弱者愈弱"的道理吧。

创新无止境。每一次新品开发成功，我都要告诫员工，不能有"李自成进北京——江山铁打"的感觉。"革命尚未成功，同志仍需努力"，中国摩托车发展势头是如此地快和不可阻挡，以至于一切落后者都难免被辗于轮下，抛于尘土。近几年来，国内同行都开始创新了，每一家企业都在搞技术中心、开发中心甚至研究院，我们怎么办？我们只能"认识更新，投入更大，方法更好"。

思考：组织创新需具备什么条件？谁来创新？

【理论学习】

一、管理创新的条件及其必要性

（一）管理创新主体应具有良好的心智模式

1.管理创新的主体构成

（1）企业家

这里的企业家不是指企业资产的终极所有者，而是指具有创新思维和创业精神、从事企业管理实践的高级管理者。企业家在创新管理中扮演着重要的角色，既可以是管理创新的激励者和组织者，也可以是管理创新活动的具体设计者和实施者。

（2）知识型员工

管理创新是一项高度复杂的脑力劳动，是知识的流动过程，凭借的不是人的体力，而是知识与智力。知识与智力是产生创意的源泉，是创新的开端，没有创意就无法创新。因此，企业中仅具备体力而不具备知识的简单劳动者只能是理论意义上的管理创新主体，很难成为真正的管理创新主体，只有那些拥有知识与智力的员工才有可能成为真正意义上管理创新的主体。

2.管理创新主体的作用

（1）企业家是整个管理创新活动中的中枢

杰出的企业家总是能站在企业战略的高度，从整体上把握管理创新的新目标，使自身产生的管理创意或选择他人的管理创意更客观、更全面、更实际。

（2）企业家是管理创新主体的统领

在管理创新的主体中，企业家处于领导核心的位置。他所担负的主要职责是对不同管理创新主体的创意进行有效整合，以更好地配置创意资源。如果没有企业家这个核心，不同的管理创新主体各行其是，再好的管理资源也会因内耗或无序而难以达到应有的创新效果，甚至出现负效应。故所有的管理创新活动都是在企业家直接或间接控制下进行的。

(3)企业家是管理创新责任的承担者

管理创新的结果具有不确定性，存在很大的风险，这固然涉及其他管理创新主体，但最终责任者只能是企业家。同时，企业家的知识管理的能力、所倡导的价值观、所营造的管理创新氛围，以及个人品质、个性、胸怀等都直接或潜移默化地对管理创新产生影响。

(4)知识员工是管理创新的坚实基础

知识员工处于管理创新的操作层，他们亲身体验管理创新的实际过程，直接将管理创新的"产品"生产出来，是企业管理创新的坚实基础。

(二)管理创新主体应具备的创新能力

1.创新思维能力

创新能力是管理创新主体的核心能力，而创新思维能力又是创新能力的核心。缺乏创新思维能力，创意的产生及创新过程的成功实施是不可想象的。创新思维能力来源于创新思维。创新思维就是突破人们惯有的常规思维模式，以积极的探索精神来观察和分析人物，让思维在宽度、广度、深度三维空间中驰骋，通过丰富的想象撞击出智慧灵魂的火花。

2.应变能力

应变能力是创新能力的重要组成部分。管理创新本身就是应变的产物。没有应变就不会产生创意；没有应变管理创新能力，管理创新也难以得到有效实施。应变能力是管理创新主体的一种"快速反应能力"，是管理创新主体创新能力的集中表现。

3.人际关系能力

管理创新不仅涉及具体的机械性操作，还是以人为媒介的创造性工作。它通常是在上级、下级、同级人员之间进行的信息交流。这就要求管理创新主体在管理创新过程中必须处理好各方面的人际关系。

4.转化能力

转化能力是指管理创新主体将创意转化为可操作的具体方案的能力。这种转化能力与管理创新主体以往的经验与工作技能的掌握密切相关。

(三)企业应具备较好的基础管理条件

现代企业中的基础管理主要指一般的、最基本的管理工作，如基础数据、技术档案、统计记录、信息收集归档、工作规则、岗位职责标准等。管理创新往往在基础管理良好的基础上发生，因为基础管理良好可提供许多必要的、准确的信息、资料、规则，这本身有助于管理创新的顺利进行。

(四)企业应营造一个良好的创新氛围

管理创新主体能有创新意识，能有效发挥其创新能力，其与拥有一个良好的创新氛围有关。在良好的工作氛围下，人们思想活跃，新点子产生得多而快，而不好的氛围则可能导致人们思想僵化、思路堵塞、头脑空白。

（五）管理创新应结合本企业的特点

现代企业之所以要进行管理上的创新，是为了更有效地整合本企业的资源以完成本企业的目标和任务。因此，这样的创新就不可能脱离本企业和本国的特点。在当前的国际市场中，短期内中国大部分企业的实力比西方企业弱，如果以硬碰硬则会失败；若以“太极拳”的方式以柔克刚，则可能是中国企业走向世界的最佳方略。中国企业应充分发挥以“情、理、法”为一体的中国式管理制度的优势和特长。

（六）管理创新应有创新目标

管理创新目标比一般目标更难确定，因为创新活动及创新目标具有更大的不确定性。尽管确定创新目标是一件困难的事情，但如果没有一个恰当的目标则会浪费企业的资源，这本身又与管理的宗旨不相符。

二、管理创新的策略

根据创新的程度，管理创新策略可以分为首创性创新策略、改创型创新策略和仿创性创新策略。

（一）首创型创新策略

首创型的创新策略是指观念和结果有根本突破的创新，通常是首次推出但对经济和社会发展产生重大影响的全新的产品、技术、管理方法和理论。这类创新本身要求全新的技术、工艺以及全新的组织结构和管理方法。首创型创新还常常引起产业结构的变化，从而彻底改变组织的竞争环境和基础。

（二）改创型创新策略

改创型创新策略是指，在自己现有的特色管理或别人先进的管理思想、方式、方法上进行顺应式或逆向式改进，现在的特色管理是自己独有但尚未系统化的管理方式。改创型创新就是在借鉴别人的先进管理经验的基础上进行大胆创新，探索新的管理思路、方式、方法，简单地说，就是在别人已有的先进成果的基础上进行有创意的提升。

（三）仿创型创新策略

仿创型创新策略是创新度最低的一种创新活动，其基本特征在于模仿性。模仿可以分为创造性的模仿和简单性的模仿，创造性模仿就是上面介绍的改创型创新，而简单性模仿就是仿创型创新。

根据创新的过程是量变还是质变，管理创新策略可分为渐进式创新策略和突变式创新策略。

（一）渐进式管理创新策略

渐进型管理创新策略是指通过不断的、渐进的、连续的创新，最后实现管理创新的目的。

（二）突变式管理创新策略

突变式管理创新策略是指企业的管理首先在以往管理创新的基础上进行，经过一段时间，直到创新的条件成熟或企业运行到无法再适应新情况时，就打破现状，实现质的飞跃。

这种突变式管理创新的实现通常由专业管理人员、企业家来实现。欧美企业和政府的管理创新多采用此策略，如 20 世纪 80 年代英国政府实行的“私有化运动”等，在短时间内，政府的管理理论和管理实践都发生了重大变化。

根据创新的独立程度,管理创新策略可以分为独立型创新、联合型创新和引进型创新。

(一)独立型创新策略

独立型创新的特点是依靠自己的力量自行组织生产,同时创新的成果往往具有首创性。

(二)联合型创新策略

联合型创新策略是若干组织相互合作进行的创新活动。联合创新往往具有攻关性质,可以更好地发挥各方的优势。

(三)引进型创新策略

引进型创新策略是从事创新的组织从其他组织引进先进的技术、生产设备、管理方法等,并在此基础上进行创新。这种创新的开发周期相对较短,创新的组织实施过程有一定的参照性,风险性相应较低。但是这种创新策略需要对引进的技术进行认真的评估和吸收。

【项目小结】

本项目主要学习了管理创新的内容、特点、方法及管理创新的条件等知识。

1.管理创新分为观念创新、产品(服务)创新、工艺创新、组织与制度创新管理创新、营销创新、文化创新;

2.管理创新具有新颖性、价值性、目的性、风险性、动态性特点;

3.管理创新必须由管理创新主体实现并具备相应能力;

4.管理创新根据不同的情况应采用不同的创新策略。

【项目实训】

行业管理创新案例分析

案例一 亚朵酒店服务创新

根据酒店行业的统计数据,如家等连锁酒店已经在中国建了一大批门店,其数量增长进入一个相对饱和的状态。亚朵酒店的产生是目前的酒店行业发展的一股清流,其以文化为切入口,提供有文化、有温度等特色服务项目,如千册图书免费阅读、人文摄影欣赏等服务受到部分消费者的偏爱。亚朵酒店的成功是深入分析消费者行为偏好的结果,从文化品位细分,这是一个非常好的思路。

亚朵酒店在运营过程中吸收了当前很多新颖的概念,如互联网众筹,通过众筹圈住了此部分用户群体,同时该众筹也是投资理财,不同于一般概念上的众筹,它除了可以提供住宿产品,还可以享受理财收益。

亚朵酒店还与移动互联网、新媒体营销紧密结合,建立酒店微站和微信服务账号,借助去哪儿网、微博、微信推广"人文精品文化酒店"品牌理念。在其成立之初及其分店开业等重要时间开展点评抽奖、免费入住体验等多种互动项目,为消费者创造乐于参与、便于分享的沟通渠道。

分析:亚朵酒店是细分市场、精耕细作的结果。进一步,这对其他酒店行业进入市场提供了一个很好的思路。只要点子对了，看似竞争门槛高、利润低等众多不适合进入的行业也有很大的潜力，其关键就在于创新。亚朵酒店就是针对客人入住体验的酒店文化和软环境的建设，获得了一片“蓝海”，通过低投入产生意想不到的结果。

案例二　钢铁企业智慧生态物流系统的构建与实施

鞍山钢铁集团公司（以下简称“鞍山钢铁”）是中国第二大钢铁国有企业，总部坐落在辽宁省鞍山市。1948 年鞍山钢铁成立，60 年来，为国家经济建设作出了巨大贡献，累计生产钢 3.81 亿吨、铁 3.75 亿吨、钢材 2.77 亿吨；上缴利税 1 245 亿元。目前，钢铁主业已形成鞍山、鲅鱼圈、朝阳三大生产基地的发展格局，具有钢、铁、钢材 2 500 万吨的综合生产能力，能够生产 16 大类钢材品种，120 个产品细类，600 个钢牌号，42 000 个规格的钢材产品，广泛应用于国民经济各领域。

鞍山钢铁提出从企业的供应链各环节上规划物流流程，将大数据、物联网等智能化信息技术与传统物流深度融合，将物流服务专业化、个性化、多样化解决方案与钢铁企业现代化生产深度融合，将绿色、高效物流发展模式与生态文明建设和节能减排新要求深度融合，做到采购物流、生产物流、销售物流全流程智能化、生态化，使企业在物流环节的成本更低、价格更优、服务更强、风险更小，实现从生产型制造向服务型制造的重要转型升级。

分析：鞍山钢铁利用新技术创新构建智慧生态物流系统有以下作用：

1.物流成本逐年下降，企业竞争力显著增强，加快了物流基础设施建设，打通了国内重要枢纽节点，建立了完善的物流网络大通道，初步实现了“互联网+物流”的信息化构想，降低了鞍山钢铁全供应链物流成本。项目开展以来，该物流成本逐年下降，三年共降低物流成本 25 亿元，在国内物流行业内处于领先地位，鞍山钢铁实现了大跨步发展，竞争力显著增强。

2.各项指标达到先进水平，获得良好的社会效益和生态效益，智慧生态物流系统的构建与实施在物流的运作模式上率先建立了生态物流的样板。

参考文献

[1] 周三多,陈传明,贾良定.管理学:原理与方法[M].6 版.上海:复旦大学出版社,2014.
[2] 周三多,贾良定.管理学(第四版)习题与案例[M].北京:高等教育出版社,2015.
[3] 王栓军.管理学基础[M].2 版.北京:北京邮电大学出版社,2018.
[4] 刘涛,赵蕾.管理学原理[M].北京:清华大学出版社,2009.
[5] 邢以群.管理学[M].北京:高等教育出版社,2007.
[6] 汪洁.管理学基础[M].北京:清华大学出版社,2009.
[7] 刘涛,赵蕾.管理学原理[M].北京:清华大学出版社,2009.
[8] 李世宗.管理学原理[M].武汉:华中科技大学出版社,2008.
[9] 斯蒂芬·P.罗宾斯,大卫·A.德森佐.管理学[M].毛蕴诗,译.大连:东北财经大学出版社,2004.
[10] 郭咸纲.西方管理学说史[M].北京:中国经济出版社,2003.
[11] 张兰霞.新管理理论丛林[M].沈阳:辽宁人民出版社,2001.
[12] 理查德·L.达夫特.组织理论与设计精要[M].李维安,等译.北京:机械工业出版社,1999.
[13] 托马斯·卡明斯,克里斯托弗·沃里.组织发展与变革精要[M].李剑锋,等译.北京:清华大学出版社,2003.
[14] 阎海峰,王端旭.现代组织理论与组织创新[M].北京:人民邮电出版社,2003.
[15] James S.O' Rourke.管理沟通:案例分析法[M].影印版.北京:北京大学出版社,2002.
[16] 徐国华.管理学[M].北京:清华大学出版社,1998.
[17] 尤利群.现代管理学[M].杭州:浙江大学出版社,2003.
[18] 芮明杰.管理学教程[M].2 版.北京:首都经济贸易大学出版社,2016.
[19] 芮明杰.管理学:现代的观点[M].上海:上海人民出版社,1999.